손자와 클라우제비츠에게 길을 묻다

국립중앙도서관 출시도서목록(CIP)

손자와 클라우제비츠에게 길을 묻다 / 저자: 오홍국. --
서울 : 시간의물레, 2015
   p. ;   cm

ISBN 978-89-6511-120-7 03390 : ₩13000

스포츠[sports]
병법[兵法]

692.04-KDC6
796.02-DDC23   CIP2015004757

손자와 클라우제비츠에게 길을 묻다
Suntza pingfa & Clausewitz
- 전쟁·스포츠·마케팅 챔프 전략 -

오홍국

시간의 물레

■ 들어가는 말

인생은 경쟁이다. 평화로울 때는 스포츠로, 전쟁에서는 화약과 총으로 승부를 겨룬다. 전장(戰場) 승자(勝者)와 스포츠 챔프는 경쟁(競爭)에서 이긴 자들이다. 대규모 병력이나 최첨단 무기 혹은, 유니폼이나 장비든 모두 나름대로 승리비법(勝利秘法)이 있다.

어느 날 신문에서 "삼국지·군사교본 탐독 … 조조 꿈꾸지만 유비 닮았죠." 기사가 눈에 띄었다. 여자복싱 챔프 김주희 선수 기사였다. '아니! 스포츠 선수가 병법을 읽다니.' 스포츠에서 승자는 어느 병법을 응용했을까? 궁금증을 한 타래씩 풀어나가기 시작했다. 오늘날 군대, 스포츠뿐만 아니라 정치, 경제 등 많은 분야에서 손자병법과 전쟁론을 널리 응용하고 있다.

책의 제1부 '챔프, 손자에게 길을 묻다'에서는 손자병법 6,109자 모두를 스포츠와 연결하기에는 분량이 많다. 제1편 '시계(始計)'부터 제13편 '용간(用間)'까지 핵심이라 할 수 있는 기만(欺瞞)·기습(奇襲), 부전승(不戰勝), 피실이격허(避實以擊虛) 등을 각 종목과 연계시켰다. 글의 전개는 병법 핵심을 언급한 후에 그 내용을 잘 활용할 수 있는 종목을 분석하였다. 봄에는 야구 개막, 여름에는 수상스포츠, 가을에는 등산, 겨울에는 동계스페셜 올림픽 등을 예로 들었다.

제2부 '챔프, 클라우제비츠에게 길을 묻다'에서는 '전쟁론' 각 편의 중요 사상을 스포츠와 접목했다. 클라우제비츠의 '전쟁론'은 전쟁을 철학적으로 사유(思惟)한 결과물로서 3부 8편 125장, 총 1,255쪽의 방대한 분량으로 구성되어 있다. 따라서 독일어 원전을 읽어보거나 영어 번역본으로 일독(一讀)하기는 매우 어려우며, 한글 번역본 또한 정독(精讀)하기는 쉽지 않다. 그리하여 이 책 제2부에서는 2014 소치 동계올림픽에 맞춰 동계스포츠 종목부터 시작하여, 봄과 여름에 적합한 스포츠를 접목하여 설명하였다. 가을에는 다소 생소한 '유수'와 '삼보', '세계군인체육대회 종목' 등 총 110여 개의 스포츠 종목의 유래와 발전과정을 소개하고 그 사례를 제시했다. 마지막장에서는 전쟁사 속에서 스포츠가 어떻게 적용되었는지 살펴보았다.

필자는 글을 쓰기 전 잠실운동장 배구 개막전, 한강변 윈드서핑, 인천 실내·무도(武道)아시아경기대회 실내카바디 등 직접 현장을 체험하였으며, 특히 제7편 군쟁(軍爭)의 사치(四治)는 42.195km 마라톤에 참가하여 뛰면서 느낀 점을 고스란히 담았다. 요트의 기상천외(奇想天外) 사례로 제시된 전함 72척을 넘긴 터키 이스탄불 갈라타 언덕은 두 번이나 방문했다. 한니발과 나폴레옹이 알프스를 넘어 이탈리아로 진군했던 토리노, 그리고 그리스와 프랑스 및 독일 등 유럽 대륙 곳곳을 다녔다. 베트남 주요 격전지 정글은 수차례 누볐다. 십자군전쟁의 주요 통로인 레바논, 걸프전과 이라크전쟁 한복판, 인도와 파키스탄 분쟁지역인 카슈미르 고원 등은 유엔 평화유지군으로 임무 수행 때 감흥을 그대로 옮겨 보았다.

이 책은 국방일보에 연재했던 글을 챔프가 손자와 클라우제비츠에게 핵심 사상을 묻는 형식으로 엮어 놓은 것이다.

'꿈꾸는 자는 반드시 기회가 온다고 믿는다. 승리도 반드시 이긴다고 믿고 노력하는 자에게만 온다.' 끝으로 이 책이 나오기까지 도움을 주신 모든 분들께 감사한다.

2015. 2
삼각지 연구실에서

‖ 차 례 ‖

1부 챔프, 손자에게 길을 묻다

제1편 시계 싸우기 전에 계산하라
　　1. 철인 3종과 정신력 ·· 15
　　2. 복싱과 기만·기습 ·· 18

제2편 작전 준비하고 싸워야 승리한다
　　3. 원반던지기와 속전속결 ·· 22
　　4. 레슬링·씨름과 역습 ·· 25

제3편 모공 전략을 세워 적을 공격한다
　　5. 동계스페셜올림픽과 부전승 ································ 29
　　6. 피겨와 상하동욕자승 ·· 32
　　7. 축구와 정보전 ·· 35
　　8. 당구와 심리전 ·· 39
　　9. 볼링과 측후방 공격 ·· 42

제4편 군형 군대의 승리는 형세가 결정한다
　　10. 미식축구와 선승이후구전 ·································· 46
　　11. 농구와 선수·선공 ·· 49

제5편 병세 군대의 승리는 기세가 결정한다
　　12. 야구와 기정 ································· 52
　　13. 역도와 기세 ································· 55
　　14. 티볼·새마을 야구·소프트볼·크리켓과 형세 ······· 58

제6편 허실 나의 강점으로 적의 허점을 쳐라
　　15. 펜싱·검도와 피실이격허 ···················· 62
　　16. 핸드볼과 아전적분 ·························· 65

제7편 군쟁 군대를 유리한 위치에 다투어 선점하라
　　17. 마라톤과 사치 ································· 69
　　18. 배구와 공격템포 ····························· 72
　　19. 등산과 우직지계 ····························· 76

제8편 구변 다양한 방법으로 변화에 대처하라
　　20. 양궁·국궁과 핵심 ···························· 80
　　21. 바둑·체스와 선수 ···························· 83
　　22. 사격과 집중 ·································· 86

제9편 행군 변화무쌍하게 군대를 움직여라
　　23. 골프와 지형활용 ····························· 90
　　24. 자전거와 지형극복 ·························· 93
　　25. 전통무예와 징후판단 ······················· 96
　　26. 조정·래프팅과 문무 리더십 ················ 100

제10편 지형 땅의 형세가 승리를 결정한다

    27. 필드하키와 지천지지 ················· 104
    28. 배드민턴과 지형형세 ················· 107
    29. 자동차·전차경기와 지형이용 ············ 110
    30. 탁구와 상황별 병력운용 ··············· 113
    31. 테니스와 리더십 ··················· 116

제11편 구지 아홉 가지 지형을 분석하면 승리가 보인다

    32. 수구·다이빙과 지형분석 ··············· 120
    33. 요트와 기상천외 ··················· 123
    34. 카누·카약·수상스키와 솔연 ············· 126
    35. 수영·싱크로나이즈드와 템포조절 ·········· 129

제12편 화공 불로 공격하여 적을 초토화하라

    36. 육상과 화공 ······················ 133
    37. 태권도와 신중 ···················· 136
    38. 윈드서핑·서핑과 오화지변 ············· 139

제13편 용간 간첩을 사용하여 정보를 획득하라

    39. 유도와 정보 ······················ 143
    40. 체조·리듬체조와 신기술 개발 ············ 146

2부 챔프, 클라우제비츠에게 길을 묻다

제1편 전쟁의 본질   On the Nature of War
   1. 크로스컨트리와 전쟁 본질 ················· 153
   2. 프리스타일과 전쟁 속성 ················· 157
   3. 스키점프와 삼위일체 ················· 159
   4. 노르딕복합과 전쟁목적 및 수단 ················· 163
   5. 스노보드와 전쟁천재 ················· 166
   6. 바이애슬론과 지형 안목 ················· 169
   7. 봅슬레이와 전쟁위험 및 육체적 고통 ················· 172
   8. 루지와 정보 ················· 175
   9. 스켈레톤과 마찰 및 전쟁경험 ················· 178

제2편 전쟁이론   On the Theory of War
   10. 근대 5종과 전쟁이론 ················· 182
   11. 장애물 비월 승마와 정신활동 ················· 185
   12. 폴로와 전쟁술 ················· 188
   13. 마장마술과 방법주의 ················· 191
   14. 종합마술과 비판적 분석 ················· 194
   15. 사격·크로스컨트리와 전사연구 ················· 198

제3편 전략일반 On Strategy in General

16. 패러글라이딩과 전략 요소 ……………………… 201
17. 번지점프와 정신력 …………………………… 204
18. 고공강하와 단체정신 ………………………… 207
19. 오리엔터링과 대담성 및 끈기 ………………… 210
20. 다트와 병력 우세 …………………………… 214
21. 국궁과 기습 ………………………………… 217
22. 럭비와 책략 ………………………………… 220
23. 컴파운드 양궁과 시간 및 공간집중 …………… 223
24. 국선도와 병력 절약 ………………………… 227
25. e스포츠와 기하학적 요소 …………………… 230
26. 트레킹과 긴장 및 휴식 ……………………… 233

제4편 전투 The Engagement

27. 스쿠버다이빙과 전투 ………………………… 237
28. 수상·제트스키와 정신력 …………………… 240
29. 경보와 주력전투 …………………………… 243
30. 허들과 장애물 극복 ………………………… 247

제5편 전투력 Military Forces

31. 높이뛰기와 전투력 비율 ……………………… 249
32. 멀리뛰기와 전위부대 운용 …………………… 251
33. 캠핑과 숙영 및 행군 ………………………… 253
34. 줄넘기와 병참선 …………………………… 257

제6편 방어 Defense

   35. 육군 5종과 공세적 방어 ·················· 261
   36. 해군 5종과 종심 방어 ····················· 264
   37. 공군 5종과 방어 형태 ····················· 267
   38. 줄다리기와 전략적 방어 ·················· 270
   39. 게이트볼과 힘의 중심 ····················· 273
   40. 스키에이트·모노스키와 국가총력전 ········ 276

제7편 공격 The Attack

   41. 택견·태극권·국술과 우회기동 ·············· 280
   42. 공수도·우슈와 공격 ······················ 282
   43. 삼보와 견제 ····························· 284

제8편 전쟁계획 War Plans

   44. 알파인스키와 전쟁 및 정치 ················ 287
   45. 스피드 스케이팅과 절대 및 현실전쟁 ······· 290
   46. 컬링과 중심 ···························· 293
   47. 아이스댄싱과 외교전 ····················· 295
   48. 아이스하키와 제한 공격 및 방어 ··········· 298
   49. 인라인스케이트와 기동 ··················· 301
   50. 쇼트트랙과 집중 및 기습 ················· 304
   51. 스포츠·아이스 클라이밍과 연합사령부 운용 ····· 308

에필로그 ‖ 전쟁과 스포츠 그리고 삶 _ 311

1부

챔프,
손자에게 길을 묻다

제1편 시계
‖ 싸우기 전에 계산하라

1. 철인 3종과 정신력

강인한 정신력과 체력은 특급전사의 필요조건

총성 없는 전쟁, 스포츠! 스포츠와 전쟁은 승리라는 같은 목표를 갖는다. 승리하는 전략과 전술은 병법(兵法)에서 나온다. 1991년 걸프전 시 '사막의 폭풍' 작전은 미식축구 전략인 정면 돌파를 시도하다가 배후 우회 기동하는 방법을 사용하였다. 스포츠에 대한 관심에 비해 병법에 대한 탐구(探究)와 사색(思索)의 시간은 부족하다. 각종 스포츠 경기의 유래와 사례를 통해 병법에 대한 이해를 도모하고자 한다.

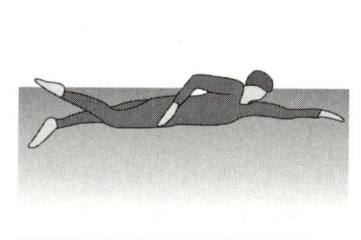

■ 장수는 다섯 가지를 갖추어야

손자병법은 동서양을 막론하고 병법서(兵法書)를 뛰어넘어 정치·경제·문화 등에서 폭넓게 응용된다. 총 13편 6,109개 한자로 구성되어 있는데, 크게 네 분야로 나눌 수 있다. 제1편 '시계(始計)'를 비롯한 제2편 '작전(作

戰)'과 제3편 '모공(謀攻)'은 전쟁과 경기 시작 전의 작전회의에 해당되는 내용이다. 제4편 '군형(軍形)'과 제5편 '병세(兵勢), 제6편 '허실(虛實)'과 제7편 '군쟁(軍爭)', 제8편 '구변(九變)'은 각종 상황에서 지휘관과 감독 등이 알아야 할 사항이다. 제9편 '행군(行軍)'과 제10편 '지형(地形)', 제11편 '구지(九地)', 제12편 '화공(火攻)'은 작전지역과 경기장에서 전술적 상황조치 요령을 기술하고 있으며, 마지막 제13편 '용간(用間)'은 첩보와 정보의 중요성을 말한다.

손자병법의 내용 중에서 각종 스포츠 경기와 연계하여 살펴보면, 실천할 수 있는 핵심적인 행동전략(Active strategy)을 도출할 수 있다.

제1편 '시계(始計)'에 '故(고)로 經之以五事(경지이오사)하고 校之以七計(교지이칠계)하여 而索其情(이색기정)이니라. 一曰道(일왈도)요 二曰天(이왈천)이요 三曰地(삼왈지)요 四曰將(사왈장)요 五曰法(오왈법)이니'가 있다. 이는 곧 승리를 위해 다섯 가지 요소인 도(道·정치), 천(天·기후), 지(地·지리), 장(將·장수 또는 리더), 법(法·조직 시스템)을 고르게 갖춰야 한다는 말이다.

■ 특급전사와 철인 3종 경기

2013년은 천안함 피격과 연평도 포격도발 3주년이자, 6·25전쟁 정전협정 60주년이 되는 해다. 그동안 장병들은 전투형 강군 육성을 위해 혼신의 노력을 다하였다. 특히 사격과 행군, 체력 우수자만이 선발되는 특급전사(Specialist Warrior)는 창끝 전투력 강화의 기본이다. 또한 교육훈련 혁신을 통해 전투프로인 특급전사들이 육성됐다. 그런데 특급전사 세 종목에서 요구되는 강인한 정신력과 체력은 올림픽 철인 3종 경기에 필요한 정신력 및 체력과 유사하다. 2012년 런던올림픽에서는 축구와 태권도 등 26개 종목 302개 세부 종목 경기가 열렸다.

철인 3종 경기는 인간 체력 한계에 도전하는 경기로 트라이애슬론

(triathlon)이라고 한다. 풀코스는 바다수영 3.9km, 사이클 180.2km, 마라톤 42.195km를 쉬지 않고 달린다. 전 코스를 17시간 이내 완주하면 철인(iron man)의 칭호가 주어진다. 2000년 시드니올림픽 정식종목으로 채택된 경기에서 단축코스로 수영 1.5km, 사이클 40km, 마라톤 10km를 실시하였다.

철인 3종 경기는 고대 5종과 근대 5종에서 진화되었다.

철인 3종경기도 인간 한계에 도전해 극복해야
체계적 장병 체력 훈련이 전쟁의 승리 이루게 해

■ 고대 5종과 근대 5종 경기

올림픽 경기는 고대 전투병의 필수 종목에서 시작되었다. 최초 경기는 기원전 776년 그리스 올림피아에서 열렸으며, 고대 그리스의 여러 도시국가 대표선수들이 모여 육상과 5종 경기(원반던지기, 창던지기, 달리기, 레슬링, 멀리뛰기), 복싱과 승마 경기를 치렀다. 여기에서 원반던지기와 창던지기 등은 당시 이상적인 군인이 가져야 하는 능력을 기준으로 하였다.

근대 올림픽 창시자인 쿠베르탱 남작이 만든 근대 5종 경기는 1912년 스웨덴 스톡홀름에서 최초로 열렸는데, 종목은 권총 사격, 에페 펜싱, 200m 자유형 수영, 승마 장애물 경기, 3km 크로스 컨트리 달리기이다. 이 종목들은 역시 19세기 가장 용감한 용사인 전령이 가져야 할 능력을 바탕으로 정해졌다. 근대 5종 펜태슬론(pentathlon)은 그리스어 숫자 5를 뜻하는 'penta'와 경기를 뜻하는 'athlon'에서 유래되었다. 역사학자였던 쿠베르탱이 근대 올림픽을 부활시킨 배경은 프랑스와 프로이센 전쟁(1870 ~1871년)에서 프랑스의 패배 원인을 군사들이 체계적인 체력훈련을 받지 못한 것으로 분석했기 때문이었다.

따라서 철인 3종 경기는 승리를 위해 철저한 준비가 요구되며, 어느 특정 종목에 편중되거나 준비를 소홀히 하면 곤란하다. 스포츠 경기나 전쟁에서 필요한 것은 철저한 준비와 계획이다. 성공은 99% 노력과 1% 땀의 결정체이다. 평상시 철저한 훈련만이 유사시 승리를 보장하므로 늘 지형과 기상을 관찰하는 태도, 지휘관과 감독의 솔선수범, 장병들의 끊임없는 교육훈련과 선수들의 노력 등이 필요하다.

2. 복싱과 기만·기습

취약한 곳에 힘을 집중

2012년 12월 15일, 여자 복싱 사상 처음으로 김주희 선수는 세계 8대 기구 통합 챔피언이 되었다. 그녀는 평소 삼국지와 작전요무령 등 군사 교범을 자주 읽고 독후감을 쓴다고 한다. 왜냐하면 복싱과 전쟁은 매우 유사하여 교범에 나오는 각종 전술을 복싱에 적용한다는 것이다.

즉, 치고 빠지는 전술(hit and run)이나 상대 전술을 읽고 내 전술을 숨겨야 하는 것은 같은 원리이기 때문이다. 사각의 링에서 강한 핵(核) 주먹과 빠른 잽(jab·牽制) 중에서 어느 쪽이 승산이 높을까? 그 해답은 궤도(詭道), 즉 기만과 기습에 있다.

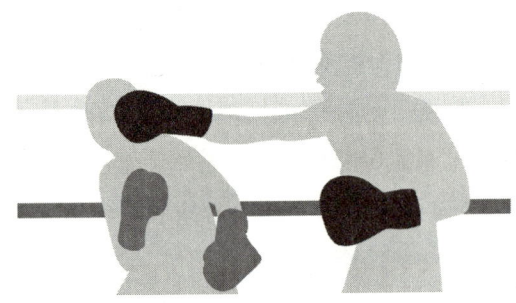

■ 기만과 기습

손자병법 제1편 '시계(始計)'에 '兵者(병자)는 詭道(궤도)라. 故(고)로 能而示不能(능이시불능)하고 用而示之不用(용이시지불용)하며, 近而視之遠(근이시지원)하고 遠而示之近(원이시지근)이니라.'가 있다.

능력이 있음에도 없는 것처럼 보이고, 사용하고자 하면서도 사용하지 않는 것처럼 보이게 하며, 가까이 있으면서도 멀리 있는 것처럼 보이게 하고, 멀리 있으면서도 가까이 있는 것처럼 보이게 하는 것을 말한다.

곧 용병은 기만(欺瞞·feinting)전술이다. 그리고 기습(奇襲·surprise attack)의 중요성을 강조한 '攻其無備(공기무비)하고 出其不意(출기불의)하나니, 此(차)는 兵家之勝(병가지승)이라 不可先傳也(불가선전야)니라.'가 있다.

여기에서 '공기무비'는 물리적인 빈 곳이며, '출기불의'는 정신적인 빈 곳을 말한다. 베트남전쟁의 영웅, 보 구엔 잡 장군은 프랑스와 미국을 상대로 이 전략을 기조로 이길 수 있었다. 이 전술을 복싱에 적용한 오래된 사례가 있다.

스트레이트(정면 공격)와 잽(우회 공격)의 대결이다. 먼저 1974년 헤비급 챔피언 조지 포먼에 무하마드 알리가 도전할 때, 알리는 로프에 기대어 포먼의 강한 주먹을 유도해 힘을 뺀 뒤, 8회 한 방 스트레이트로 다운시켰다. 이때 적용한 복싱 전략이 lope-a-dope이다. 즉 군사적으로 강한 적을 유인해 격멸시킨 성동격서(聲東擊西)이다.

또 하나는 4전 5기 신화의 주인공, 홍수환 선수이다. 그는 1977년 파나마에서 11전 11KO승의 카라스키야 선수에게 맞아 네 번 다운을 당하면서도 카운트 다운 시간에 힘을 비축하였다. 그리고 상대방의 오만과 방심을 틈타 카운트블로 한 방과 함께 소나기 펀치로 승리를 쟁취하였다.

고대 조각과 벽화에 나타난 바에 의하면 복싱은 BC 3000여 년 전에 시작되었다. AD 1000년경에 공식적인 경기장에서 시합이 시작되었고, 1892년부터 글러브를 끼고 1라운드는 3분·휴식 1분·다운 10초로 규정했다. 지금은 많은 주목을 받지 못하지만, 복싱은 1970년대 한국 스포츠 중에서 가장 사랑을 많이 받았다. 경제성장 과정에서 배고픔을 이기는 헝그리(hungry) 정신의 상징이 복싱이었기 때문이다.

복싱과 더불어 최근에는 모든 싸움 기술을 사용하는 이종격투기(異種格鬪技)가 있는데, 대표적으로 1993년 시작된 복싱과 레슬링, 태권도와 유도 등이 결합한 UFC(Ultimate Fighting Championship)가 있다. 그리고 같은 해 일본에서 시작된 킥복싱과 가라테·쿵후 등의 첫머리 글자를 딴 K-1이 있다.

'공기무비'의 대표적 사례로 UFC 라이트급 방어전에서 한국계 혼혈 파이터 핸더슨(29·미국)과 디아즈의 경기에서 핸더슨은 도전자 디아즈의 하체를 집요하게 공략하였다. 강한 왼발 로킥으로 디아즈 중심을 흔든 뒤 오른손 훅을 날렸는데, 상대 하체가 약하다는 것을 간파한 핸더슨은 선 채로 디아즈 허벅지에 펀치를 날리는 좀처럼 보기 드문 전술을 사용하였다. 이는 곧 적의 취약한 곳에 전투력 집중을 가하는 것이다.

취약한 곳 전투력 집중 + 반복 훈련 = 승리 보장

■ **섀도(Shadow) 복싱과 사판훈련**

복싱은 한 라운드에서 끊임없이 상대에 맞서 주먹을 교환해야 한다. 즉, 근접전투이다. 수없이 주먹을 뻗어 공격해 상대를 맞춰야 하며, 동시에 상대 주먹을 피하는 방어도 해야 한다. 오른손잡이는 왼손 주먹 잽으로 기만하면서 오른손 주먹 카운터블로를 노린다. 여기에 필요한 것은 강한 체력과 정신력 그리고 끊임없는 훈련이다.

이것을 숙달하기 위한 훈련 방법 중 하나가 그림자, 즉 섀도(Shadow) 복싱인데, 복싱에 필요한 모든 공격과 방어 기술을 혼자서 연습하는 것이다. 앞에 상대가 있다 가정하고, 공격과 방어 동작 몸놀림을 반복하는 것이다. 이때 상대를 기만하는 페인트(faint) 동작을 많이 한다.

교육훈련 단계 중 하나인 사관 훈련도 이와 같은 원리다. 기만과 기습, 취약한 곳에 전투력 집중, 그리고 끊임없는 반복 훈련만이 승리를 보장한다는 사실을 스포츠와 손자병법을 통해 상기해야 한다.

제2편 작전
‖ 준비하고 싸워야 승리한다

3. 원반던지기와 속전속결

전쟁은 빠른 승리가 중요…
'속전속결' 명심해 장기전 피해야

스포츠 경기에서 심리적 우위 달성은 중요한 요소이다. 전쟁 초기 적 지휘통제 체제와 중심의 무력화는 더욱 긴요하다. 고대 전쟁에서 원반과 창던지기 등은 상대방 의표를 제압하고 심리적 마비와 충격을 가하는 효과적인 수단이었다.

■ 속전속결

손자병법 제2편 '작전'에서는 속전속결을 말한다.
'其用戰也(기용전야)는 貴勝(귀승)이니 久則鈍兵挫銳(구즉둔병좌예)니라, 攻城(공성)이면 則力屈(즉력굴)이요 久暴師(구폭사)면 則國用(즉국용)이 不足(부족)'이니라.

이는 '전쟁에서는 빠른 승리가 중요하다. 시간을 오래 끌면 병사들이 피로해지고 사기가 저하된다. 적의 성을 공격하면 아군 전력이 소모되고, 오랫동안 군대를 바깥에 주둔시켜 노출시키면 국가 재정이 부족해진다.'는 뜻이다. 여기에서 勝(승)은 단기전, 久(구)는 장기전을 뜻한다.

또, '故(고)로 兵貴勝(병귀승)이요 不貴久(불귀구)니라. 고로 知兵之將(지병지장)은 民之司命(민지사명)이요 國家安危之主也(국가안위지주야)'니라를 강조하였다.

이는 '그러므로 전쟁에서는 속전속결이 중요하므로 장기전은 피해야 한다. 전쟁을 정확히 이해하고 수행하는 장군은 장병들의 생사를 주재하고 국가 안위를 결정하는 주체'라는 뜻이다.

■ 다윗과 골리앗의 전쟁, 원반던지기

고대 5종 경기 종목 중 하나인 원반던지기(discus throw·圓盤)는 병사가 강을 건널 때 중량을 줄이기 위해 방패를 강 건너로 던지는 것에서 유래가 되었다. 또 다른 유래는 다윗과 골리앗의 전쟁에 등장하는 무릿매 던지기다. 기원전 1050년, 오늘날 중동 팔레스타인 지역 필리시테인들은 예루살렘 근처 언덕까지 전진하였다. 엘라(Elah) 골짜기에서 필리시테인들에게는 거인 대장인 가트(Gath) 출신 골리앗이 있었다. 이때 다윗은 개울가에서 매끄러운 돌멩이 다섯 개를 골라 무릿매질(Sling)을 해 힘껏 던져 골리앗을 제압하였다.

그런데 최근 연구에 의하면, 이집트 베니 하산(Beni Hasan) 벽화에서 무릿매질하는 자들은 전장에서 궁수 옆에 서 있는 모습으로 나타난다. 이집트와 아시리아의 왕실 벽화에서는 무릿매질 부대가 고대 세계 제국 군대의 정규 편성 부대였음을 보여준다. 특히 능숙한 무릿매질꾼들은 테니스공 크기의 매끄러운 돌멩이를 시속 100~150마일로 던질 수 있었다고 한다.

골리앗을 쓰러뜨린 무릿매질은 원반던지기로 이어져
고대 투창 공격은 창던지기로, 돌 던지기는 포환던지기로 발전

■ **창과 포환던지기, 수류탄 던지기**

또 다른 경기는 창던지기(槍·javelin)이다. 이 경기는 사냥과 전쟁 목적으로 고대 5종 경기 중 하나이며, BC 708년 제18회 올림피아드 경기 때 최초로 실시되었다. 고대 전투에서는 보병 무기로 한 명씩 던지는 방식이 아니라, 밀려오는 적군들을 향해 한꺼번에 모든 병사가 던졌다. 이것은 유효사거리의 유효반경을 가능한 대로 넓히기 위한 것이었으며, 대체로 독자적 투창(投槍)부대를 구성하고 있어, 전투가 벌어지면 최전방에 정예 전투부대가 칼과 방패를 들고 있으면서, 제2선에서 이 투창부대가 밀려오는 적군을 향해 사격을 하게 되는 것이다. 이렇게 집중 사격을 퍼부은 다음에 우왕좌왕하는 분위기를 틈타 앞에 포진하고 있던 부대가 신속히 달려가 제압하는 전술이었다. 현대전에서 창던지기는 일종의 근접 지원 화력 수단인 것이다. 또한 전투용 창던지기에서는 정해진 목표물에 맞히는 것으로 승패가 결정되었으나, 경기용 창던지기는 정확성 측정이 아니라 얼마나 멀리 던지느냐의 거리 측정이었다.

한편 포환(砲丸·shot put)던지기는 고대 돌던지기 경기에서 유래되었다. 돌 대신에 포환이라는 쇠공을 처음 사용해 시합을 한 곳은 영국이었다. 국제표준규격은 남자부 경기 기준으로 1896년 올림픽대회부터 7.26kg으로 정해졌다. 당시 최고 기록은 9.44m이었는데, 1950년대 미국의 패리 오브라이언이 새로운 기술을 개발하여, 180도 정도 몸을 틀어 던짐으로

써 그 이후 22m 이상 획기적으로 던질 수 있게 되었다. 즉 이전 선수들은 90도 정도 몸을 틀어 포환을 던졌으나, 오브라이언은 이러한 기존 고정 관념에 고착되지 않고, 보다 유연한 사고로 새로운 전술과 전투기술 개발의 필요성을 인식하게 되었다.

지상 전투병의 근접전투에서 효과적 수단 중 하나가 수류탄(手榴彈)이다. 17세기에는 수류탄을 주 무기로 하는 병과도 있었고, 던지는 사정거리가 짧은 단점을 보완하기 위해 유탄발사기와 박격포 등이 개발되었다. 체력검정 종목 중 하나인 팔굽혀펴기는 수류탄을 잘 던지기 위한 근력 강화 운동 중 하나이다.

4. 레슬링·씨름과 역습

강한 정신력과 체력으로 상대를 무력화하라

유사 이래 가장 오래된 스포츠 경기 중 하나가 레슬링이다. 레슬링과 씨름은 직접 몸을 부딪치며 싸운다. 여기에서 중요한 것은 체력과 스피드, 상대방 자원(힘)을 이용한 역습이다.

■ 적 자원 활용

손자병법 제2편 '작전'에서는 속전속결과 작전 수행을 보장하는 전투근무지원 및 힘의 역이용을 말한다.

'善用兵者(선용병자)는 役不再籍(역부재적)하고 糧不三載(양불삼재)라, 取用於國(취용어국)하고 因糧於敵(인량어적)이니 故(고)로 軍食(군식)은 可足也(가족야)'니라.

이것은 '군대를 운용하는 장수는 한 사람에게 군역을 두 번 징집하지 않으며, 군량미를 몇 번씩 실어 나르지 않고 적지에서 물자를 해결하도록 한다. 식량을 적에게서 빼앗아 사용하면 군대 식량이 충분하게 된다.'는 뜻이다. 여기에서 用(용)은 군수 물자를 뜻하며, 적 자원을 활용해 우리 편에게 유리하게 적용하는 전술을 말하기도 한다.

또한 '智將(지장)은 務食於敵(무식어적)이니라.' 했다. 이는 '지혜로운 장수는 적지에서 식량을 빼앗으려고 노력한다.'는 뜻이다. 이것은 상대방 힘을 역이용하는 레슬링과 씨름 등 기술에 적용할 수 있다.

■ 레슬링과 전인 교육

레슬링(wrestling)은 투기 종목 중 가장 오래된 경기다. 그리스는 전인교육 과정에 기초 교육인 수학과 철학 등 이론교육 외에도 레슬링이 필수 교과목이었다. 레슬링을 통해 용기를 북돋우고 힘과 지구력을 기르며, 상대와의 대결에서 상대 몸동작을 읽을 수 있는 지혜와 민첩성을 기르는 교육적 효과를 노렸다.

레슬링이 대중 스포츠로 자리 잡은 것은 B.C. 776년부터다. 이후 중세 유럽 기사(騎士)라면 반드시 익혀야 할 필수적 무예의 하나로 장려되었다. 우리나라에는 1935년 일본 유학생들에 의해 소개되었고, 1976년 몬트리올 올림픽에서 최초로 양정모가 72kg급에서 금메달을 따왔다.

1988년부터 1999년까지 13년 무패의 신화적 선수 러시아 알렉산드르 카렐린은 그레코로만형(선 자세로 경기를 시작하고 팔로 상대방 허리 윗부분만을 공격) 130kg급에서 3연속 정상에 올랐다. 카렐린과 맞붙었던 선수들은 한결 같이 고릴라와 싸우는 느낌을 받았다고 한다.

그의 승리 비결은 타고난 신체 조건을 바탕으로 엄청난 훈련을 했기 때문이다. 허리까지 차는 시베리아 눈 속에서 양팔에 통나무 하나씩을 매달고 달리며, 지구촌 사람들이 모두 쉬는 12월 31일과 다음 날 새해에도 혹독한 훈련을 하였다. 여가에는 유연성을 기르며 발레 연습, 도스토예프스키 소설을 즐겨 읽었다. 그야말로 문무(文武)를 겸비한 선수이다.

흔히 시간 부족을 이유로 독서나 체력단련 등 자기계발 노력을 게을리 하는 장병들이 되새겨 봐야 할 선수이다.

■ 씨름과 힘의 역 이용

씨름은 서로 힘을 겨루는 경기로 각력(角力)이라고도 한다. 1980년대 천하장사 민속씨름이 대중화되면서 높은 인기를 끌었는데, 이때 이만기는 이준희나 이봉걸 등 자신보다 신체 조건이 유리한 상대의 힘을 역이용해 들배지기 한판으로 승리를 곧잘 하였다. 들배지기란 상대방을 들어서 넘기는 기술로써 키 작고 덩치가 작은 선수가 키 크고 덩치가 큰 선수를 기습적으로 공격하는 방법이다. 또 레슬링과 유도 등에서 적용하는 되치기 기술도 있다. 상대의 힘과 기술을 역이용해 방어 상태에서 공격으로 전환하는 것이다. 오른쪽으로 상대를 밀면 상대는 밀려나지 않으려고 버틴다. 그 순간을 이용해 상대를 반대 방향인 왼쪽으로 넘어뜨리는 기술이다. 이 기술은 곧 조공 부대가 적의 주 방어지역을 견제하도록 하고, 주공 부대는 적의 취약한 측면과 후방으로 우회 기동하는 전술과도 같다.

레슬링·씨름과 유사한 참호격투 '유격훈련의 꽃'
장병들의 체력·단결력 증진 위해 필요한 훈련

■ 참호격투와 근접전투

레슬링이나 씨름과 유사한 교육훈련으로 참호격투(塹壕格鬪)가 있다. 참호격투는 참호에서 적과 백병전(白兵戰) 상황을 상정해 실시하는 훈련으로, 백병전은 사용되는 무기가 도검류(刀劍類)이며 칼날이 백색이라는 점에서 이런 명칭이 붙었다. 참호격투는 유격훈련의 꽃이기도 하며, 장병들의 체력과 단결력 증진을 위한 훈련이다. 이 훈련에서 승리할 수 있는 방법 중 하나는 가장 약한 상대부터 먼저 바깥으로 밀어낸 다음 가장 강한 상대를 마지막으로 밀어내는 것이다.

이는 적의 취약점을 분석한 후 강점을 회피하면서 약점을 집중 공격하는 전술이다. 그런데 현대전에서 고도의 정밀 무기 체계로 근접전투 시 백병전 기회가 감소한다고 생각하는 경향도 있다. 그러나 각개 장병들의 강한 정신력과 체력 단련은 참호격투가 좋은 훈련 방법 중 하나이다.

제3편 모공
‖ 전략을 세워 적을 공격한다

5. 동계스페셜올림픽과 부전승

싸우지 않고도 이기는 것이 '현명한 용병술'

2013년 1월 29일부터 2월 5일까지 평창과 강릉 일대에서 '함께하는 도전(Together We Can)' 제10회 동계스페셜올림픽이 열렸다. 111개국 지적 장애인 선수 3300여 명과 자원봉사자 등 1만 1,000여 명이 참가하였다. 각종 동계스포츠 중 아이스하키를 제외한 대부분 종목이 상대방과 직접 부딪히지 않고, 개인 또는 팀 단위로 경쟁해 승리를 쟁취하는 경기였다.

■ 싸우지 않고 승리, 부전승

손자병법 제3편 '모공(謀攻)'은 적을 공격함에 있어 반드시 먼저 계획(꾀)을 세워야 함을 말하고 있다.

'百戰百勝(백전백승)이 비선지선자야(非善之善者也)라, 不戰而屈人之兵(부전이굴인지병)이 善之善者也(선지선자야)'니라.

이것은 '백 번 싸워 백 번 모두 이기는 것은 최상의 용병술이 아니다. 적과 싸우지 않고 적의 군대를 굴복시키는 것이 최상의 용병술'이라는 뜻이다. 여기에서 不戰勝(부전승)은 백전백승의 勝과 부전이굴인지병의 不戰이 합해진 조어이며, 善之善(선지선)은 현명한 용병술과 전쟁지도 능력을 말한다.

또한 '上兵(상병)은 伐謀(벌모)요, 其次(기차)는 伐交(벌교)요, 其次는 伐兵(벌병)이요, 其下(기하)는 攻城(공성)이라.'라고 했다. 이는 '전쟁에서 최상책은 적의 꾀를 치는 것이고, 차선책은 적을 외교적 고립시키는 것이며, 마지막은 병력으로 성을 공격'하라는 뜻이다. 전쟁 이전에 적의 의도를 꺾고, 차선으로 외교적 제재, 최후의 수단으로 전쟁을 수행하는 것이다. 상대와 직접 부딪치지 않는 부전승과 관련된 스포츠로 장애인올림픽을 들 수 있는데, 패럴림픽과 스페셜올림픽이 각각 개최되고 있다.

■ 패럴림픽과 스페셜올림픽

패럴림픽(Paralympic)은 원래 하반신 마비(paraplegic)와 올림픽의 합성어였으나, 지금은 나란히(para)를 사용해 올림픽과 같이 개최됨을 의미한다. 2014년 8월 런던 하계올림픽에 이어 하계 패럴림픽이 열렸다. 이때 근육이 위축되는 질환인 루게릭병을 앓고 있는 세계적 물리학자 스티븐 호킹 박사의 개막식 연설은 우리에게 잔잔한 감동을 주었다.

"삶이 아무리 힘들더라도 모든 사람에겐 누구나 특별한 성취를 이뤄낼 힘이 있다. 발을 내려다보지 말고 별을 보세요."

이 말은 어떤 장애 요인, 즉 전쟁에서 곤경에 처하더라도 승리에 대한 확신을 잃지 않는 것과 같다.

현재 열리고 있는 스페셜올림픽(Special Olympic)은 스포츠를 통해 지적장애인들(자폐·발달장애·다운증후군 등)의 운동 능력과 사회 적응력을 높이는 데 의의가 있다. 이 대회는 미국 J.F. 케네디 대통령의 여동생 슈라이버 여사의 지적 장애인 일일캠프에서 비롯되었다.

이후 1968년 시카고에서 첫 대회를 시작으로 오늘에 이르고 있는데, 하계대회는 올림픽이 열리는 전해에, 동계대회는 다음 해에 개최된다.

직접적 충돌없이 적을 굴복 시키는 것이 억지전략
경제·군사·정신력 갖추면 적이 두려워하는 강군

■ 부전승과 억지전략

1853년 미국 페리 제독이 당시 일본 사무라이들과 벌인 전투가 있다. 그는 싸움에 앞서 자신들이 보유한 자동권총 성능을 보여 주는 것만으로 전투에서 승리했다. 곧 부전승이다.

또 다른 사례는 동서 냉전이 첨예하게 대립하고 있을 때, 1962년 10월 쿠바 미사일 위기가 발생하였다. 소련이 쿠바에 중거리 지대지 공격용 미사일 기지 건설과 배치를 시도하였다. 이를 알게 된 당시 케네디 대통령은 쿠바 해상 봉쇄와 함께 전쟁 발발 경고로 소련 미사일 운반선을 돌려보냄으로써 핵전쟁 위협에서 벗어날 수 있었다. 이 사례는 싸우지 않고 적을 굴복시켜 이긴 부전승으로, 이러한 전략을 억지(抑止)전략이라고 한다.

억지전략은 핵무기와 대륙간탄도미사일(ICBM) 등 대량 살상무기 개발로 인해 예상되는 피해를 사전 예방하기 위한 전략이다. 즉 전쟁에서 이기는 것이 아니라 전쟁이 일어나지 않도록 막는 것이다. 억지전략 수단은 핵무기뿐만 아니라 장거리 폭격기·항공모함 전단 등이 있다.

북한의 핵실험과 장거리 미사일 발사 등 군사적 위협에 대비하기 위해 한미동맹을 강화하면서 중국과는 전략적 협력 동반자 관계를 유지하는 것도 억지전략에 해당된다. 억지전략은 또한 '伐謀(벌모)와 伐交(벌교)'에 해당된다. 벌모는 적을 압도하는 경제·군사력을 보유하고 것이고, 벌교는 적과 우호 관계에 있는 주변국의 지원과 협력관계를 차단하는 것이다. 내 편으로 만드는 외교적 노력도 포함된다. 그러나 무엇보다 중요한 부전승 억지전략은 내부로부터 단결된 국민 안보의식과 장병들의 강인한 정신전력, 철저한 교육훈련으로 적이 두려워하는 강군 육성이다.

6. 피겨와 상하동욕자승

'오마주 투 코리아' 감동 이뤄낸
김연아의 영광처럼 목표가 통하면 승리는 따른다.

빙상(氷上) 스포츠 중 가장 예술적인 종목은 피겨 스케이팅(Figure skating·氷舞)이다. 피겨 여왕 김연아가 보인 뛰어난 예술적 표현과 경기력은 김연아와 코치, 차가운 얼음판에서의 혹독한 반복훈련이 일치된 '상하동욕자승'에서 찾아볼 수 있다.

■ 상하동욕자승

손자병법 제3편 '모공(謀攻)'은 부전승과 함께 상하가 같은 목표일 때 승리를 거둠을 말한다. 승리 요건 다섯 가지 중 '上下(상하)가 同欲者(동욕자)는 勝(승)하고, 以虞待不虞者(이우대불우자)는 勝(승)하고'가 있다.

이것은 '장수와 병사가 위와 아래의 의지가 한결같으면 승리하고, 만반의 준비를 갖춰 놓고 준비가 안 된 적을 기다리는 자는 승리하고'라는 뜻이다.

여기에서 상하는 수직적 관계뿐만 아니라 수평적 관계인 좌우도 포함된다. 공적인 협조(cooperation)와 사적인 협력(friendship) 관계가 긴밀해야 한다. 그리고 虞(우)는 '헤아리다'라는 뜻으로 철저한 준비를 말한다. 젊은 피겨 우상(偶像·idol)인 김연아의 상징성도 '상하동욕자승'에 바탕을 둔 피나는 반복훈련과 창조성 그리고 애국심이다.

한 번의 비상(飛上)을 위한, 천 번의 점프 정신

■ 피겨, 반복훈련과 창조성

피겨 스케이팅은 얼음 위를 활주하며 갖가지 동작으로 율동의 아름다움을 겨루는 '빙상의 예술'이라고 한다. 점프, 스핀, 리프트, 스텝, 턴 등 다양한 기술이 사용된다. 규정 종목과 자유 종목이 있으며, 남녀 혼성으로 페어, 아이스댄싱이 있다.

피겨 싱글에 지난 2006년 주니어 세계 선수권 제패 이후부터 지금까지 전 세계인의 사랑을 받고 있는 김연아 선수의 2010년 밴쿠버동계올림픽 금메달 228.56점은 누구도 넘보지 못할 대기록이다.

김연아에 대하여 '한 번의 비상(飛上)을 위한 천 번의 점프'라 서술되어 있다. 부드럽게 연기하는 김연아 선수의 재능이 하늘에서 내려 준 축복

이라고 생각하는 사람이 있다면, 그녀의 연습 과정을 더도 말고 딱 사흘만 보라고 말해 주고 싶다. 그녀는 매일같이 자신이 해야 할 모든 훈련에 최선을 다한다. 그 모습을 보면 천재성 속에는 노력이 포함돼 있음을 저절로 깨닫게 될 것이다.

점프를 위해 머리카락을 동여매고 수십 번 반복 훈련하는 모습은 우리에게 많은 것을 시사한다. 또한 훈련과정에서 초킹(choking)현상을 극복하는 능력이 뛰어남을 알 수 있다. 초킹은 중요한 순간 너무 긴장한 나머지 생각이나 행동이 얼어붙어서 평소 실력을 발휘하지 못하는 것을 말하는데, 누구든 이러한 심리적 압박은 있다. 따라서 평소 각종 상황을 상정한 우발계획 수립과 훈련이 필요하다.

김연아의 상징성은 뛰어난 기술력, 다양한 손짓 안무, 표정 연기와 더불어 매혹적인 음악 구성이다. 2007·2008 시니어 그랑프리 시리즈콘셉트 '미스 사이공'부터 2010년 밴쿠버올림픽 '영화 제임스 본드 메들리', 2011년 '오마주 투 코리아' 그리고 2012년 12월, 20개월 만의 복귀 경기에서 선보인 '뱀파이어의 키스'와 '레미제라블' 등에서 환상적인 예술적 감성 연기를 보였다. 이는 반복훈련과 한 곳에 머무르지 않고 창조적인 발전을 거듭하기 때문에 가능한 것이다.

장수와 병사가 하나 되어 만반의 준비 갖추고,
강인한 정신력·철저한 훈련·애국심 배양해야

■ 오마주 투 코리아, 애국심

2011년 4월 러시아 모스크바 세계피겨선수권 프리스케이팅 프로그램에서 첫선을 보였던 김연아 선수의 오마주 투 코리아(Homage to Korea)는 아직도 가슴을 뭉클하게 한다. 아리랑을 주축으로 편집된 음악 속에 한국인 정서가 물씬 묻어나는 프로그램이다.

김연아 선수는 '자신을 성원하고 사랑해 준 한국 팬들과 조국에 대한 감사의 표시'라고 전하였다. 또한 김연아 선수의 의상도 한반도를 형상화한 수묵화를 연상시켰는데, 배경 음악의 선율 또한 격정적으로 흘렀다. 빈곤과 배고픔에서 벗어나기 위한 새마을 운동과 1988년 서울올림픽, 2002년 한일월드컵 등에 이르는 한국의 눈부신 경제적 발전상과 위상을 표현하였다.

피겨 퀸 김연아에게 장병들은 무엇을 배울 것인가? 철저한 교육훈련, 전술전기 개발, 애국심이다. 먼저 강인한 정신력을 바탕으로 한 철저한 교육훈련이다.

과거 사격술 예비훈련 PRI는 '피가 나고 알이 배고 이가 갈리는 것'이라고 한다. 교육훈련 목적이 아닌 얼차려 뜻이 강했던 언어이지만, 그 진정한 의미는 강한 훈련에 있다. 그리고 끊임없는 전쟁사와 교리연구 및 전술전기 개발과 함께 상대 선수나 적군의 계획을 미리 파악해 대비해야 한다. 또한 애국심 배양이다.

월드컵 축구 경기 응원을 위해 흔드는 광화문 광장의 태극기가 아닌, 부여된 공격 목표인 고지를 탈취한 후 휘날리는 태극기를 가슴에 항상 두어야 한다.

7. 축구와 정보전

상대를 철저히 분석하고 최적의 전술로 대응하라

스포츠 중 축구 경기는 흔히 축구전쟁으로 불린다. 그라운드를 뛰는 11명의 선수와 지휘부인 감독과 코치, 그리고 지원 병력인 수만 명 관중의 함성으로 경기장은 곧 전장을 방불케 하기 때문이다. 상대적으로 열세인 전력을 가진 팀이 우세한 팀을 상대로 이기는 방법 중 하나는 정보전이다.

■ 지피지기, 백전불태

손자병법 제3편 '모공(謀攻)'의 핵심은 부전승, 상하동욕자승과 함께 정보전의 중요성을 강조한다.

'故(고)로 曰(왈) 知彼知己(지피지기)면 百戰不殆(백전불태)요, 不知彼而知己(부지피이지기)면 一勝一負(일승일부)요, 不知彼不知己(부지피부지기)면 每戰必殆(매전필태)'니라.

이것은 '적을 알고 나를 알면 백 번 싸워도 위태롭지 않고, 적을 모르고 나를 알기만 한다면 한 번 이기고 한 번 지게 되고, 적도 모르고 나 자신도 모른다면 싸울 때마다 반드시 위험에 빠지게 된다.'라는 뜻이다.

여기에서 殆(위태로울 태)는 요즈음 勝(승)으로 바꿔 사용하고 있다. 한편 적을 알고 나를 알 거나, 적을 알지 못하고 나를 알 거나, 적과 나를 알지 못하는 것과 더불어 '적은 알지만 나를 모를 때(知彼而不知己)'를 주의해야 한다. 이는 상대방이나 적에 대해 과소평가해 오만하거나 자만심에 빠지는 상황을 말한다.

■ 축구와 축국(蹴鞠)

우리나라의 축구는 오래전 삼국시대의 '축국'이라는 공몰이로부터 내려온다. 삼국유사에 신라의 김유신(595~673년)과 김춘추(태종무열왕·604~661년)가 축국을 하다 그의 옷자락을 밟는 바람에 김춘추의 옷고름이 찢어졌다는 기록이 있다. 역사 드라마에서 축국을 하는 장면이 나오기도 한다.

중국 고대 기록 중, 왕운정(汪雲程)의 축국도보(蹴鞠圖譜)에 의하면 '양쪽에 골문을 설치한 경기와 구장이 없이 하는 축국이 있다'고 한다. 또한 중국 원나라 시절 그려진 '축국도' 속, 축구공은 오각형과 육각형의 가죽을 연결해 만든 모습으로 오늘날 축구공 원리와 유사하다.

1986년 발행된 '중국고대체육문물도집'에 "축국은 중국의 전설 속 황제 시절에 발명됐다. 공은 원래 헝겊을 둥글게 뭉쳐 만들었지만, 당나라 시절에 이르면 동물 방광에 바람을 불어넣고 가죽 껍질을 씌웠다."고 되어 있다.

히딩크·홍명보의 뛰어난 대비책,
월드컵 4강·올림픽 메달 이끌어

■ 히딩크와 홍명보 전략

축구는 상대방에 대한 철저한 전력 분석 후 적합한 전술로 대응하는 것이 중요하다. 이것을 가장 잘 활용한 사례가 2002년 한일월드컵에서 히딩크 감독과 2012년 런던올림픽에서의 홍명보 감독이다.

2002년 한일월드컵 4강 진출은 선수들의 능력뿐만 아니라 히딩크 감독의 용병술이 뛰어난 덕이다. 히딩크 감독은 경기에 출전하는 '베스트 11'이 아니라 상대 팀에 따라 23명의 선수를 고르게 기용하는 '베스트 23' 전술을 준비하였다.

히딩크 감독은 2002년 한일월드컵 조별 예선전 마지막 경기인 포르투갈전에서 포르투갈 영웅 피구의 움직임을 비디오 분석을 통해 미리 파악하고 있었다. 그리고 6월 15일, 히딩크 감독은 16강에서 맞붙을 이탈리아에 대비한 훈련은 코치에게 맡겨두고 8강에서 만날 것으로 예상한 스페인과 아일랜드전을 보기 위해 수원 경기장으로 향했다.

그로부터 10년 뒤 당시 선수였던 홍명보 감독은 2012년 8월 런던올림픽 3·4위전에서 일본팀과 맞섰다. 홍 감독은 상대가 원하는 식으로 싸워서는 절대 안 된다며 "부숴 버려" 한마디였다. 일본팀의 무기는 좁은 공간에서 주고받는 세밀한 숏 패스이므로 이것을 깨는 것은 정확한 롱 패스와 전진 압박이었다. 상대방에 대한 철저한 분석과 대비책을 강구했기 때문에 올림픽 축구 사상 최초의 동메달을 획득할 수 있었다.

■ Make your Rule

2002년 한일월드컵에서 한국의 4강 진출이 남긴 강렬한 메시지는 '꿈은 이뤄진다(dreams come true)'이다. 최근 젊은 세대에게 보내는 강렬한 메시지로 '누구의 인생도 카피하지 마라'에 이어 '너만의 주먹을 뻗어라(make your rule)'가 있다. 이는 기존 관념의 틀에서 벗어나 자신만의 가치(rule)를 설정하고 인생을 개척하라는 의미이다.

축구는 개인기와 조직력을 결합해야 최고 실력을 발휘한다. 개인기는 드리블이나 패스, 트래핑 등 공과 함께하는 것이며, 조직력은 각자의 위치에서 최선을 다하는 것이다. 축구를 통해 강한 전투력은 각개 전투원의 전투기량과 제대별 협동능력에서 창출됨을 상기해야한다.

8. 당구와 심리전

아군 전투력 손실 없이 '완전한 승리' 거둬라

입동(立冬) 추위를 견딜 때 심리적 요인이 지배적이다. 당구에서도 고도의 집중력과 신중함이 요구된다.

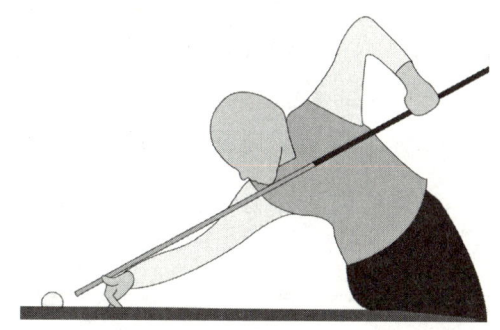

■ 벌모(伐謀)와 벌교(伐交)

손자병법 제3편 '모공'에서 적을 굴복시키는 방법을 말한다.

'선용병자(善用兵者)는 굴인지병(屈人之兵)이나 이비전야(而非戰也)라. 발인지성(拔人之城)이나 이비공야(而非攻也)요, 훼인지국(毁人之國)이나 이비구야(而非久也)라.'

이는 '군대를 잘 운용하는 방법은 전쟁하지 않고 적을 굴복시키는 것이다. 적의 성을 무모하게 공격하지 않고 빼앗는 것이다. 적을 장기전으로 멸망시키지 않는 것이다.'라는 뜻이다.

그리고 '필이전쟁어천하(必以全爭於天下)라, 故로 병부둔이리가전(兵不鈍而利可全)이니 차모공지법야(此謀功之法也)니라.'

이는 '이런 전승(全勝)의 원칙만이 천하의 승자가 된다. 그러므로 아군의 손실 없이도 완전한 승리를 거둘 수 있는 것, 이것이 공격 전략의 원칙이다.'라는 뜻이다. 여기에서 전승이란 완전한 승리다. 적도 피해를 입지 않고, 나의 피해도 없는 다소 이상적인 승리의 모습인데, 신중한 전쟁(愼戰)을 역설한다.

전쟁에서 직접적 군사 행동인 벌병(伐兵)과 공성(攻城), 간접적 정치 행동인 벌모(伐謀)와 벌교(伐交)가 있다. 수많은 인명과 재산 손실을 초래하는 벌병과 공성은 차선이다. 좀 더 효과적인 것은 적에 전쟁 의지를 꺾어 버리는 벌모와 적을 외교적으로 고립시켜 무찌르는 벌교다. 이를 구현하는 스포츠가 당구와 볼링이다. 목표를 직접 타격하지 않고 당구에서는 쿠션을 이용하고, 볼링에서는 공을 굴려 목표(핀)를 쓰러뜨린다.

쿠션을 이용해 목표를 이루는 당구의 공격처럼
대남 심리전 선전선동에 대응책 필요

■ 당구와 간접공격, 벌모

당구(撞球·billiards)는 기원전 400년 그리스에서 원추형 목적물에 2개의 둥근 돌을 막대기로 쳐서 맞히는 옥외경기에서 유래되었다. 그 후 1600년 유럽에서 같은 형식의 실내경기로 발전하였는데, 영국에서 정방형 테이블 위에 모퉁이와 긴 쿠션 중앙에 6개의 구멍을 내어 시작한 잉글리시 포켓의 시초다. 이어 1818년 영국의 잭 칼이 공의 미스를 방지하고 회전을 돕기 위해 초크를 발명하였다. 10년 뒤 1828년 프랑스인 망고가 막대기 앞에 고무틀(탭)을 붙이고, 초크를 활용해 종횡으로 공을 자유롭게 회전시킬 수 있게 하였다.

경기는 열 가지의 세부종목이 있다. 캐롬(carom)은 적색 공 1개와 백색

공 2개로 경기를 하며, 2개의 표적 공을 다 맞히기 전에 정한 횟수 이상 쿠션에 닿아야 한다. 포켓볼(pocket billiards)은 6개 포켓에 볼을 순서에 맞게 넣어 공격권을 이어가다 마지막 볼을 포켓에 넣으면 승리한다. 8볼·9볼·10볼이 있다. 스누커(snooker)는 큐볼인 백색 공 한 개로 나머지 21개(적색 15개, 흑색 등 6개) 공을 테이블 구멍에 넣어 획득한 점수를 겨룬다.

잉글리시 빌리아드는 백색과 황색의 큐볼 2개와 1개의 적색 공을 사용한다. 큐볼을 2개 목표 볼에 맞히거나 2개 목표 볼 중 1개 볼을 포켓에 넣으면 득점한다. 당구처럼 간접 공격에는 이이제이(以夷制夷)와 심리전에 대한 대응이 있다.

■ 이이제이(以夷制夷)와 심리전

중국은 한(漢)나라 이후부터 주변의 위협은 주변의 힘을 빌려 제압하는 전략 '이이제이'를 적용하였다. 이(夷)는 중국 이외의 모든 국가를 통칭하는 말로 쓰였다. 다른 나라의 힘을 이용해 목표로 하는 적을 굴복시키는 것이다. 기원전 138년 한 무제는 서역 50여 부족과 외교 관계를 맺은 후, 몽골고원 일대를 지배하던 유목 기마민족인 흉노(匈奴)족을 정벌하였다. 일종의 외교전략이다. 통한의 대한제국(1897~1910) 고종황제도 제국주의 침탈에 맞서 러시아·영국 등 열강의 힘을 이용하려고 하였지만, 이러한 전략은 자국의 힘이 강할 때 빛을 발한다.

북한의 핵실험 등 한반도 안보 위기 이후 최근 일련의 유화적인 제스처도 유의해야 한다. 이것은 극심한 경제난과 고립된 대외 관계 등 현재의 어려운 상황에서 벗어나기 위한 상투적인 전략이다. 북한은 끊임없이 사이버전과 미디어전 등으로 사회 혼란 조성을 획책할 것이다.

북한은 대남 심리전을 위해 인터넷 공간에 댓글을 다는 부서에 200여 명, 정찰국 산하 3,000여 명의 사이버전 전문 인력이 대남 심리전과 사이버 테러를 벌이고 있다. 2013년 3월 20일 북한 공작기관의 언론과 금융기관 등 전산망 공격 사례 등 다양한 유형의 도발이 있었다. 이와 함께 왜곡된 여론을 퍼뜨리는 '1(북한 요원 1명이 선동 글 게재) → 9(추종세력 9명이 퍼 나르고) → 90(90명이 읽는)법칙' 메커니즘이 있다.

　2개 공으로 시작된 당구가 여러 형태로 진화했듯이 북한의 심리전도 선전선동과 남남갈등을 유발하기 위해 더욱 교묘해질 것으로 보인다.

9. 볼링과 측후방 공격

전략적 간접 공격으로 승부하라

　늦가을이 지나고 쌀쌀한 바람이 불 때, 야외 스포츠보다 실내 스포츠를 선호한다. 볼링은 남녀노소가 쉽게 즐길 수 있다. 핀을 넘어뜨리기 위해서 직접 핀을 조준하기보다 레인(lain) 위 7개 화살표 '스팟(spot)'을 간접 목표로 삼아야 한다.

■ 정면 공격의 위험성

손자병법 제3편 '모공'에서는 적을 굴복시키는 방법 중 직접 공격의 신중함을 강조한다.

'공성지법(攻城之法)은 위부득이야(爲不得已也)라. 수노분온(修櫓轒轀)하고 구기계(具器械)가 삼월이후성(三月而後成)이라. 거인우삼월이후이(距堙又三月而後已)'다.

이것은 '성을 무모하게 직접 공격하는 방법은 부득이한 경우에 사용하는 마지막 방법이다. 성을 공격하는 흙 운반용 수레를 만들고 공격용 무기를 갖추려면 적어도 3개월 정도 오랜 기간이 필요하다. 적의 성을 공격하기 위한 흙산을 쌓는 일도 또한 3개월 정도 필요하다.'는 뜻이다. '분온(轒轀)'은 위쪽에 생 소가죽을 덮어 열 명이 화살을 피할 수 있으며, 바퀴가 있어 성을 만드는 데 필요한 흙을 운반할 수 있다. '거인(距堙)'은 적 성벽 앞에 인공적으로 만든 흙산이다.

또한 '장불승기분이의부지(將不勝其忿而蟻附之)하고 살사졸삼분지일(殺士卒三分之一)하고도 이성불발자(而城不拔者)면 차공지재야(此功之災也)'다.

이것은 '리더가 자신의 개인적인 분노와 적개심을 못 참고 섣불리 자신의 병사들을 무모하게 개미처럼 적 성벽을 기어오르게 해 죽은 병사가 3분의 1이 넘게 하고, 그러고도 성을 완전히 점령하지 못하는 것은 무모한 성 공격이 주는 최악의 재앙이다.'라는 뜻이다. 따라서 간접적 정치행동인 벌모(伐謀)와 벌교(伐交)가 필요하다. 이를 구현하는 스포츠가 볼링이다. 볼링에서 원거리 목표 핀보다 바로 앞을 바라보며, 레인(lain)의 가운데가 아닌 측면을 따라가다가 핀을 측면으로 쓰러뜨린다.

■ 볼링과 간접조준, 측면 공격

볼링은 12세기 무렵 중세 귀족들 중심으로 잔디 위에서 '보울즈'라는 게임이 성행하였다. 그리고 독일 성직자들이 케겔(막대기) 쓰러뜨리기(케글

링·kegling)'라는 종교의식을 하였는데, 악마의 상징인 막대기를 고정시켜 놓고 둥근 볼을 제일 가까이 굴린 사람이 이기는 게임이다. 오늘날 근대 볼링 기초를 만든 사람은 종교개혁가 마틴 루터이다. 그는 9개 핀을 다이아몬드형으로 세우고 볼 크기 등을 정하였다.

경기는 레인(lain) 끝에 세워진 10개 핀(pin)을 볼링공으로 쓰러뜨린다. 1게임은 10프레임으로 더 많은 핀을 넘어뜨리면 이긴다. 최고 점수는 300점으로 개인 또는 2~5명 정도가 한 팀을 이룬다. 레인(lain)은 길이 19.15m, 너비는 1.04~1.07m이다.

볼링에서 승리는 핀을 보고 공을 던지는 초보적 'pin 볼링'보다 라인 바로 4~4.5m 앞 흰색 점을 보고 공을 던지는 'spot 볼링'이 중요하다. 최종 목적 달성을 위해 우선 바로 앞에 있는 스팟에 정확히 공을 던지는 것이 필요하다. 또 인코스와 아웃코스가 있다. 이는 전략 목적을 달성하기 위해 전술적 목표 설정과도 같다. 인코스가 정면 공격이라면 아웃코스는 로렌스의 아카바 항 공격에서 찾아볼 수 있다.

<blockquote>
볼링 경기에서 핀을 넘어뜨리기 위해
레인 위 화살표 '스팟'을 간접 목표 삼 듯
적 제압 위해 직접 공격은 신중해야
</blockquote>

■ 로렌스의 아카바 항 측후방 공격

아카바 항은 오늘날 이스라엘 남쪽 끝 항구로 홍해로 진출하는 길목이다. 영국군 정보장교로 아랍연합군과 연합작전을 위해 로렌스 중위는 1917년 5월 9일 아랍연합군 낙타부대 500명을 이끌고 홍해에 인접한 사우디아라비아 웨지를 떠나 아카바 항으로 향하였다. 터키군의 배후를 기습하기 위한 전략적 우회기동이었다.

드디어 7월 6일, 로렌스의 아랍연합군은 아카바 항 직전 케리라 요새를 월식이 있음을 미리 예견하고 야간 기습으로 점령하였다. 그리고 터키군 300명이 방어하던 하드라 요새를 점령함으로써 최종 목표인 아카바 항을 손에 넣었다. 그런데 이때까지도 터키군 아카바 항 포대는 모두 바다로 향해 있었다. 즉, 아랍연합군 측 후방 우회 공격에 대한 첩보를 인지하고도 이를 경시하고, 바다로부터 영국과 프랑스 해군의 포격에만 집중했던 탓이다. 로렌스의 아카바 우회기동은 단순한 전투 승리가 아닌 거대한 오스만 제국 몰락을 초래한 시발점이 되었다.

제4편 군형
‖ 군대의 승리는 형세가 결정한다

10. 미식축구와 선승이후구전

이길 수밖에 없는 준비태세로 'V 터치다운'

2013년 2월 4일 프로미식축구(NFL) 결승전 슈퍼볼(super bowl)에서 볼티모어팀이 승리하였다. 철벽 수비와 막강 공격력이 조화를 이뤄 우승을 품었다.

■ 선승이후구전과 미식축구

손자병법 제4편 '군형(軍形)'의 핵심은 이겨놓고 싸우는 선승이후구전(先勝以後求戰)이다. 군대가 어떤 형태를 취하는 것으로, 승리를 위해서 이길 수밖에 없는 준비태세를 먼저 갖추는 것이다.

'승병(勝兵)은 선승이후(先勝以後)에 구전(求戰)하고, 패병(敗兵)은 선전이후(先戰以後)에 구승(求勝)하나니'

이것은 '이기는 군대는 먼저 이기고 난 이후에 싸움을 구하고, 지는 군대는 먼저 싸우고 난 이후에 이기기를 구한다.'는 뜻이다. 걸프전에서 1월 17일부터 지상전 개시 전까지 6주 동안 1,000여 시간 공중폭격으로 이라크군 지휘통제체계와 방공망을 무력화하였다. '선승이후구전'은 미식축구 전술에도 접목되었다.

미식축구(American football)는 농구와 야구, 아이스하키와 함께 북아메리카 4대 스포츠 중 하나이다. 미식축구는 미국인들의 개척자 정신과 일맥상통하는데 신대륙 발견 후 유럽축구와 럭비를 바탕으로 독자적으로 만든 것이다.

포지션도 패스를 하는 러닝 백, 패스를 받는 와이드 리시버 등 공격과 수비가 엄격히 구분되어 있다. 맡은 역할과 책임에 대한 희생과 봉사정신, 강한 체력과 정신력이 요구된다. 이 중에서 'Tight end'는 작전에 따라 러닝과 패스 캐치, 블록 등 임무를 두루 소화하는 만능 포지션이다.

경기는 상대편과 몸과 몸이 부딪치는 전쟁과도 같은 육탄전을 통해 점수를 얻어낸다. 상대 수비수와 피 말리는 육체적·정신적 사투 끝에 10야드 이상을 조금씩 전진해 획득하는 터치다운은 최소 6점에서 최대 8점까지 획득할 수 있다. 터치다운 한 번으로 게임 양상이 완전히 바뀌기도 한다.

이기는 군대는 이긴 후 싸움을 한다
미군, 미식축구 전술로 걸프전 승리

■ 영역(英譯) 손자병법과 헤일 메리 플레이

손자병법과 미식축구 전술은 걸프전에도 적용되었다. 미군은 베트남전 패배의 악몽에서 절치부심(切齒腐心)하였다. 베트남전쟁에서 호찌민(胡志明)이 구사한 전략이 손자병법에서 유래됐음을 분석하였다. 1980년대에 모든 군사학교에서 이를 집중적으로 가르쳤다. 걸프전 참전 미 해병대 장병들은 90쪽 분량 영어로 번역된 손자병법을 휴대하였다.

우회기동은 제7편 '군쟁(軍爭)'의 '이우위직(以迂爲直)'이었다. 이라크군도 제3편 모공(謀攻) '벌교(伐交)'전략을 활용하였다. 80년대에 소련군 고문들로부터 소련어판 손자병법 제8권을 전수받아 실전에 적용하였다. 스커드 미사일로 이스라엘을 공격한 것은 적의 동맹관계를 깨는 벌교전략이었다.

1991년 2월 28일, 미군 중심 다국적군의 쿠웨이트 회복을 위한 '사막의 폭풍작전(Operation Desert Storm)'이 종료된 날이다. 당시 슈워츠코프 장군의 우회기동 전략은 미식축구 '헤일 메리(hail mary)' 전술을 적용해 100시간 만에 승리하였다.

이라크 후세인의 쿠웨이트 점령은 미국에 반전의 기회였다. 지상전은 2월 24일 새벽에 시작되었다. 슈워츠코프는 이라크군이 전혀 예상할 수 없는 방향에서 주공을 실시하는 계획을 세웠다.

해병사단은 방어가 집중된 사우디아라비아와 쿠웨이트 국경지역을 견제하였다. 제7군단과 제18공정군단 20만 명 이상 병력을 서쪽 사막 지역으로 우회시켜 이라크 영토 깊숙이 진격한 다음 공화국 수비대를 격멸하는 것이었다. 지상 전투는 100시간 후 종결되었다. 다국적군은 전사 380명·부상 776명에 비해, 이라크군 손실은 2만~3만 5000명으로 추정되었다.

슈워츠코프는 이 작전을 미식축구에서 쿼터백이 장거리 볼을 던져 큰 점수를 내는 것과 비슷한 개념으로 '헤일 메리 플레이(hail mary play)'라고 불렀다. 이는 농구에서 마지막 종료 시간에 코트 끝에서 던지는 슛처럼, 쿼터백이 공격선수에게 엔드존(end zone)까지 볼을 던져 터치다운(6점)을 기대하는 것이다.

헤일 메리는 성공 가능성이 희박할 때 간절히 소원을 비는 아베 마리아에서 유래되었다. 역사학도 슈워츠코프는 이 작전을 기원전 216년 한니발이 로마군 5만 명을 섬멸했던 칸나이(Cannae) 포위섬멸작전에 비유하였다.

2013년 12월 27일 타계한 그는 저서 '영웅은 필요없다'에서 1명의 천재보다 10명의 우직한 팀워크를 강조하였다. 평상시 미식축구를 통해 체득된 전술이 전쟁에 적용하여 승리를 쟁취한 사례이다. 따라서 각종 스포츠는 건강과 체력증진뿐만 아니라 병법에도 적용되는 것임을 알아야한다.

11. 농구와 선수·선공

상황에 맞는 공격·수비의 전환
적을 교란시켜 승리 얻으리라

농구는 인기 있는 겨울철 실내스포츠 중 하나로 강인한 체력과 스피드, 지구력이 요구된다. 따라서 경기 내내 공격과 수비에 적절한 배합이 요구된다. 안정된 수비를 바탕으로 선수(善守), 공격적 플레이(善攻)를 펼칠 때 승리를 달성할 수 있다.

■ 善守와 善攻

손자병법 제4편 '군형(軍形)'은 先勝以後求戰(선승이후구전)과 守(수비)와 攻(공격)을 말한다.

'不可勝者(불가승자)는 守也(수야)요 可勝者(가승자)는 攻也(공야)라.'

이 뜻은 '이길 수 없으면 방어, 이길 만하면 공격을 하라.'는 것이다. 전력이 열세할 경우 공격 역량을 확보한 후 공세로 전환하는 것이다.

또한 '善守者(선수자)는 藏於九地之下(장어구지지하)하고 善攻者(선공자)는 動於九天之上(동어구천지상)이니, 能自保而全勝也(능자보이전승야)니라.'

이는 '방어를 잘하는 자는 아홉 가지 다양한 지형 속에 나를 숨길 줄 알고, 공격을 잘하는 자는 아홉 가지 다양한 기상 조건을 이용해 기동한다. 이렇게 하면 전쟁에서 나의 피해가 없이 완전한 승리를 거둘 수 있다.'는 것이다.

九地와 九天은 다양한 지형과 기상을 말한다. 그리고 아군의 피해를 최소화하는 全勝이 핵심이다. 10명의 선수가 코트의 좁은 공간에서 오가는 농구는 공격과 수비, 상황 변화에 즉각적인 대처 능력이 요구된다.

■ 농구와 픽 앤 롤(pick and roll)

농구의 시초는 서까래에다 복숭아 바구니를 걸어 놓고 9명에서 수십 명씩 경기를 하던 것이었다. 19세기 말 미국 매사추세츠 주 스프링필드에 있는 YMCA(Young Men's Christian Association, 기독교청년회)에서 개발하였다. 야구와 미식축구 같은 실외 스포츠에 맞서 어린아이들에게 흥미로운 실내 스포츠를 고안한 것이다.

최초 경기는 1891년 12월에 열렸는데, 시간이 지나면서 한 팀은 5명으로, 복숭아 바구니는 백보드를 갖춘 그물주머니로 바뀌었다. 미국의 거대한 산업도시에서 농구는 소수 민족, 즉 흑인들 사이에 퍼져 나갔다. 농구는 2차 세계대전에 미군이 참전하면서 유럽과 아시아로 전파되었다.

농구의 묘미는 슛에 있는데, 슛의 위치에 따라 득점이 3-2-1점으로 달라져 더욱 흥미가 있다. 농구의 공격 전술 중 '픽 앤 롤'이 가장 널리 사용된다. 이른바 스크린플레이다. 공을 가진 선수가 수비수에게 마크를 당하면, 공격팀 두 번째 선수가 움직여서 둘 사이에 들어간다. 그러면 수비수는 스크린을 하는 선수에게 유인당하고, 이 틈을 노려 공격수는 슛으로 득점을 하게 된다. 이 전술은 상대 수비 시스템을 교란시키는 효과가 있다.

공격작전 간 조공이나 습격조 등을 운용함으로써 적 방어체계를 무력화하는 전술과도 이와 같다. 마찬가지로 방어부대 또한 열세한 병력으로 습격조를 운용해 공격부대 측후방을 교란함으로써 승리를 쟁취한다.

상대 수비 뒤흔드는 스크린플레이, 방어체계 무력화 전술 흡사

■ 초한전(楚漢戰)

농구에서 스크린플레이는 초한전에서도 살펴볼 수 있다. 중국 대륙에서 춘추(春秋)시대(B.C. 770~404)와 전국(戰國)시대(B.C. 403~212)를 지나 항우(項羽)와 유방(劉邦)이 천하의 패권을 다투던 시기이다.

초한전은 B.C. 204년 정형구(井陘口)의 배수진(背水陣)으로 알려진 전투이다. 정형구는 황하 북쪽 하북성 양자강 지류에 있는 좁은 협곡이다. 조나라 20만 명이 공격해오자 한신군 1만 명은 면만수(綿曼水) 강물을 등지고 진을 쳤다.

주력은 스크린플레이, 즉 견제(牽制)부대로 활용하였다. 이때 한신은 경무장한 기습대 2,000여 명을 선발해 한나라 깃발을 휴대케 하였고, 조나라군을 우회해 적의 성채에 들어가 한나라의 붉은 깃발을 꽂게 하였다.

조나라군이 한신의 군대를 경시하고 성을 비운 채 총공격을 했으나 실패한 후 철수했을 때 성채에는 한나라 깃발이 꽂혀 있었다. 전의를 상실한 조나라군은 한신군의 공세 이전의 추격전에 의해 패배하고 말았다. 적은 병력과 열세한 전투력으로 승리한 대표적인 사례이다.

제5편 병세
‖ 군대의 승리는 기세가 결정한다

12. 야구와 기정

속이고 속는 승부의 세계 유연한 전력·전술로 승리

2013년 3월 26일은 천안함 폭침 3주기이었다. 6·25전쟁이 대규모 병력에 의한 '정(正)'의 전쟁이라면, 천안함사건은 예측을 불허하는 '기(奇)'의 전쟁이다. 북한의 핵실험과 장거리 미사일 발사 등 아직도 '끝나지 않은 6·25전쟁'이 계속되고 있다.

■ 기정의 연속, 야구

손자병법 제5편 '兵勢(병세)'에 '三軍之衆(삼군지중)으로 可使必受敵而無敗者(가사필수적이무패자)는 奇正(기정)이 是也(시야)라.'가 있다. 이는 '대규모 병력을 운용해도 적의 공격에 패배하지 않는 것은, 변칙(奇)과 원칙(正)을 적절히 사용함으로써 가능하다.'는 뜻으로 실리와 명분을 뜻하기도 한다.

그리고 '兵之所加(병지소가)에 如以投卵者(여이단투란자)는 虛失(허실)이 是也(시야)니라.'가 있다. 이것은 '공격 시 단단한 숫돌로 계란을 깨듯이 쉽게 할 수 있는 것은 적의 약점과 강점을 잘 파악하는 것'이다.

또한 '凡戰者(범전자)는 以正合(이정합)이요 以奇勝(이기승)이니라.'는 '무릇 전투는 원칙으로 싸우다가 변칙으로 승리를 획득한다.'는 뜻이며, 변칙이란 유연한 전략과 전술의 적용이다.

이러한 奇에 의한 전쟁과 유사한 경기가 야구이다. 야구(野球)는 말 그대로 넓은 들에서 하는 경기이다. 13세기 영국에서 시작된 크리켓이 라운더(rounders)가 되고, 이것이 진화돼 오늘날 야구로 발전하였다.

경기 9회 내내 상대방을 속고 속이고 '기(奇)와 정(正)'의 연속이다. 9회 말이 끝날 때까지 게임은 끝난 게 아니다.'라는 오랜 속설은 인생이나 전쟁에서도 유용한 말이다. 또 주자가 1루(壘·base)부터 홈까지 전진하는 것도 삶의 축소판이라 할 수 있다.

투수는 공 하나를 던질 때마다 타자를 기만하고, 이에 맞서는 타자는 투수의 의도부터 읽어야 한다. 주자가 도루할 때도 투수의 동작과 공 배합을 잘 살펴야 한다. 투수도 주자의 동작을 주시해야 한다.

타자가 홈런을 치는 것에서 치는 자세는 형(形), 방망이를 휘두르는 것은 세(勢), 공을 맞추는 것은 절(節)이다. 스피드, 타이밍, 리듬이 결정적이다.

타격력을 기르기 위한 방법 중 망치와 곡괭이질이 있다. 망치로 못을 박는 것과 타격의 원리는 각도만 다를 뿐 같다. 곡괭이질은 타격 균형을 키우기 위해 적격이다. 무거운 곡괭이를 통해 힘을 모아 쓰는 법과 자세 유지하는 법을 배울 수 있다.

상대 의도·동작을 파악해 대처하는 투수·타자처럼,
변칙·원칙의 적절한 사용으로 敵을 무력화해야

■ 스탈린그라드 전투와 이라크 자유작전

'正과 奇'의 대표적인 전쟁이 스탈린그라드 전투와 이라크 자유작전이다. 스탈린그라드 전투는 '무모한 正의 전쟁'이다. 1942년 7월 17일부터 이듬해 2월 2일까지 200여 일간 나치 독일군과 소련군이 벌였던 전투이다.

양측에서 200만 명의 사상자를 낸 제2차 세계대전 최대 유혈전투이다. 독일군 33만 병력은 당시 카프카스 유전 지대를 차지하기 위해 석유 공급로인 러시아 남부 볼가강 하류 도시 스탈린그라드를 침공하였다. 그러나 영하의 추위와 눈보라가 치는 혹독한 날씨, 11월부터 소련군의 대대적인 반격으로 독일군은 패퇴하였다. 전사 22만 명을 포함해 85만 명이 실종·부상·포로가 되었고, 겨우 6,000명만 살아서 돌아갔다. 소련군도 47만 명이 전사하고 65만 명이 부상당하는 엄청난 피해를 입었다.

2012년 3월 20일은 '이라크 자유작전(OIF:2003. 3. 20～5. 1)' 개전 10년이 된 날이었다. 다국적군은 정공법이 아닌 기만에 의한 공격으로 승리하였다. 이라크 자유작전은 '虛失(허실)에 의한 奇(기)의 전쟁'이다. 이라크 공격인 '충격과 공포의 작전(Shock & Awe)'은 이라크 허실을 사전에 파악했기 때문이다. 동맹군은 전쟁 승부를 결정짓기 위한 항공전(Air Warfare Day), 특수전(Special Warfare Day), 지상전(Ground Warfare Day) 계획을 수립하였다.

여기에서 중부특수전사령부 예하 1·3·5·7·10특전단(Special Forces Group)과 델타포스, 영국군 SAS 등 2만여 명의 활약은 전쟁의 숨은 영웅들이었다. 이들은 전쟁 발발 이전에 먼저 이라크 전역에 침투해 이라크군 관련 첩보를 수집하였다.

그리고 후세인과 그 추종자 동선(動線)을 파악하고 군사 표적물을 제공함으로써 승리에 기여하였다. 그러나 전쟁 뒤 안정화 작전에 대한 준비 소홀로 전쟁 뒤의 전쟁이 7년 4개월간 계속되었다. 결국 적에 대한 허실 파악은 잘했으나 자신들의 전략에 대한 허실 파악이 부족하였다.

야구에서 경기 시작에 투수가 던지는 초구(first pitch or ball)는 8할 이상 직구이다. 코스는 바깥쪽 낮은 공인데, 타자에게 가장 먼 공으로 장타를 허용할 확률이 가장 낮은 원점(遠點)이자 원점(原點)이다. 즉 모든 시작은 기본에서 이뤄지는 것과 같다.

13. 역도와 기세

초인적인 힘으로 임무를 완수하라

역도(力道, weight lifting)는 정지된 순간에서 폭발적인 힘으로 단 한 번 또는 두 번의 동작으로, 자신의 몸무게 3배에 이르는 무거운 것을 들어 올린다.

조용한 가운데 움직이는 靜中動(정중동)이다. 중요한 것은 집중과 들어 올릴 수 있다는 자신감이다. 올림픽 모토 '더 빨리(citius)'는 100m 달리기, '더 높이(altius)'는 장대높이뛰기, '더 힘차게(fortius)'는 역도인 것이다.

■ 사람을 가려 기세를 맡기다 : 임세(任勢)

손자병법 제5편 '병세'에서는 勢(세)를 활용한 리더십을 말한다.

'善戰者(선전자)는 求之於勢(구지어세)하고 不責於人(불책어인)이니, 能擇人而任勢(능택인이임세)니라. 任勢者(임세자)는 其戰人也(기전인야)에 如轉木石(여전목석)'이라.

이것은 '전쟁을 잘하는 장수는 모든 승패의 원인을 기세에서 찾지 병사들을 탓하지 않는다. 그러므로 사람을 잘 가려 뽑아서 그에게 기세를 부여한다. 기세를 잘 조성하는 장수는 병사들을 싸우게 할 때 마치 나무와 돌을 굴리듯이 한다.'는 뜻이다. 장수에게 기세를 부여하는 것을 任勢(임세)라고 하는데, 중간 리더를 뜻하기도 한다.

또한 '木石之性(목석지성)은 安則靜(안즉정)하고 危則動(위즉동)하고 方則止(방즉지)하고 圓則行(원즉행)이니라.'를 말한다. 이것은 '나무와 돌의 속성은 평평한 곳에서는 고요하고 경사진 곳에서는 움직인다. 네모난 것은 정지하고 둥근 것은 굴러간다.'는 뜻이다. 여기에서 나무와 돌은 병력, 나무와 돌을 움직이게 하는 것은 리더의 역할에 비유된다.

■ 역도와 3번의 공세

인간은 양 엄지가 발달한 이래로 무거운 물건을 들어 올리는 것으로 힘겨루기를 해왔다. 기원전 3500년경 고대 이집트 베니 하산 묘실 벽화에서도 나타나듯이, 역도는 고대 세계 군사 훈련에서 중요한 부분이었다. 고대 그리스에서는 군사 훈련의 일환이자 남성성을 과시하는 행위로 많이 시행하였다.

그리스 신화의 아틀라스(atlas)는 하늘을 떠받치는 역사(力士)이다. 중국에서도 육중한 양수 냄비를 들어 올리는 강정이라는 경기가 있었다. 역도는 점점 거대한 바위를 들어 올리는 형태로 바뀌어 인간과 자연의 전투 형태를 띠었다.

현대 역도는 인상(引上, snatch)과 용상(聳上, clean and jerk)의 합계로 승부를 가린다. 선수들은 4×4m 경기대에서 유별난 기합과 행동을 보이기도 한다. 멕시코 올림픽 밴텀급에서 금메달을 딴 이란 선수 나시리는 30초를 기도하고, "야 알리!"라고 외치며, 이슬람 최고 지도자에 대한 경배를 하였다. 일본 선수 다카시는 뒤로 공중제비를 넘었는데, 아드레날린이 용솟음치도록 자신을 독려하였다.

인상에서는 한 동작으로 바를 머리 위로 끌어 올린다. 용상에서는 제1동작(clean)은 일단 어깨에 걸쳤다가, 제2동작(jerk)에서 머리 위로 올린다. 두 가지 방법에서 각각 세 번의 기회가 주어진다. 이와 같은 세 번의 승부수를 통해 통일국가를 이뤘던 전쟁이 베트남전쟁이다.

집중·자신감으로 인상·용상 3번씩 도전하는 역도처럼
세 번의 승부수로 전쟁 주도권 장악했던 역사 되새기길

■ 호찌민과 보 구엔 잡

역도 용상에서 제1동작은 1968년 구정공세, 제2동작은 1972년 춘계공세, 인상에서 한 번의 동작은 1975년 사이공 공세에 비유할 수 있다. 오늘날 베트남의 국부로 추앙받는 호찌민은 任勢(임세)로 군사적 리더를 보 구엔 잡 장군을 활용하였다. 자세히 들여다보면 보 구엔 잡은 늘 군사적 승리를 거둔 것이 아니다. 프랑스와의 전쟁 초기에 전술적 실패를 거듭했으나, 1954년 비엔 디엔 푸 전투에서 결정적 승리를 거뒀다. 그는 북베트남군 제308사단과 제316사단 등 4개 사단에 은밀하게 각종 화기와 식량을 운반하였다.

북베트남군 정규군 2만과 여성과 청년으로 구성된 2만여 명의 농민군을 지원하기 위해 초인적인 방법을 동원하였다. 200문의 곡사포는 100km

정글을 대포와 몸을 로프로 연결해 한 번에 2cm, 하루 800m, 3개월간 이동시켰다. 그리고 식량도 1인당 5kg을 운반하면서 4kg은 본인이 이동 시 먹고, 1kg만 전투 식량으로 전달되었다.

그리고 1968년 구정 공세 때와 1972년 춘계공세도 많은 병력 손실이 있었다. 그러나 이러한 전술적 패배에도 불구하고 호찌민은 잡 장군을 끝까지 신뢰하였다. 결국 1975년 4월 30일 단 일격에 사이공 공세를 통해 통일 베트남을 세울 수 있었다. 그의 군사전략은 '3불(不) 전략'으로 귀결된다. 적이 원하는 시간과 장소·방법으로 싸우지 않고 게릴라전으로 전쟁의 주도권을 장악하였다.

한두 번의 과오(過誤)를 지나치게 해석해 유능한 인재를 도태시키는 조직과 집단이 한 번 생각해 볼 '임세(任勢)와 공세(攻勢)'의 교훈이다. 그리고 역도 선수를 그리스 신화의 가장 힘센 영웅 '헤라클레스(Heracles)'라고도 한다. 초인적인 힘으로 불가능한 임무를 완수해내는 사람으로 비유된다. 장병들도 꾸준한 체력단련과 전투기량 연마를 통해 전투프로 즉 전투 헤라클레스가 되어야겠다.

14. 티볼·새마을 야구·소프트볼·크리켓과 형세

적이 예측과 제어하지 못할 전술을 혼용해라

바야흐로 청명(淸明)과 한식(寒食)에는 벼를 심기 위해 가래질을 시작한다. 이런 날씨는 다양한 스포츠를 즐기기 좋다.

■ 형(形)과 세(勢)

손자병법 제4편 '균형'의 형(形)과 제5편 '병세'의 세(勢)를 합해 제4·5편 形勢(형세)를 구성할 수 있다. '형'이란 적으로 하여금 가히 예측할 수 없게 보이게 한 것이고, '세'는 적으로 하여금 제어할 수 없게 하는 것이다.

제4편 '균형'에서 '勝者之戰民也(승자지전민야)는 若決積水於千仞之溪者(약결적수어천인지계자)니 形也(형야)니라.'가 있다. 이것은 '승리의 조건을 가진 군사들의 기세는 마치 천길 계곡에 가둬 놓은 물이 둑이 터져 흘러내리는 것과 같으니 이것이 균형인 것이다.'는 뜻이다. 평시 전쟁준비를 일컫는다.

제5편 '병세'에서는 '善戰人之勢(선전인지세)는 如轉圓石於千仞之山者(여전원석어천인지산자)니 勢也(세야)니라.'를 말한다. 이것은 '병사들의 기세를 북돋워 싸우게 하는 것은 마치 둥근 돌을 천길 높은 산에서 굴리는 것과 같으니 이것을 세라 한다.'는 뜻이다.

仞(인)은 周(주)나라 때 길이 단위로 1仞(약 30cm)은 여덟 자로 2.4m, 千仞은 2.4km이니 깊은 계곡과 산을 뜻한다. 균형의 形은 평시 전투력이며, 병세의 勢는 전시 발휘되는 전투력이라 할 수 있다.

■ 티볼과 새마을야구, 소프트볼과 크리켓

야구는 넓은 장소와 많은 인원이 필요하지만, 유사한 형태로 발전된 티볼과 새마을야구·소프트볼 등은 자유롭게 즐길 수 있다. 이 종목들은 야구와 유사한 전술을 적용하는데, 형(形)과 세(勢)를 적절히 혼용하는 것이 좋다.

야구에서 타자가 공을 치는 것을 비유하면 치는 자세는 형, 방망이를 휘두르는 것은 세(勢)이다. 야구와 유사한 스포츠로 티볼과 새마을야구 등이 발전하였다. 티볼(T-ball)은 공을 티(tee) 위에 올려놓고 치는 경기이다.

1980년경부터 오스트레일리아와 뉴질랜드에서 야구나 소프트볼을 시작하려는 어린이들을 대상으로 보급되기 시작하였다. 야구나 소프트볼과는 달리 투수가 없고 정지된 볼을 치기 때문에 누구나 타격의 기쁨을 누릴 수 있다. 또한 야구나 소프트볼은 투수의 역할이 크므로 다른 포지션 선수들의 참여 기회가 적은 반면, 티볼은 참가자 전원이 고르게 즐길 수 있다.

새마을야구는 야구공 또는 배구공, 축구공을 사용할 수 있다. 타자와 투수는 같은 편으로 타자에게 치기 쉬운 공을 던지므로 경기 진행이 빠르다. 분대 또는 소대 단위로 스트레스 해소와 흥미 유발에 도움이 된다.

소프트볼(softball)은 1887년 시카고에서 처음 시작된 실내야구에서 비롯되었다. 경기는 총 7회이며 볼은 언더핸드로 던지므로 타자의 타격 기회가 많다.

크리켓(cricket)은 13세기 영국에서 시작돼 주로 호주와 인도, 파키스탄 등에서 유행하는 경기이다. 양 팀은 각 11명인데 경기장 한가운데 2개의 주문(柱門)에 각 1명의 타자가 문을 지키게 된다. 타자는 자기편의 주문을 지키기 위해 투수가 던지는 공을 외야수가 잡을 수 없도록 쳐내려고 한다. 타구를 잘 쳐서 타자와 상대편 주문에 있던 동료 선수가 피치 구역을 가로질러 달려서 서로 자리를 바꾸게 되면 1점을 득점한다. 이 외에도 공을 발로 차는 발야구가 있다.

야구서 유래된 티볼·새마을야구·소프트볼·크리켓 등
글러브로 공 잡고·배트로 공 치는 '모세·차세'로 연결
이 둘을 모아 사용하는 '용세'가 강한 군사력의 발원

■ 한산대첩과 모세(謀勢), 명량대첩과 차세(借勢)

이러한 경기들은 모두 글러브로 공을 잡는 모세(謀勢)와 배트로 공을 치는 차세(借勢)로 연결된다. 모세와 차세는 한산도대첩과 명량대첩에 적용되었다. 勢에서 조직과 구성원의 역량을 키워 함께 모으는 것을 '모세'라 한다. 대포와 학익진(鶴翼陣)으로 세를 모아 대승을 거둔 것이 한산도대첩이다.

임진왜란이 발발한 1592년 7월 8일, 이순신은 108척으로 일본 수군 73척을 전략상 유리한 한산도 앞바다로 유인해 격멸시켰다. 勢에서 다른 것의 힘을 빌리는 '차세'가 필요하다.

이순신이 13척으로 일본 수군 133척을 명량(鳴梁)에서 이긴 것은 울돌목의 세를 빌린 것이다. 1597년 9월 16일 진도 앞바다의 조류의 변화를 이용하였다.

이순신은 이미 임진왜란 발발 1년 전인 1591년 2월 초에 진도군수로 부임하기 위해 나룻배로 건널 때 울돌목의 지형과 급조류를 파악하고 있었다. 승리는 결코 준비 없이 이룰 수 없다는 것을 알아야한다.

파리는 열 걸음밖에 날지 못하는데 하루에 100km를 갈 수 있겠는가? 적토마의 엉덩이에 붙으면 더 멀리 갈 수도 있다. 연합 및 합동작전의 중요성도 여기에 있다.

자신만의 역량을 갖추기 위해서는 많은 비용과 노력이 요구된다. 스스로 역량을 배양하는 것은 모세요, 우수한 능력을 가진 개인이나 군대와 협력하는 것은 차세다. 모세와 차세를 모아 사용하는 것이 '용세(用勢)'다. 강한 군사력은 여기에서 나온다.

제6편 허실
‖ 나의 강점으로 적의 허점을 쳐라

15. 펜싱·검도와 피실이격허

적의 허점이 보이면 주저 없이 공략하라

2012년 런던올림픽 펜싱에서 신아람 선수의 '멈춰버린 1초'는 전 국민의 눈물샘을 마르게 했다. 펜싱은 허점을 찾아 공격하는 대표적인 경기이다. 한국 펜싱 선수들이 체구가 큰 서구 선수들에게 승리한 것도 허점(虛點)을 찾아 공격했기 때문이다. 전술에서 적의 강·약점 분석이 시작이다. 검도 또한 남녀노소 구분 없이 오랫동안 수련할 수 있는 호신무술이다.

■ 피실이격허

손자병법 제6편 '허실(虛實)'에 '夫兵形象水(부병형상수)라, 水之形(수지형)은 避高而趨下(피고이추하)요, 兵之形(병지형)은 避實而擊虛(피실이격허)라.'가 있다. 이는 '무릇 군대는 물과 같은 모습이어야 한다. 물은 항상 높은 곳을 피해 아래로 흘러간다. 군대의 모습도 적의 강한 곳은 피하고 약한 곳을 공격해야 한다.'는 뜻이다.

여기에서 '象'은 닮다, '趣'는 달리다를 말한다. 물과 관련해 노자는 도덕경에서 上善若水(상선약수)라 했다. 세상에서 가장 위대한 것은 물과 같은 것이라고 역설한다. 스포츠와 병법뿐만 아니라 일상생활에서 귀감이 되는 글귀이다.

또한 '水因地而制流(수인지이제류)하고 兵因敵而制勝(병인적이제승)이라.'가 있다. 이는 '물은 지형에 따라 물줄기를 이루듯이 군대도 적의 상황에 따라 승리의 방법을 변화시켜야 한다.'는 뜻이다.

水는 地(지형)에 따라 流(물줄기)를 制(만들어) 나간다. 상황의 변화에 따라 유연하게 대처하는 것이다. 고정 관념과 기존 전술에 얽매임에서 벗어나야 한다. 펜싱과 검도에서도 물처럼 유연한 병형상수(兵形象水)의 창의성이 요구된다.

■ 펜싱과 검도

펜싱은 주로 유럽 지역에서 인기가 있는 스포츠이다. 유럽 중세시대 귀족들은 전사계급이었고 그들의 의지력은 검 끝에서 시험받았다. 화약이 도래하고 나서도 검이 망하지 않은 것은 신분의 상징이었기 때문이다. 더구나 결투 도구로 널리 사용되었다. 19세기 후반에 들어 무기와 안전을 도모하는 옷과 규칙들이 갖추어져 현대 펜싱과 비슷한 형태를 띠게 되었다. 무기와 공격 방법에 따라 세 가지 형태로 나눠진다.

강한 곳 피하고 약한 곳 공격하는 유연한 대처 요구
"지면 죽는다" … 담대한 검투사의 결연한 의지 절실

플뢰레(fleuret)는 가장 가볍고 유연하게 휘어지는 검으로, 18세기 프랑스에서 훈련용 검으로 개발되었다. 다른 부분은 안 되고 검 끝으로 몸통만 찔러야 득점한다.

에페(epee)는 19세기 후반 결투에서 쓰이던 검으로 가까운데, 몸의 어느 부위를 찔러도 된다. 단 검 끝으로 찔러야 한다. 사브르(sabre)는 기사들의 검과 양날 검 같은 결투용 무기에서 유래하였다. 찌르는 것과 베고 긋기 위해 디자인된 검으로, 어느 부분으로도 허리 위 아무 데나 찌르면 득점한다.

서양의 펜싱과 더불어 동양에는 검도(劍道)가 있다. 원래 칼은 날이 한 쪽인 것을 도(刀), 양쪽인 것을 검(劍)으로 칭했으나 요즈음은 혼칭하고 있다. 검도는 신체 보호 장비인 호구(護具)를 착용한 뒤 목검이나 대나무로 만든 죽도(竹刀)를 사용해 상대방을 타격하는 운동이다.

경기는 기를 모아 내지르는 기합 소리인 기부림과 손목, 머리, 허리, 목 부위의 유효 타격을 득점으로 진행한다. 냉철한 판단력과 재빠른 동작, 대담한 정신력이 요구된다. 공격에서 내려치는 동작은 용수철처럼 가벼우면서도 힘에 넘치는 매혹적인 민첩함을 지닌다. 펜싱과 검도 모두 상대의 허점을 찾아 집중하여 공략하는 점이 공통적이다.

■ 검투사와 출사표

펜싱과 검도에서 상대방에 대한 허점 공격은 단 한 번 가장 짧은 시간에 이뤄져야 한다. 고대 로마제국 당시 원형경기장에서 검(劍) 하나만으로 결투했던 검투사(gladiator)가 있다. 지면 죽는다는 절박함만이 존재하였다.

기업의 경제전쟁에서 나온 일화가 있다. 한 경영인이 영업본부장들에게 지휘봉을 주었는데 그 손잡이를 돌리면 단도가 나왔다고 한다. 검투사와 같은 자세를 요구한 상징적 의미를 지닌다. 그리고 특정임무를 맡을 때 진력(盡力)을 다하겠다는 말을 사용한다.

　이 말은 중국 삼국시대 촉한(蜀漢)의 승상(丞相) 제갈량(諸葛亮·AD 184~234)의 출사표(出師表)에 나온다. 出은 출동한다, 師는 군대, 表는 의지를 말한다. 그는 황제 유선에게 위나라 공격을 위해 출동하기 전에 올린 상소문에서 임금에 대한 한결같은 충성과 나라를 다스리는 바른길을 강조하였다.

　오늘날 사천성 일대 소속이었던 촉한에 비해, 위나라는 양자강 이북 드넓은 지역을 차지하고 있던 강대국이었다. 그리고 마지막 글귀에 '국궁진력(鞠躬盡力) 사이후이(死而後已)'라고 하였다. 이것은 '존경하는 마음으로 몸을 굽히며, 죽을 때까지 최선을 다한다.'는 뜻이다.

　북한의 영변 핵 시설 재가동 선언과 연이은 도발 위협 등으로 한반도 안보정세는 매우 불안한 상태이다. 이 시점에서 우리는 각자의 출사표를 다져야 한다. 적의 허점을 찾는 펜싱과 죽음을 두려워하지 않은 검투사의 결연한 의지가 절실하다.

16. 핸드볼과 아전적분

　　　　내 의도를 적이 모르게 … '집중과 분산'으로 승리

　핸드볼은 영화〈우리 생애 최고의 순간〉으로 잘 알려졌다. 한국 여자 핸드볼팀이 2004년 아테네올림픽에서 은메달을 딴 실화에 바탕을 둔다. 경험이 없는 신예 선수들과 은퇴했다가 돌아온 선수, 감독직에서 경질되고 선수로 뛰는 극적이고 가슴 아픈 장면을 연출하였다. 핸드볼은 1960~70년대 '송구(送球)'로 불리며 전국적 인기를 얻었다.

■ 집중과 분산

손자병법 제6편 '허실(虛實)'은 避實而擊虛(피실이격허)와 함께 我專敵分(아전적분)을 말한다. '故(고)로 形人而我無形(형인이아무형)이면 則我專而敵分(즉아전이적분)이라.'가 있다. 이는 '그러므로 적은 드러내도록 유도하고 아군 의도나 상황은 감춤으로써, 아군은 집중하고 적은 분산된다.'는 뜻이다.

그리고 '吾所與戰之地(오소여전지지)는 不可知(불가지)라, 不可知(불가지)면 則敵所備者 多(즉적소비자 다)요.'가 있다. 이는 '내가 공격해 싸우려는 곳을 적이 모르게 해야 한다. 적이 몰라야 지켜야 할 곳이 많게 된다.'는 뜻이다. 不可知는 적이 아군 공격할 곳을 모르게 하는 것이다. 집중과 분산을 잘 설명한 말이다.

또한 '기전승불복(其戰勝不復)이요, 이응형어무궁(而應形於無窮)이니라.'는 '전쟁에서 한 번 승리한 방법은 반복 사용하면 안 되며, 다양한 상황 변화에 자신의 모습을 끊임없이 변화시켜야 한다.'는 뜻이다. 핸드볼에서 선수 7명은 전원 공격과 전원 수비 형태로 경기가 이뤄진다. 강하고 신속한 공격을 위해 집중과 분산, 다양한 전술 변화가 필요하다.

■ 핸드볼과 스크린플레이

핸드볼은 고대 그리스와 로마인들이 목욕과 온천욕을 하며 공놀이를 한 것에서 시작되었다. 현대 핸드볼은 1890년에 두 가지 유래가 있는데, 하나는 체코의 교사들은 7명씩 팀을 이뤄 '하제'라고 부르는 경기를 정착시킨 것이고, 또 하나는 덴마크에서는 과격한 축구를 금지하자 체육교사 닐센이 '한드볼'이라고 부른 것을 만든 것이다. 이 게임은 곧바로 인기를 얻어 스칸디나비아 전역에 퍼졌고, 그 규칙은 현대 핸드볼의 기반이 되었다. 한편 독일에서는 한 팀당 11명씩 뛰는 야외 핸드볼을 만들어 1936년 베를린올림픽 시범종목으로 넣어 우승하였다.

핸드볼은 길이 40m에 너비 20m의 코트에서 열린다. 경기 중 한 명의 공격수를 한 명의 수비수가 쫓아다니면 개인 기량이 뛰어나지 않는 한 상대를 제치고 슛 찬스를 만들기 힘들다. 대등한 실력으로 맨투맨 수비를 할 경우에 공격수가 수비수를 따돌리기 위한 전술이 필요하다. 스크린플레이는 직접 몸을 부딪치면서 플레이할 때 유용하다. 공격 측 선수들이 서로 교차함으로써 수비수 진로를 차단하는 방법이다. 이때 슛 찬스를 만든다. 곧 공자(功者)는 힘을 한곳으로 집중하고, 방자(防者)로 하여금 힘을 분산케 하는 아전적분(我專敵分)이다. 이를 잘 활용한 인물이 마오쩌둥이다.

'적은 드러내도록 유도하고 아군 상황은 감출 것'
핸드볼 스크린플레이처럼 다양한 전술도 필요
기존 위협 대응과 새로운 위협의 대비책 강구를

■ 마오쩌둥과 아전적분

마오쩌둥(毛澤東)은 고졸 학력임에도 중국 대륙 패권을 둘러싼 전쟁에서 일본 육사 출신 엘리트 군인인 장제스(蔣介石)를 물리치고 승자가 되었다. 그는 학벌과 용모가 좋은 군대는 야간 전투와 산악 전투를 싫어하는 경향이 있으므로 항상 그런 전투만 골라 하였다. 이른바 '16字 전법'인 '敵進我退(적진아퇴), 敵停我擾(적정아교), 敵避我攻(적피아공), 敵退我追(적퇴아추)란 적이 다가오면 물러나고, 멈추면 교란하고, 피하면 공격하고, 물러나면 추격한다.'는 뜻이다.

마오쩌둥 홍군이 장제스 국민당군 추격을 벗어나기 위한 대장정(大長征, 1935~1936)에 적용하였다. 장제스는 쿤밍 등 도시 점령에 치중해 병력을 많은 도시에 분산했으나, 마오쩌둥은 전략적으로 도시를 포기해 언제든지 집중 공격할 수 있었다.

제6편 '허실'을 종합하면 다음과 같다. 피실격허(避實擊虛)는 적의 강한 곳은 피하고 적의 허점을 공격하는 것이다. 이실격허(以實擊虛)는 나의 강점으로 적의 허점을 공격하는 것이다. 허허실실(虛虛實實)은 겉으로는 유연하면서 안으로는 강한 것이다.

나의 강점을 더욱 강하게 하고 적의 취약점을 분석하는 것이 중요하다. 북한군은 예측을 벗어나 다양한 방법으로 도발을 자행하고 있다. 송나라 사람이 밭을 갈다가 달려오던 토끼가 그루터기(株)에 부딪쳐 죽는 걸 보고, 밭을 가는 것을 포기하고 하루 종일 그루터기에 앉아(守株) 토끼가 부딪치기만(待兎)을 기다렸던 '守株待兎의 愚(어리석음)'를 범해서는 안 된다. 기존 위협의 대응과 함께 늘 새로운 위협을 상정하고 대비책을 강구해야한다.

핸드볼코리아리그는 3월에 개막해 6개월 동안 대장정에 돌입한다. 서울과 삼척 등 전국 6개 도시에서 남자부 5팀과 여자부 8팀이 각각 풀리그와 플레이오프를 통해 챔피언을 가린다. 그런데 핸드볼은 올림픽 때만 일시적 관심을 받는다. 지속적인 관심이 그들의 의욕을 북돋는다. 스포츠도 즐기고 아전적분의 병법도 익힐 겸 핸드볼 경기장을 찾아보자.

제7편 군쟁
‖ 군대를 유리한 위치에 다투어 선점하라

17. 마라톤과 사치

한계를 넘어설 때 "우리 모두가 승리자"

2013년 3월 17일 제84회 서울 국제마라톤 겸 동아마라톤이 열렸다. 광화문 광장을 출발해 청계천변을 돌아 잠실 올림픽 주경기장으로 골인한다. 42.195km의 여정은 고통의 반복에서 환희의 순간으로 마무리된다. 곧 사기와 마음, 힘과 상황 변화를 극복하면서 자신과의 경쟁에서 승리한다.

■ 사치(四治) : 치기·치심·치력·치변

손자병법 제7편 '군쟁(軍爭)'에 '善用兵者(선용병자)는 避其銳氣(피기예기)하여 擊其惰歸(격기타귀)는 治氣(치기), 以治待亂(이치대란)하고 以靜待譁(이정대화)는 治心(치심)'이라 하였다.

이 뜻은 '용병술에 능한 장수는 적군의 사기가 왕성할 때 피하고, 느슨할 때 공격함으로써 적과 아군의 사기를 다스린다. 또한 적이 혼란할 때를 기다리고 질서를 유지함으로써 마음을 다스린다.'는 것이다.

그리고 '以近待遠(이근대원)하고 以佚待勞(이일대로)하고 以飽待飢(이포대기)는 治力(치력), 無邀正正之旗(무요정정지기)하며 勿擊堂堂之陣(물격당당지진)은 治變(치변)'이라 했다.

이 뜻은 '유리한 지형지물을 선점하여 적이 피로해지고 굶주릴 때까지 기다리는 전투력 보존, 적의 군기가 엄정하고 질서가 유지될 때는 공격하지 않는 상황 관리'를 말한다. 邀은 맞이하여 싸우는 것이며, 正正은 잘 정비된 군대를 말한다.

■ 마라톤전투와 42.195km

마라톤 전투는 전사(戰史) 연구의 시작이다. B.C. 490 아테네 밀티아데스군 1만 1,000여 명은 측면을 강화하고, 페르시아군 1만 5,000여 명을 중앙으로 유인했다. 양익포위였다. 페르시아군 6400여 명이 전사했지만 아테네군은 192명만 전사한 압도적 승리였다. 전령이 승리 소식을 전하기 위해 마라톤 언덕에서 아테네까지 뛴 거리가 36.75km이다.

오늘날 42.195km는 몇 차례 변화를 거쳤다. 1896년 제1회 아테네올림픽에서는 같은 코스를 뛰었다. 1908년 제4회 런던올림픽 때는 최초 메인스타디움에서 출발하는 42km 코스였다. 그런데 스포츠를 좋아한 알렉산드라 왕비가 윈저 궁의 발코니에서 선수들의 출발 모습을 보고 싶어 해 출발 지점을 변경하자 41.842km가 되었다. 골인 지점도 에드워드 7세의 로열 박스 앞을 통과하도록 함으로써 353m가 늘어 지금의 42.195 km가 되었다. 제8회 파리 대회부터 공식 거리로 지정되었다.

■ 성화 봉송로와 제2차 세계대전

올림픽에서 성화(聖火)는 최초 1928년 암스테르담 대회부터 도입되었다. 1948년 런던올림픽 때까지는 올림픽의 불(olympic fire)로 불렸다. '성화(sacred olympic fire)'는 1950년부터다. 지금과 같이 올림픽의 발상지 그리스 올림피아에서 채화해 릴레이식으로 봉송한 것은 1936년 제11회 베를린올림픽부터이다. 여기에는 히틀러 나치 정권의 침략 야욕이 숨겨져 있었다. 제1차 세계대전의 패전국 설움을 떨쳐 버리고 독일 아리안이 고대 그리스 자손이라는 사실을 보여주려고 하였다.

성화는 발칸반도 군소 국가들을 거쳐 베를린으로 봉송되었다. 3년 뒤 제2차 세계대전을 도발한 독일군의 발칸반도 공격로와 일치되었다. 성화 봉송을 통해 각 나라의 첩보를 수집하였던 것이다.

베를린올림픽 하면 영웅 손기정이 있다. 올림픽 마라톤을 제패하고도 조국이 없다는 이유로 고개를 들지 못했던 그는 일제 치하에서 겪었던 좌절을 견딜 수 있었던 것은 조국애였다고 한다. 그는 좀 더 과감히 꿈꾸고 믿음을 키우자고 독려한다. 그의 뒤를 이은 황영조는 1992년 바르셀로나올림픽에서 금메달, 이봉주는 풀코스 41번 완주의 대기록을 갖고 있다.

사기·마음·체력·상황극복 능력 갖춰야 마라톤 완주 가능

■ 마라톤과 사치

마라톤에서 필요한 것은 사기(氣), 마음(心), 체력(力), 상황 극복(變) 능력이다. 사기는 팀워크이다. 마라톤을 혼자 뛰는 것은 어렵다. 그러나 둘 이상이 뛰면 훨씬 뛰기 쉽다. 서로를 격려하기 때문이다. 끝까지 뛰겠다는 의지, 곧 마음이 요구된다.

반환점을 돌 때까지는 체력이 뒷받침 되어야 한다. 마라톤에서 체력의

안배가 중요한데, 상태가 좋다고 오버 페이스하면 쉽게 지치게 된다. 30km를 지나면 체력 소모와 함께 의지도 약해진다.

중간 목표를 탈취하고 최종 목표를 달성하기 위해서는 마음과 체력, 팀워크가 관건이다. 달리는 동안 많은 상황에 부딪치게 된다. 뜨거운 태양과 땅의 열기, 그리고 목마름과 포기하고 싶은 마음으로 갈등을 겪는다. 이러한 상황을 극복해야 골인할 수 있다. 결승점을 통과하는 순간을 연상하면서 끝까지 뛰는 정신이 중요하다.

체력검정이 강화된 것은 불과 몇 년 전이다. 이 중 오래달리기가 1.5km에서 3km로 늘어났고, 좀 더 거리를 늘려 5km 통과할 때 가산점을 부여한다. 3인조 또는 건제단위 마라톤도 좋은 방법이다. 마라톤과 전투는 개인 전투기량과 제대별 협동능력이 불가분의 관계이기 때문이다.

18. 배구와 공격템포

짧고 거세게 … 때론 천천히 리듬감 있게 상대를 흔들어라

프로배구 포스트 시즌은 3월 중순에서 4월 초에 열린다. 2013년 1월 13일 프로배구 V리그 올스타전 스파이크 킹에서 문성민은 시속 122km로 역대 최고 기록을 세웠다.

서브는 실패하면 실점으로 이어져 위험 부담이 따르지만, 공격에서 중요도가 가장 크다. 서브에 따라 상대편의 수비 전략이 바뀌기 때문이다.

배구에서 서브와 리시브, 스파이크와 더불어 팀워크와 공격템포 조절은 매우 중요하다.

■ 세(勢)와 동여뇌정(動如霆)

손자병법 제5편 '병세(兵勢)'에 '擊水之疾(격수지질)이 至於漂石者(지어표석자)는 勢也(세야)요, … 善戰者(선전자)는 其勢險(기세험)하고 期節(기절)이 短(단)이니'라 하였다.

이는 '급류의 물살이 빠르고 거세어 바위조차 떠내려가게 하는 것은 기세이며, 전쟁에 능숙한 자는 기세가 거세고 작전 반경과 타이밍이 아주 짧고 맹렬하다.'는 뜻이다.

여기에서 '勢'는 '執(잡는다, grip)과 力(힘, power)'이며, 대나무가 갈라지면서 보여주는 힘 '破竹之勢(파죽지세)'에 쓰이고 있다. '節'은 작전 타이밍이다. 날쌘 매가 하늘에서 먹이를 발견하고 순식간에 모든 역량을 쏟아 공중 낙하해 먹이를 채가는 순간이다.

걸프전을 지휘했던 콜린 파월 미 합참의장은 모든 정보를 기다리기 전에 70% 정도가 들어오면 즉각 판단해서 실행하라고 강조했다고 한다. 신속한 상황 판단과 타이밍의 중요성을 잘 알고 있었기 때문이다.

그리고 제7편 '군쟁(軍爭)'에 '兵(병)은 以詐立(이사립)하고 … 難知如陰(난

지어음)하고 動如雷霆(동여뢰정)하여'가 있다. 이는 '용병이란 기만술이며, 숨을 때는 어둠 속에 잠긴 듯하고 움직일 때는 벼락이 치듯 해야 한다.'는 뜻이다.

詐(속이는 것)는 유인과 매복 등 상황에 맞게 다양한 변칙을 사용해 적보다 유리한 위치에 서는 것이다. 霆은 천둥소리다. 이러한 기만과 충격력은 배구에서 페인팅과 스파이크에 해당된다.

■ 배구와 공격템포

배구(Volleyball)는 1895년 미국의 모건이 창안하였다. volley는 공이 땅에 떨어지기 전에 되치는 것을 말한다. 유럽에는 제1차 세계대전 때 미군을 통해 소개돼 급속도로 확산되었다. 유럽 주둔 미군은 16만 개의 배구공을 나눠줬고, 1919년 파리에서 동맹군끼리 친선 경기를 가졌다.

배구는 최초 1팀 5인제, 21점제로 시작되었다. 선수들은 서브권을 얻은 뒤 시곗바늘과 같은 방향으로 돌지 않고, 고정된 위치에서 경기를 하는 진지전 형태였다. 1918년부터 6인제·15점·선수 위치를 이동하는 기동전 형태가 시작되었다.

배구에서 공격 템포 조절은 중요하다. 빠른 공격(속공)만이 유효한 것은 아니다. 때로는 길게 패스하고 천천히 높게 토스해 3단 공격하는 지공법을 쓴다. 이는 자기 팀 진영이 흐트러졌을 경우 이를 정비하기 위한 시간벌기 작전이다.

배구에서 리듬이 중요하다. 서브, 리시브, 토스, 스파이크, 블로킹 등이 연속적으로 이뤄진다. 시작에서 3점, 중간, 마지막 15점까지 세 개의 관문을 거친다.

감독은 각 단계에서 경기 상황에 따라 적절한 선수 교체와 작전 타임, 바닥 땀 닦기 등을 실시한다. 공격에 유리할 때도 상대방 경기 흐름을 끊으려고 일부러 작전 타임을 요청하기도 한다. 곧 공격과 수비 템포 조절을 통해 작전을 유리한 상황으로 끌어가는 것이다.

상황에 맞게 페인팅과 스파이크 사용하고,
선수 교체·작전타임으로 유리한 흐름 전환,
시간차 공격으로 敵 강점 교란·취약점 공략

■ 시간차 공격과 강서브

1976년 몬트리올올림픽에서 한국 여자배구 동메달은 당시로써는 대단하였다. 개인 종목이 아닌 구기 종목에서 메달 획득은 처음이었기 때문이다. 이때 소련·동독·쿠바와 같은 공산권 강팀과 경기 시 독특한 공격 방법인 '시간차 공격'으로 승리하였다.

이 전술은 한 사람의 공격수가 공격하는 척하고 뛰어올라 상대 팀의 블로킹을 유도한다. 블로킹 선수가 지면으로 돌아갈 때 다른 공격수가 약간의 시간 간격을 두고 공격하는 것이다.

당시로는 키 작은 한국 선수들이 장신의 선수들을 이길 수 있는 새로운 공격 방법이었다. 이것은 곧 적의 강점을 교란하고, 적 취약점을 집중 공격하는 전술이다.

서브는 단체 경기인 배구에서 유일하게 개인플레이로 득점하는 기술이다. 강서브를 위해서는 강한 어깨와 허리, 탄탄한 복근이 필요하다. 요즘 1세트 경기에서 서브 득점이 1점을 넘어간다. 비록 1점에 불과하지만, 서브 에이스가 성공하지 못해도 상대 수비를 흔들어 흐름을 끊을 수 있으므로 그 효과는 매우 크다.

전쟁 시 정규전 부대 공격과 더불어 특수전부대의 적 지휘와 통신체계 등 기습 공격은 적의 혼란과 심리적 마비를 초래한다. 그리고 조공의 견제 공격으로 적 방어태세를 교란한 후 주공에 의한 공격은 배구의 시간차 공격과도 같다.

19. 등산과 우직지계

산행 과정처럼 전쟁에서도 난관을 헤치는 지혜 필요

"여기는 정상, 더 이상 오를 곳이 없다." 1977년 9월 15일 낮 12시 50분, 해발 8,848m 에베레스트 정상에 우뚝 선 故 고상돈의 목소리이다. 그해 11월 30일 수출 100억 달러를 달성했다. 당시 지구상 최고봉 등정과 스포츠 메달 획득, 수출 목표 달성은 도약하는 대한민국의 도전과 응전의 상징이었다.

■ 우직지계

손자병법 제7편 '軍爭(군쟁)'은 전쟁에서 상대보다 유리한 위치를 선점하기 위해 경쟁하는 것이다. '軍爭之難者(군쟁지난자)는 以迂爲直(이우위직)하고 以患爲利(이환위리)니라.'가 있다. 이는 군쟁에서 가장 어려운 것은 먼 길을 우회하면서도 지름길로 곧바로 가는 것처럼 하고, 불리한 조건을 오히려 유리한 상황으로 바꾸는 것이다. 즉 迂直之計(우직지계)다.

또한 '故(고)로 迂其途(우기도)하여 而誘之以利(이유지이리)하고 後人發(후인발)하여 先人至(선인지)는 此知迂直之計者也(차지우직지계자야)니라.'가 있다. 이는 길을 멀리 우회하여 적을 이롭게 한 것처럼 기만하고, 적보다 늦더라도 먼저 도착한다면, 이것이 우회하여 곧바로 가는 우직지계를 안다는 뜻이다.

途는 행군로, 人은 적군을 의미한다. 또한 '군쟁위리(軍爭爲利)요 군쟁위위(軍爭爲危)'는 유리한 위치를 다투는 것이 이익(利)이 되거나 위험(危)이 되는데 서로 상대적이다. 이것은 목표지향적 임무수행 시 위험성을 말하기도 한다. 그리고 목표를 달성했다고 오만하거나, 이루지 못함을 낙심하는 것을 경고한다. 등산에서도 정상을 정복 대상으로 삼고 서두를 때 많은 난관에 직면하게 된다.

내가 가는 길 한계란 없다 불굴의 의지로 도전!

■ 등산, 스포츠 클라이밍·트레킹

등산은 언제 어디서나 쉽게 즐길 수 있다. 그러면서도 산행과정에서 많은 어려움에 직면하기도 하며 인생에 교훈을 준다. 8,000m급 히말라야 고봉(高峰)을 오르는 등산가에겐 경험 많은 셰르파(sherpa)의 도움이 목숨줄이나 마찬가지다. 그들의 안내 없이는 천 길 벼랑을 감춘 크레바스(crevasse·갈라진 틈)를 분간하기 힘들고, 정상 공격에 나설 것인지 훌훌 떨치고 돌아서야 할 때인지 타이밍을 잡기도 어렵다. 눈 어두운 등산가일수록 유능한 셰르파를 구하는 데 더 애를 써야 한다.

암벽 등반은 실내에서 각종 장애물을 극복하는 스포츠 클라이밍으로 발전했다. 그리고 제주도 올레길을 시작으로 산과 유적지를 돌아보는 둘레길 트레킹이 일상화되었다. 산이 주는 의미는 언덕 꼭대기와 너머(top and over the hill)의 내리막길이다. 그리고 산이 높으면 골도 깊다는 말은 지나친 욕심을 경계하라는 말이다. 오를 때보다 하산 길에 실족해 영원히 잠드는 확률이 높다. 모든 것을 배낭에 담으면 그 무게에 스스로 짓눌리게 된다. 또한 등산에서 신중해야 할 것은 안전이다. 정상에 오르는 지름길을 택하다가 죽음을 재촉하는 사례가 많다. 전쟁에서도 우회기동 즉 우직지계의 지혜가 필요하다.

■ 알렉산더와 히다스페스 전투

우직지계의 고전으로 히다스페스(hydaspes)전투가 있다. 약관 22세에 마케도니아 왕이 된 알렉산더는 B.C. 334년 동방원정에 나섰다. 아프가니스탄 힌두쿠시 산맥을 넘어 드디어 인더스 강 지류인 히다스페스 강에 도착하였다. 파키스탄 중앙 물탄지역이다. B.C. 326년 봄이었다. 강 맞은 편에는 인도 포러스(porus) 왕이 코끼리 200마리, 3만 4000여 명의 병사가 함께 포진하고 있었다. 800m나 되는 강폭이 범람해서 도하가 불가능하였다.

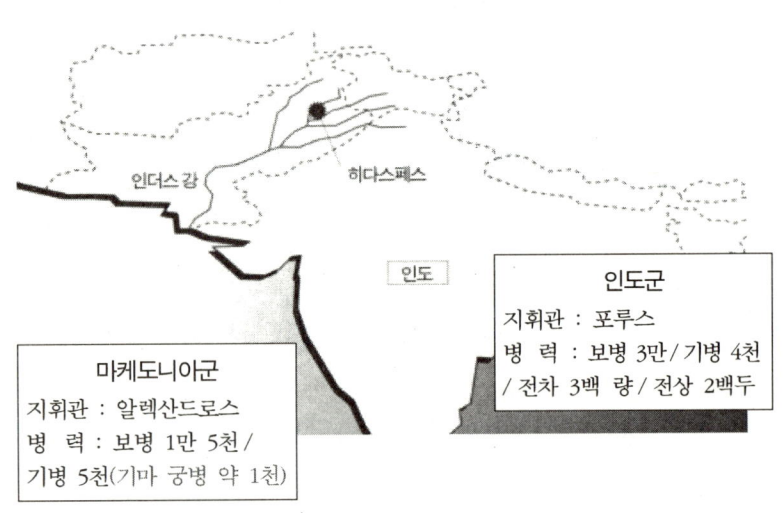

알렉산더는 기만과 양동(陽動)작전을 펼쳤다. 강이 도섭이 가능한 상태가 될 때까지 공격을 멈추고 포러스 왕 진영 앞에 많은 군수물자를 집결시켰다. 기병대는 강변을 순찰시키고 도하용 배를 띄워 도하 공격 훈련을 가장하였다. 이에 포러스군은 전투 피로가 겹쳐서 경계심이 이완되어 갔다. 드디어 폭풍우가 몰아치는 밤, 5000여 명은 포러스군 정면에서 고착 견제하고, 주력군 1만 5000여 명은 강 25km 상류로 우회기동해 포러스군 좌익기병을 배후에서 공격하였다. 알렉산더군은 대승하였다.

산악인 엄홍길은 "99% 불확실성에도 1%의 확률을 갖고 정상에 도전하는 것이다."라고 하였다. 등산은 경쟁선수가 없으며 정복의 대상도 아니다. 경쟁선수를 이기는 것이 아니라, 자신에게 지지 않는 것이다. 크레바스에 빠지더라도 'Every cloud has a silver lining(고생 끝에 낙이 온다·苦盡甘來)과 Don't lose yourself(불굴의 의지·超意志)'가 필요하다.

제8편 구변
∥ 다양한 방법으로 변화에 대처하라

20. 양궁·국궁과 핵심

한 치 흔들림 없이 敵을 겨눠라

 활과 화살은 인류역사에서 사냥과 전쟁에서 필수 요소였다. 고구려 무용총에서 보듯 우리 민족은 뛰어난 기동성과 궁술을 지녔다. 그 유전자는 오늘날 양궁에서 독보적인 위치를 점유하고 있다. 특히 여자 양궁단체전은 1988년부터 2012년 런던올림픽까지 단 한 번도 지지 않으며 최강의 자리에 있다.

■ 각종 지형에서 대처법

 손자병법 제8편 '九變(구변)'은 갖가지 모든 수단인 九와 상황조치인 變을 말한다. 전투 시 피해야 할 9가지와 변칙을 써야 유리한 5가지(五利), 피해야 할 위험한 성격 5가지(五危)를 말한다.

'將帥命於君(장수명어군)하여 合軍聚衆(합군취중)이니, 圮地無舍(비지무사)요 衢地合交(구지합교)요 絶地無留(절지무류)요 圍地則謀(위지칙모)요 死地則戰(사지즉전)이라.'

이는 장군이 군주의 명령을 받고 군대를 조직하고 병사를 모은다. 그리고 붕괴위험이 있는 습지(圮地)에는 군영을 설치하지 않으며, 사통팔달 지형에서 인접국가들과 우호 관계를 맺는다는 뜻이다. 衢는 사거리로 사방이 트인 지형이다.

또한 물과 풀이 없는 황무지는 머물지 않으며, 포위 위험이 있는 지형(圍地)은 빠져나갈 계획을 세우며, 생존 가능성이 적은 지형에서는 죽기를 각오하고 싸운다는 뜻이다. 이러한 다양한 지형에서 흔들리지 않는 전의(戰意)는 양궁과 국궁에서 과녁을 조준할 때 필요하다.

■ 양궁과 국궁

활은 선사시대부터 16세기 화약의 등장 때까지 칼과 함께 전장을 지배해 왔다. 소총에 밀려 잠시 무대 뒤로 사라졌다가 18세기 말 영국에서 스포츠로 다시 등장하였다. 초기에는 고정 표적이나 움직이는 새를 쏘았다. 과녁은 지름 1.2m, 10개 동심원 고리로 나뉘어 있다. 과녁 한복판을 불스 아이(bull's eye)라 하는데 핵심을 뜻하기도 한다.

개인전은 64명 선수가 예선 라운드를 시작해 8강에서 두 선수가 3발씩 4세트 12발을 쏜다. 단체전은 선수 3명이 각 세트당 두 번씩 24발을 쏜다. 매 라운드 피 말리는 접전이 계속된다. 화살을 당길 때마다 바람의 미세한 변화와 엄청난 심리적 압박을 극복해야 한다. 또한 관중의 응원과 함성 가운데 고도의 집중력이 필요하다. 지난해 런던올림픽 양궁이 열렸던 로즈크리켓 경기장과 유사하게 목동야구장에서 실전연습을 한 적이 있다. 양궁의 최대사거리는 90m, 국궁은 이보다 더 긴 145m다.

국궁(國弓)은 전통 무술 중 하나로 궁술이라고도 한다. 우리 민족을 동이족(東夷族)이라고 하는 것도 활을 잘 쏘는 민족이라는 뜻이다. 활은 조선시대까지 7가지였는데 지금까지 전해 오는 것은 각궁(角弓)으로 산뽕나무와 소 힘줄 등 재료를 복합해 탄력성을 극대화하였다. 활쏘기는 조선시대 군주가 갖춰야 할 六藝에서 유교 경전과 말타기 등과 함께 연마해야 할 필수요소였다. 지금은 일반인과 학생들의 심신수련 도구로 많이 활용되고 있다.

> 양궁·국궁에서 과녁을 조준하는 꼿꼿한 전의처럼
> 전쟁의 승리는 최첨단 무기보다 의지에 달려 있어

■ 화살과 과녁

화살(矢)에 독이나 불을 이용해 치명적인 무기로 활용하였다. 그리스 헤라클레스는 히드라를 죽이고 그 독액에 화살을 담근 독화살(toxikon)을 사용하였다. 한니발 수군은 적군 함대 갑판을 향해 독사가 가득 든 점토 항아리를 발사하였다. 11세기 십자군전쟁 때 사용된 석궁은 치명적 파괴력을 지녔다. 세종 때(1448년) 신기전(神機箭)은 로켓추진화기로 오늘날 다연장 로켓포였다.

베트남전쟁 때 남베트남민족해방전선(일명 베트콩)은 함정 바닥에 물소 배설물을 바른 날카로운 죽창을 꽂았는데, 그것에 들어 있는 파상풍균이 상처를 썩게 하였다. 북베트남 과녁은 남베트남군도, 미군도 아니었다. 수천 km 떨어져 있던 미국 심장부 워싱턴이었다.

1968년 1월 30일, 8만여 명의 베트콩이 구정공세(Tet Offensive)를 취했으나, 절반에 가까운 3만 7,000여 명을 잃었다. 분명 군사적 패배이다. 그런데 오히려 미국이 1장의 사진과 TV 때문에 심리적으로 패배하였다. 남베트남 경찰국장 로안이 베트콩 포로 1명을 권총으로 즉결처분하는 장면은 전 세계인에게 잔혹성을 부각시키는 상징이 되었다. 그리고 CBS 앵커 월터의 전쟁 수행 부당성을 주장하는 '안방전쟁(living room war)'은 반전 무드를 촉발시켰다.

또한 당시 남베트남 수도 사이공시(현 호찌민 시)의 미국 대사관이 습격당하자 언론은 일제히 그동안 승리하고 있다는 미군이 패배하고 있다고 보도하였고, 결국 존슨 대통령은 17도선 이북의 북폭 중단과 함께 북베트남 주도의 협상 테이블에 마주앉게 되었다. 승리는 최첨단 무기보다도 의지에 달려 있다. 100만 대군도 날조된 사진 1장에 의해 무너진다.

21. 바둑·체스와 선수

상대가 제풀에 지치게 … 승리의 한 수를 두어라

우리에게 다소 생소한 실내武道(무도) 아시아 경기대회가 2013년 인천에서 열렸다. 바둑과 체스, 킥복싱과 댄스스포츠 등 12개 종목이다. 바둑에서 먼저 공격하는 것을 先手(선수)라고 한다. 바둑은 손자병법의 勢(세)를 통한 전략적 포위, 체스는 클라우제비츠의 力(력)의 중심에 대한 결정적 공격 목표(decisive point of the center of gravity) 개념을 적용한다.

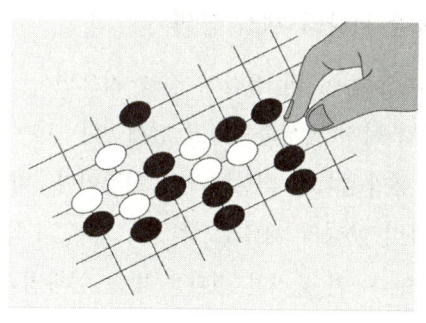

■ 九變과 先手

손자병법 제8편 '九變(구변)'은 5利(리)와 5危(위)뿐만 아니라 先手를 말한다.

'屈諸侯者(굴제후자)는 以害(이해)요, 役諸侯者(역제후자)는 以業(이업)이요, 趨諸侯者(추제후자)는 以利(이리)니라.' 여기서 害(해)를 운용하면 제후의 의지를, 業(업)은 고생을 시키며(役), 趨(추)와 利(리)는 내가 원하는 곳으로 유인하다는 뜻이다. 始計(시계)의 利而取之(이이취지)의 방법이다.

그리고 '故로 用兵之法(용병지법)은 無恃其不來(무시기불래)하고 恃吾有以待也(시오유이대야)라. 無恃其不攻(무시기불공)하고 恃吾有所不可攻也(시오유소불가공야)라.'가 있다.

이는 군사력 운용은 적이 오지 않기를 믿지 말고, 어떤 적도 대적할 수 있는 나를 믿으며, 적이 공격하지 않기를 믿지 말고, 어떤 적도 공격할 수 없는 나를 믿으라는 뜻이다. 恃는 믿다, 待는 대적하다는 말이다.

여기에서 적을 유인하는 것은 先手와 같다. 복싱에서 잽과 마찬가지로 상대로 하여금 끊임없이 대처하게 해 지치게 하는 것이다. 동양과 서양의 현상을 바라보는 시각과 전략을 구현하는 뚜렷한 차이는 바둑과 체스에 비유된다.

■ 동양의 바둑과 서양의 체스 전쟁

바둑은 검정과 흰색 돌이 빈 공간에 집을 지으면서 공간을 만들어 나간다. 문자가 생기기 이전 발생하였다고 전해진다. 19×19줄의 바둑판에서 나오는 결과는 흥망성쇠와 희로애락의 여정이다. 바둑을 마친 후 하나하나 복기(復棋)하며 반성의 재료로 삼는다. 좋은 수를 두면 유리한 결과를 빚고, 나쁜 수를 두면 불리한 결과를 빚는 인과법칙을 따른다. 그러므로 둔 바둑의 복기를 통해 패배의 원인을 따져보는 것으로, 제자를 가르칠 때 복기해 주는 것을 가장 효과적 지도법으로 여긴다.

체스는 인도에서 만들어져 이슬람이 유럽을 침략하였을 때 건너갔다. 각자 다른 기능을 갖고 상대방 말들을 제거하면서 왕을 죽여야 이긴다. 전진만 가능한 폰(pawn)이나 유일하게 말을 뛰어넘을 수 있는 나이트(knight) 등이 있다. 닉슨 대통령 시절 유명한 외교관이었던 헨리 키신저는 '중국이야기(On China·2012)'에서 동양과 서양의 사고방식과 군사전략의 차이를 바둑과 체스 게임으로 설명하였다. 동양의 바둑은 바둑돌이라는 군사력으로 면적 비교 우위를 차지하는 것이며, 서양의 체스는 말이라는 군사력으로 정면충돌을 통해 왕을 공격해 완전한 승리를 거두는 것으로 표현하였다.

결국 바둑은 공간을 만들면서 심리적으로 제압해 나가는 상대적 게임이다. 이에 반해 체스는 물질적으로 압도해 상대편을 죽이는 절대적 게임이다. 한편 장기(將棋)는 중국의 楚覇王(초패왕) 항우와 漢王(한왕) 유방의 이야기를 담았다. 卒(졸)과 像(상) 등으로 유인해 차(車)나 포(包)로 제압하기도 한다. 이러한 주졸보차(丟卒保車)의 유인책에 넘어간 것이 케산전투이다. 미군은 북베트남군 미끼(利)에 걸려들었다.

케산전투 당시 북베트남군 유인책에 걸려든 미군
전투에선 이겼으나 철수론 거론되며 전쟁 패배로

■ 케산전투, 북베트남 덫에 걸리다

1968년 북한군 특수전부대 31명이 청와대 인근까지 침투해 온 1·21사태 그날이었다. 베트남 중부 고원지대에서도 북베트남군 4개 사단이 케산(khe sanh) 미 해병대 기지를 공격했다. 미군의 의도는 호찌민 루트를 통해 내려오는 북베트남군을 유인해 격멸하고자 하였다. 그러나 케산전투의 참혹한 모습은 워싱턴 안방으로 생중계되었다. 결국 닉슨 대통령은 미군의 철수를 발표하였다.

전장은 베트남이었지만 미군은 이미 워싱턴에서 패배하고 있었다. 북베트남의 미끼에 옭아 매였던 것이다. 이어서 1월 30일 대규모 게릴라전 구정공세(Tet offensive)로 이어졌고, 케산전투는 77일간 계속되었다. 미군은 전투에서 승리하였으나 철수론이 거론되면서 패배의 길을 걸었다.

동양의 바둑과 장기전략이 서양의 체스전략을 이긴 승부수였다. 바둑은 인류 최고의 지적(知的) 게임이다. 바둑에서 복기는 자기 실수를 발견하고 국면 운영의 넓은 시각을 터득할 수 있는 가장 적합한 훈련이다. 그런데 조직에서 상관과 윗사람만 있고, 복기를 해 주는 리더가 부족한 것이 현실임을 음미해 볼 필요가 있다.

22. 사격과 집중

리더의 판단은 격발 순간처럼 냉철하라

15세기에 화약 발명으로 근대기술전쟁 시대가 열렸다. 칼과 창이 총포와 화약으로 대체되고, 기사(騎士)가 소총을 휴대한 보병으로 교체되었다. 각종 화기의 사격술이 전장을 지배하기 시작하였다. 사격은 고정된 표적만 제압하지 않는다. 다양한 표적 즉 위협에 대응해야 한다. 위기에 리더십은 빛을 발한다. 한 발의 총알처럼 빠른 판단이 필요할 때가 있다.

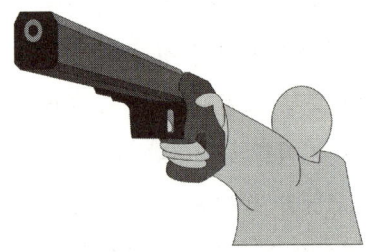

■ 장수의 리더십, 5가지 위협 극복

손자병법 제8편 '구변'의 끝에서는 장수가 유의해야 할 다섯 가지 위험을 말한다.

'將有五危(장유오위)라, 必死可殺也(필사가살야)요 必生可虜也(필생가로야)라, 忿速可侮也(분속가모야)요 廉潔可辱也(염결가욕야)며 愛民可煩也(애민가번야)니라.'

이는 죽기만을 각오하면 적에게 죽임을 당할 수 있고, 살기만을 생각하면 포로로 잡힐 수 있다. 그리고 분노와 빠른 것만 고집하면 수모를, 절개와 고귀함만 고집하면 치욕을 당하며, 병사를 너무 아끼면 고민에 빠진다는 뜻이다.

그리고 '覆軍殺將(복군살장)은 必以五危(필이오위)니 不可不察也(불가불찰야)니라.'가 있다. 覆은 뒤집히는 것으로, 이는 군대가 전멸되고 리더가 죽는 것은 반드시 이 다섯 가지 위험으로 생기니 이를 잘 살펴야 한다는 뜻이다.

한편, 제1편 '始計(시계)'에서 '怒而撓之(노이요지) 卑而驕之(비이교지)'는 적이 분노하면 더욱 부추기고 얕보면 더욱 교만하게 만들어라와 유사한 의미이다. 그리고 명분만 집착하거나 병사에 대해 온정주의에 빠지는 것을 유의해야 한다. 또한 리더는 智(지적 능력)·信(부하들의 신뢰)·仁(주변에 대한 배려)·勇(두려움 없는 용기)·嚴(엄정한 위엄)이 필요한데, 사격에서도 요구되는 덕목이기도 하다.

■ 사격과 리더십

스포츠로서 사격은 1450년대에 제네바에서 시작되었다. 스위스에서 사격은 16~19세 소년들에게 필수과목이며 시민들은 평생 의무이다. 사격은 소총과 권총, 엽총(클레이 피전) 세 가지 타입의 총으로 다섯 가지 부문

(10m 공기권총과 50m 소총 3자세 등)에서 경기를 벌인다. 소총과 권총 대회는 주로 군사적 환경에서 진화하였다.

반면 스포츠 경기로서 엽총 시합은 영국과 미국의 새 사냥에 뿌리를 두고 있다. 18세기 영국에서 야생조수는 모두 국왕의 소유물이었다. 국왕은 이 특권을 귀족과 대지주들에게 나눠 줘 이들 특권 계층이 사냥터를 만들어 사교 경기로서 수렵(狩獵)을 즐겼다. 그런데 살아있는 비둘기를 날린 뒤 총으로 쏘아 맞히는 것이 비난을 받았다.

그래서 시속 60~90km로 공중을 비행하는 흙으로 만든 접시 모양의 이동표적(clay)인 피전은 1880년에 만들어졌다. 사격 위치와 표적을 변경하기 때문에 더욱 흥미롭다. 트랩(trap)은 다섯 군데로 이동하면서 25개 표적에 2발씩 쏜다. 스키트(skeet)는 여덟 군데로 이동하면서 머리 위로 빠르게 다가오는 새와 야생화 더미에서 꿩이 솟아오르는 표적에 쏜다. 우리나라는 1988년 서울올림픽 이후 널리 보급되었다.

사격에서 빠른 표적을 제압하는 것은 전시에 리더의 냉철한 판단이 누란의 위기에서 벗어나는 것과 같다. 처칠은 눈물과 땀으로 영국을 구해냈고, 히틀러는 아집과 독선으로 독일을 패망의 길로 이끌었다.

지도자 리더십에 따라 국가·국민의 존망 좌우
사격 통해 핵심을 제압하는 용기와 결단 배워

■ 극과 극, 처칠과 히틀러의 리더십

1940년 5월 영국 수상이 된 처칠은 됭케르크 철수 재앙 이후 절망에 빠진 영국인의 투지를 불러일으켰다. "내가 드릴 것은 피와 수고와 눈물과 땀밖에 없습니다. 죽음과 슬픔이 삶의 동반자가 될 것이며, 불굴의 용기만이 우리의 유일한 방패가 될 것입니다."

또한 "우리는 좌절하지도 패배하지도 않으며 끝까지 나아갈 것이다.

우리는 프랑스에서, 바다에서, 하늘에서 싸울 것이며, 우리의 자신감과 힘은 갈수록 늘어만 갈 것이다. 어떠한 희생을 치르더라도 우리 섬을 지킬 것이다. 우리는 해안에서, 상륙지에서, 들판과 도시의 거리에서, 산에서 싸울 것이다. 우리는 결코 항복하지 않을 것이다." 처칠의 영국은 결국 승리하였다.

반면 1920년 말, 독일국가사회주의노동당(NSDAP) 지도자가 된 히틀러는 독일을 파멸시켰다. 우리에게 익숙한 '나치스(nazis)'는 당의 이름 '국가'의 독일 발음 앞부분이다. 그는 제2차 세계대전 개전 초기엔 현장 지휘관에게 많은 부분을 맡기는 임무형 전술로 성공했으나 전황이 불리해지자 지휘권을 자주 간섭하면서 장악하려 들었던 것이다. 결국 '피와 약탈에 굶주린 탐욕스러운 괴수(魁首)'로 낙인 되었다.

리더십에 따라 한 국가의 존망과 수천만 명의 인명이 생과 사의 갈림길에 놓였다. 리더는 많은 위기의 표적을 제압해야 하지만, 때로는 가장 핵심을 제압하는 용기와 결단이 필요함을 사격을 통해 배울 수 있다.

제9편 행군
‖ 변화무쌍하게 군대를 움직여라

23. 골프와 지형활용

박세리의 맨발 투혼처럼 강한 의지로 승리하리라

박세리의 1998년 US오픈 맨발 투혼! 연장 두 번째 샷은, IMF(국제통화기금) 경제위기로 경제적 실의에 빠져있던 온 국민에게 희망을 안겨줬다. 눈물 젖은 햄버거로 '박세리 키즈 세대' 신데렐라가 계속 탄생하고 있다. 승리 전법으로 '골프 손자병법'이 나올 만큼 다양한 전술이 있다.

■ 행군 시 지형극복

손자병법 제9편 '行軍(행군)'은 단순히 걷고 이동하는 것을 언급하지 않는다. 지형 특징에 따라 행군과 주둔지 선정, 징후 판단과 지휘통솔에 대해 말한다.

'凡處軍相敵(범처군상적)에 絶山依谷(절산의곡)이요, 視生處高(시생처고)요, 戰隆無登(전륭무등)이니 此處山之軍也(차처산지군야)니라.'가 있다.

이것은 군대가 주둔하고 적 상황을 살필 때, 산과 계곡을 통과하고 높은 지역에 주둔해 시계를 확보해야 한다. 그리고 적이 높은 곳에 있으면 정면으로 올라가지 말아야 하는데 이것이 산악지형에서 주둔하는 방법이다. 絶은 건넌다, 處는 숙영지 편성, 隆은 높다는 뜻이다.

또한 絶水必遠水(절수필원수)는 강물을 건너고 나서는 반드시 멀리 떨어지고, 絶斥澤(절척택)엔 惟亟去無留(유극거무류)는 염분이 많고 수렁과 늪지를 지날 때 빨리 이동해 오래 머물지 말라는 것이다. 斥은 염분이 많은, 亟은 빠르게, 無는 하지 말라는 뜻이다. 다양한 지형과 기상 조건, 심리적 요인이 중요시되는 스포츠가 골프다. 지형은 잡초와 관목으로 이뤄진 러프(rough), 움푹 팬 곳에 모래가 깔린 벙커(bunker), 물웅덩이 워터해저드(water hazard)가 있다. 그리고 미세한 바람과 동료 선수 매너, 관중의 작은 숨소리에도 영향을 받는다.

■ 골프와 천고마비

골프는 스코틀랜드 양치기 목동들이 손에 들고 있던 지팡이로 돌멩이를 '치다'인 gouff와, 네덜란드 어린이들이 실내에서 즐기던 kolf에서 유래됐다는 설이 있다. 18홀은 1764년부터 스코틀랜드 로열 & 에이션트 클럽 코스가 기준이 되었다.

골프 명승부는 수없이 많다. 그중에서 지형 활용 사례는 2010년 스카이 72에서 청야니의 13번 홀 티샷이 으뜸이다. 그녀는 13번 홀 페어웨이가 아닌 인접 14번 홀로 티샷을 날린 뒤 물을 건너, 투 온을 시도해 버디에 성공하였다. 당연히 우승컵을 들어 올렸다. 이것은 사전에 그린 즉

지형 상태를 면밀히 관찰한 후 대응책을 마련했기 때문이다.

골프 클럽은 14개로 최종 목표 홀컵에 이르기까지 각 클럽을 사용한다. 무기체계로 보면 장거리 포병화력은 드라이버와 우드, 근접전투는 아이언 7개이다. 그리고 정밀타격은 웨지와 퍼트 등 4개로, 요즈음은 우드와 롱아이언을 결합한 하이브리드가 위력을 발휘하고 있다.

14개 각각의 클럽(무기)을 상황에 따라 적절히 운용해야 원하는 목표(스코어)를 이룰 수 있다. 골프의 수많은 격언 중 '천천히·고개를 들지 말고·마음을 비우고'의 앞글자를 딴 천고마비가 으뜸이다. 5g의 공을 백 배가 넘는 50kg의 힘으로 칠 때 그 결과는 자명하다.

연습장과 필드의 틈새를 파고든 '스크린골프'도 지형 제한사항을 극복하는 과정에서 나왔다. 풀 한 포기 자라지 않는 남극에도 설치 가능한 혁신적 발상의 전환 결과이다. 전쟁에서 지형적 난관을 극복한 사례는 해상 호찌민 루트가 있다.

> 지형적 난관을 극복한 해상 호찌민 루트 사례에서 보듯
> 전승의 중요 요인은 어떠한 난관도 극복하려는 의지

■ 해상 호찌민 루트

베트남전쟁 승리요인 중 지상 호찌민 루트는 잘 알려졌으나 해상 호찌민 루트에 대해서는 잘 모른다. 제1루트는 1961년부터 1965년까지 해안선을 따라 내려가는 해로이다. 제2루트는 1956년부터 1968년까지 시사(西沙)군도 서쪽까지 가서 남쪽으로 접근한다. 제3루트는 1969년부터 1970년 사이에 하이퐁을 떠나 중국 해남도를 끼고 남중국해로 빠진 다음, 시사군도 동쪽에서 메콩델타 남단으로 간다. 제4루트는 1970년부터 1972년까지 제3루트에서 난사(南沙)군도를 동쪽으로 돌아서 브루네이 섬 북쪽 해역을 거쳐 태국만으로 접근한다.

해상 호찌민 루트를 따라 총 1879차 임무를 수행하면서 병력 8만 26명, 보급품 12만 5,876톤을 수송하였다. 당시 남중국해는 미 제7함대 항공모함 엔터프라이즈호와 전투함 등 430여 척이 장악하고 있었으나 해상을 통한 그들의 침투는 막아내지 못하였다.

골프에서 그저 볼이 맞지 않으면 클럽 탓을 하거나, 주변 환경에서 그 이유를 찾으려 한다. 전쟁 패배도 무기체계나 전략 부재 등 다양한 요인이 있다. 그러나 어떠한 난관도 극복하려는 초의지(超意志)만큼 중요한 요인이 없음을 골프를 통해 배워야 할 점이다.

24. 자전거와 지형극복

비행기 따돌리고 승리 이끈 '두 바퀴의 힘'

남녀노소가 함께 즐길 수 있는 스포츠가 자전거이다. 한강부터 낙동강까지 녹색 물줄기를 따라 종단도 가능하다. 매년 6월에는 은빛 레이스 자전거경주대회 투르 드 코리아(Tour de Korea) 1077.4km를 실시한다. 투르는 프랑스어로 한 바퀴 돌기·일주(一走)다. 자전거를 타고 가다 보면 다양한 지형을 만나게 된다.

■ 6가지 지형의 극복

손자병법 제9편 '行軍(행군)'은 행군 중 6가지 지형에 대한 대처법을 말한다.

'凡地有 絕澗(범지유 절간), 天井(천정), 天牢(천뢰), 天羅(천라), 天陷(천함), 天隙(천극)이면 必亟去之(필극거지)하고 勿近也(물근야)니라.'

이것은 무릇 땅의 종류로 외딴 골짜기(絕澗)는 앞뒤가 험한 절벽으로 막히고 그 사이로 물이 가로질러 흐르는 지대이다. 자연스럽게(天) 형성된 우물처럼 푹 꺼진 곳(井)은 사방이 높은 언덕으로 이뤄지고 낮은 습지의 우물 모양이다.

감옥같이 막힌 곳(牢)은 세 방향이 험준한 산악으로 둘러싸여 짐승우리 모양이다. 그물처럼 초목이 무성한 곳(羅)은 수풀과 가시덤불이 우거져 있다. 함정처럼 함몰된 곳(陷)은 지형이 매우 낮아 비가 오면 진흙탕으로 변한다. 틈이 벌어진 곳(隙)은 두 산 사이 협곡을 말한다. 이런 곳은 빨리 지나가야 하며(亟) 가까이하지 말아야 한다는 뜻이다.

따라서 '吾遠之(오원지)나 敵近之(적근지)하고, 吾迎之(오영지)나 敵背之(적배지)니라.'다. 아군은 그런 곳을 멀리하고 적군은 가깝게 유인하고, 그런 곳을 마주 보고 적은 등지게 만든다는 뜻이다. 자전거 경주는 자연 또는 인공상태에서 경쟁하는데, 지형의 난관을 극복해야 한다.

■ 자전거와 모험

최초의 자전거는 레오나르도 다빈치가 스케치했다고 주장하기도 한다. 하지만 제대로 된 자전거는 1818년 독일 드라이스가 설계한 바퀴 둘 달린 나무 자전거이다. 스포츠로 시작된 것은 1790년 이후 프랑스에서 트랙과 도로경기로 구분해서 시작되었다. 트랙 경기는 22~42도인 타원형 벨로드롬(velodrome) 트랙에서 열린다. 경기에서 먼저 자리를 차지한 쪽이 유리한데 지형상 쟁지(爭地)에 해당된다.

선수들은 시속 50km 정도 속도로 달리기 때문에 맞바람의 영향을 많이 받는다. 이때 앞 선수 바로 뒤에 바짝 붙어서 달리는 것이 바람 영향을 덜 받는다. 그러다가 결정적인 순간에 앞으로 치고 나가는 전술이 필요하다.

도로 경기는 남자 기준으로 단거리 44km와 장거리 250km가 있다. 이보다 더 세계적으로 유명한 '투르 드 프랑스'는 20일 동안 피레네와 알프스 산맥을 포함해 프랑스 전역과 프랑스 인근 스위스와 독일을 거쳐 3,282km를 20개 구간으로 나눠 달린다. 2,000m 이상 고산 지대 등 험난한 코스를 달리는데 200명 중 완주자는 70명 내외이다.

자전거는 산악자전거(Mountain Bike)와 묘기자전거(Bicycle Motorcross)로 진화하였다. MTB는 1970년대 초 석유 위기 후 비치크루저에 모터사이클의 충격 흡수 장치와 타이어를 접목해 산악지형에서 탈 수 있게 하였다. 험난한 산악지대를 달리는 크로스컨트리와 내리막길을 달리는 다운힐 등은 박진감이 넘친다.

BMX는 20인치 바퀴로 특별히 디자인 되었는데 다양한 묘기를 선보인다. 경기는 인위적으로 만든 숲과 진흙 등 5가지 지형에서 레이스를 펼친다. 선수들은 높은 경사로 꼭대기에서 출발해 급커브를 돌고 장애물과 둑으로 이어진 굴곡부와 점프대를 약 40초 동안 달린다. 힐클라임(hill climb)은 고갯길을 오르는 경기로, 우리나라에서는 강에서 대관령국제힐클라임 대회가 열린다.

원시적 수단과 최첨단 무기가 맞섰던 베트남 전쟁
차량 진입 어려운 정글지역에 자전거로 보급 운용

■ 자전거와 비행기의 전쟁

자전거가 전쟁 수단으로 활용돼 승리에 기여한 것이 베트남전쟁이다.

천 년 동안 중국 지배를 받았던 베트남은 제2차 세계대전 후 프랑스를 디엔 비엔 푸 전투를 통해 패퇴시켰다. 이어 미국 지원을 받는 남베트남과의 전쟁은 원시적 수단과 최첨단 무기의 전쟁이었다. 그들은 천연조건을 활용하였다. 태백산맥처럼 남북으로 길게 뻗은 쯔엉선 산맥은 라오스와 캄보디아와 국경선을 이뤘다. 5개 종적 루트와 21개 횡적 루트는 거미줄처럼 엮어져 1만 7000여km에 달하였다. 4.8km 간격으로 거점을 만들어 일정 구간만 오가는 릴레이 방식으로 운용하였다.

연합군은 당시 최첨단 무기인 B-52폭격기와 진동감지기(SID) 등을 투입해 루트를 차단하려고 하였다. 제2차 세계대전 때 공중폭격으로 약 200만 톤보다 많은 220만 톤의 폭탄을 쏟아 부었다. 그러나 북베트남군은 이에 굴하지 않고 싸웠다. 정글 지역이라 차량 통행이 불가한 곳은 자전거를 이용해 보급품을 날랐다. 포탄 껍질을 갈아 부비트랩을, 타이어를 찢어 신발을 만들어 신었다. 그들의 당시 모습은 현 호찌민 시 인근 구찌터널에서 볼 수 있다. 자전거가 비행기를 이긴 전쟁이었다.

25. 전통무예와 징후판단

작은 현상과 움직임, 적을 파악하는 중요 단서

실내·무도(武道)아시아경기대회는 바둑과 체스뿐만 아니라 아시아 국가들의 전통무예 경기도 함께 열리고 있다. 인도 실내 카바디, 태국 무에이, 우즈베키스탄 크라쉬 등이다. 이들 스포츠는 각 나라의 전통 병법에 연유를 두고 있다.

■ 32개 징후판단

손자병법 제9편 '行軍(행군)'은 행군 중 겪는 다양한 32개 상황으로 징후를 판단하는 방법을 말한다.

'敵近而靜者(적근이정자)는 恃其險也(시기험야)요, 遠而挑戰者(원이도전자)는 欲人之進也(욕인지진야)니 其所居易者(기소거이자)는 利也(이야)니라.'

이것은 적이 가까이 있는 데도 조용한 것은 험난한 지형을 믿는 것이다. 적이 멀리 있으면서 적은 부대로 싸움을 거는 것은 아군 진격을 유인하려는 것이다. 적이 평탄한 곳에 주둔하는 이유는 이익이 있기 때문이다. 적 행동을 통해 적 심리를 파악할 수 있다. 무심코 일어나는 작은 현상과 움직임은 상대방 상황과 의도를 파악하는 중요한 단서가 된다.

이 외에도 나무 움직임(樹動)과 풀로 만든 장애물(草障), 새 움직임(鳥起) 등의 징후로 적 상태를 판단한다. 그리고 먼지 상태(塵像)는 적 이동을 간접적으로 보여주며, 말 표현이 공손하거나 강하게(辭卑·詭)하는 것은 공격과 방어의 의도가 있다. 또한 적군 동요(敵擾)와 신호용 깃발의 움직임(旌旗動)을 보고 군기 상태를 판단하게 된다. 끊임없이 변하는 전장에서 한 순간도 마음을 놓는 방심(放心)은 금물이다. 호랑이처럼 날카롭게 쳐다보고 신중하게 걸음을 내딛는 호시우보(虎視牛步)가 필요하다. 그리고 세계 여러 나라의 다양한 무예와 스포츠 이해를 통해 승리 전법을 찾아보자.

■ 실내카바디, 무에이, 크라쉬

　실내카바디(Indoor Kabddi)는 힌두어로 '숨을 참는다.'라는 뜻으로, 고대 인도 병법에 기원을 두고 있다. 격투기와 술래잡기를 결합한 듯한 경기로, 지금의 50대 이상이 어린 시절 놀이였던 '오징어 게임'과 비슷하다. 각 개인이나 집단이 공격하거나 받을 때 자기 자신을 방어하기 위해 고안되었다. 한 팀 5명으로 공격수(raider)가 수비 측(anti)을 터치한 후 자기 진영에 돌아오면 1명당 1점씩 가산된다. 이를 통해 자신의 방어와 공격 생존 기술을 발달시킨다.

　무에이(Muay)는 태국이 5천 년 이상 외세 지배를 단 한 번도 받지 않은 애국 무술이다. 무에타이의 새 명칭으로 외세 침략을 무에이를 통해 격퇴하였다. 제1차 세계대전 때 연합국에 파병된 군인들에 의해 무에이가 널리 알려졌다. 더구나 제2차 세계대전 때 일본군이 자국에 전수해 가라테와 무에이를 접목한 킥 복싱의 원류가 되기도 하였다.

　크라쉬(Kurash)는 우즈베키스탄의 전통 고대 스포츠이다. 시합·경쟁하다·싸우다의 뜻이다. 씨름과 유도·레슬링과 유사하다. 도복을 잡는 방법에 제한이 없어 기술 걸기가 쉬워 박진감이 크다.

　반면 상대 선수 하반신을 손으로 잡을 수 없다. 기술을 걸어 매트에 닿은 선수 몸 부위와 면적에 따라 칼롤(khalol·한판), 욘보시(yonbosh·절반), 찰라(chala·효과) 등 점수를 받는다. 중동과 중앙아시아에서 강한 면모를 보인다. 씨름 우승자에게 황소를 상품으로 주듯 말이나 양 등을 준다.

■ 가장 긴 행군, 대장정

　세계 역사상 유명한 장거리 행군은 한니발과 나폴레옹의 알프스 횡단과 마오쩌둥의 대장정이 있다. 행군 간 수많은 징후를 판단하고 장애물을 극복해 나갔다. 1934년 10월 15일 밤, 중국 남부 장시(江西)에서 약 8

만 명 남자와 35명 여자들이 길을 나섰다. 이들은 공산당 지도부가 결정한 작전상 후퇴였지만 겉보기에는 도망이나 다름없었다. 이들이 바로 368일에 이르는 인류 역사에서 가장 믿기 힘든 행군을 해낸 홍군(紅軍)이다. 총 9,654km, 그것도 지구상 가장 험준한 지역을 걸었다. 미국을 두 번 횡단하는 거리와 비슷하다.

마오쩌둥의 홍군, 전설적 대장정으로 현재 중국 건설
행군 내내 상대 징후 판단·장애물 극복해 승리 이끌어

정규전으로 쫓는 자와 게릴라전으로 쫓기는 자의 격렬한 전투가 계속되었다. 2,000m 이상 산 18개를 넘었고 강 24개를 건넜으며, 2m 깊이 늪지대를 가로질렀다. 국민당군의 추격과 기습, 끊임없는 공중폭격, 허기와 질병에 시달리면서도 하루 평균 26km를 행군한 것이다.

반면 대장정 성공은 장제스의 100만 대군의 실패이기도 하다. 홍군보다 열 배가 넘는 병력과 신무기를 동원하고도 승리하지 못하였다. 빈대 잡으려다 초가삼간을 불태우는 잘못을 저지른 탓에 민중의 원성을 샀다. 비적(匪賊)의 습격을 막기 위한 지방 민병대가 농민을 착취하는 폭력 집단이 되기도 하였다.

대장정 마지막 도착지 옌안(延安)에 도착했을 때 장시를 함께 떠난 사람들 중 살아남은 자는 고작 8분의 1이었다. 그들이 오늘날 중국을 건설하였다.

26. 조정·래프팅과 문무 리더십

리더와 팀원 간의 조화 필요한 조정과 래프팅처럼
부드러움·엄격함의 조화 있어야 승리하는 군대 이뤄

'물 위의 마라톤' 조정. 세계선수권대회(2013. 8. 25~9. 1)가 충주 탄금호에서 화려한 물살의 향연(饗宴)을 펼쳐졌다. 종주국 영국을 비롯한 유럽과 미국 등 전 세계 선수들이 '세계를 향한 꿈과 도전(Rowing the World)'을 향해 힘차게 노를 저었다.

■ 장수의 리더십

손자병법 제9편 '행군(行軍)'은 32개 징후 판단과 함께 장수의 리더십을 말하고 있다. '영지이문(令之以文)이요 제지이무(齊之以武)니 시위필취(是謂必取)'니라. 이것은 '명령은 부드러운 말로 하고, 통제는 힘으로 했을 때 반드시 승리하는 군대가 된다.'라는 뜻이다. 文은 인격과 부드러움, 武는 엄격함을 말하는데 文武의 적절한 조화가 필요하다.

그리고 '영소행(令素行)하여 이교기민(以教其民)이면 즉민복(則民服)이라.' 이는 '장수의 명령이 평상시 잘 지켜져 병사들을 가르치면 병사들이 복종할 것이다.'라는 뜻이다. 같은 선수이면서 리더와 팀원의 조화가 필요한 것이 조정과 래프팅이다. 조정은 조용히 물살을 가르는 文의 리더십, 래프팅은 급격한 물살을 헤쳐 나가는 武의 리더십이다.

■ 조정과 래프팅, 상황조치

조정(漕艇·rowing)은 고정된 버팀대에 노를 올려놓고 저으니 더 큰 효과가 있다는 사실을 알고부터 시작되었다. 고대 전투선들은 예외 없이 사슬에 묶인 노예들이 노를 젓게 하였다. 1571년 스페인 무적함대가 오스만제국 함선을 물리친 레판토 해전은 노 젓는 배로 벌인 최후의 대해전이었다.

최초의 조정 경기는 1715년 템스 강에서 열렸다. 육상 교통수단보다 편리한 보트가 보급된 것이 시작이다. 우리나라에 조정이 시작된 것은 1916년 일본 유학생 3명이 보트 한 척을 마련해 중앙고등보통학교에 기증한 것이 시초이다. 1962년 8척의 보트 도입과 함께 같은 해 10월 한강에서 전국학생조정경기가 열렸다. 레이스는 2,000m 직선코스이다. 스컬(scull)은 양손으로 노 2개를 젓고, 스윕(sweep)은 양손으로 노 1개를 젓는다.

래프팅(rafting)은 나무로 엮은 뗏목을 타는 것을 뜻하는 말이다. 요즈음은 여럿이 함께 고무로 만든 배를 타고 강과 골짜기 급류를 탄다. 1960년대 말 그랜드 캐니언에서 여행자들을 많이 실어 나르기 위해 대형 고무보트를 사용하면서부터 대중화되었다. 급류는 파고가 없는 잔잔한 1급으로부터 장애물과 격류가 흐르는 6급까지 있다. 난관을 극복해 나가는 과정에서 팀워크를 다질 수 있는 효과가 있다.

그런데 조정과 래프팅은 리더와 팔로워 관계를 가장 잘 비교할 수 있다. 1990년대 스티븐 코비의 '성공하는 사람의 7가지 습관'이 널리 읽혔다. 여기에 조정과 래프팅의 관계를 설명하고 있다. 우선 조정 경기에서 리더는 맨 뒤에 앉아서 노를 젓지 않고 지시만 한다. 경기장은 잔잔한 호수이며 우승의 조건은 '얼마나 빠르냐'이다. 조원의 시선은 리더에 고정되어 지시만 기다린다.

반면 래프팅은 항상 변화하는 급류 속에서 경기한다. 리더 위치는 정해져 있지 않고 상황에 따라 달라진다. 리더는 같이 노를 저으며 역할을 나눠 가진다. 언제 배가 뒤집힐지 모르는 급박한 환경이다. 따라서 우승 조건에서도 속도보다는 '살아남느냐'가 더 중요하다. 조원의 시선은 리더에게 고정된 것이 아니라 각자 처한 환경을 동시에 보면서 닥쳐오는 여건 변화에 스스로 판단해 대응한다. 리더 역할은 조원들의 판단을 도와 배의 전복을 막으면서 목적지까지 빨리 가는 것이다. 조정 경기에서는 매니저(관리자), 래프팅에서는 리더(지도자)의 역할이 중요하다. 당신은 어디에서 어떤 역할을 하고 싶은가?

다양한 위협 상황에 맞서 힘차게 노를 저어라

조정	항목	래프팅
잔잔한 물	경기장 환경	급류
유선형(가장 빠르게)	보트의 형태	타원형(가장 안전하게)
리드에 고정	구성원 시선	전방 및 주위환경
일사불란하게 노(櫓)만 저음	구성원 역할	수시로 변하는 상황에 대해 판단, 역할 수행
모두 똑같음	노 방향, 타이밍	제각기 모두 다름
정지	노를 안 저으면	전복(顚覆)
속도	우승의 조건	생존+속도 (두 번째 요건)

■ 한산대첩과 침과대변(枕戈待變)

래프팅에서 지형과 물줄기에 따라 다양한 위협 상황에 직면하게 된다. 1592년 일본군은 파죽지세로 한양을 점령하였으나 북쪽으로 진출은 지연

되었다. 조선 수군이 사천·당항포·율포 등에서 일방적으로 승리해 제해권을 방해받아 보급품을 지원받지 못하였다. 그해 7월, 일본 수군 와키사카 야스하루의 함선 73척은 거제도와 통영만 사이 비좁은 소로인 견내량으로 향하였다. 선체가 큰 왜군의 판옥선이 전투하기는 불리하였다. 이순신은 적함을 한산도 앞바다로 유인해 학익진(鶴翼陣) 전술과 화력으로 대파하였다.

이 승리로 일본군은 보급품 지원이 끊기고 의병들의 봉기로 전쟁은 7년을 끌었다. 이순신은 침과(枕戈)라는 말을 자주 사용하였는데, '창을 베개로 삼는다.'는 말이다. 대변(待變)이란 위협에 대비한다는 뜻이다. 한산대첩 기념비 기단 위에 올려진 거북선 머리는 일본 수도 도쿄를 바라보고 있다. 오늘날 창을 베개로 삼을 수는 없지만, 병법과 스포츠를 베개로 삼는 지혜도 필요하다. 유비무환(有備無患)이다.

제10편 지형
‖ 땅의 형세가 승리를 결정한다

27. 필드하키와 지천지지

'적과 나', '지형과 기상' 모두 알아야 완승

막대기로 공을 굴리거나 치는 놀이는 인간의 본능적 행위이다. 하키는 축구의 빠른 흐름과 팀워크에 작은 공을 놓고 능란한 스틱 플레이로 그 묘미를 더한다. 또한 말을 타고 경기를 하는 격구와 폴로는 빙판 위 아이스하키로 발전하였다.

■ 지천지지와 완승

손자병법 제10편 '지형'에서는 지형 특성에 따른 전투력 운용과 더불어 기상과 지형의 중요성을 말한다.

知彼知己(지피지기)면 勝乃不殆(승내불태)요 知天知地(지천지지)이면 勝乃可全(승내가전)이라.

이는 나와 적 상황을 정확히 알면 승리가 위태롭지 않다. 지형(地)과 기상(天)을 알면 완전한 승리(可全)를 할 수 있다는 뜻이다. 즉 적과 나, 지형과 기상을 모두 알아야 한다. 제3편 '모공'에서 언급된 내용과 비교해 보면 다음과 같다.

구 분	피아능력	전쟁결과
제3편 謀攻	知彼 知己 (적을 알고 나를 알면)	百戰不殆 (백 번 싸워 위태롭지 않고)
	不知彼 知己 (적을 모르고 나만 알면)	一勝一負 (한 번 이기고 한 번 지고)
	不知彼 不知己 (적도 모르고 나도 모르면)	每戰必殆 (백 번 싸워 반드시 위험)
제10편 地形	知彼 不知己 (적은 아는데 나를 모르면)	勝之半(승리는 절반)
	知己 不知彼 (나를 알고 적을 모르면)	勝之半(승리는 절반)
	知彼己 不地形 (적과 나는 아는데 지형을 모르면)	勝之半(승리는 절반)

손자는 百勝(백승)이 아니라 不殆(불태)를 다시 한 번 강조하고 있다. 엄청난 인적·물적 손실을 가져오는 전쟁에서의 승리보다는 전쟁을 예방해 위험에 빠지지 않는 것이 중요하다. 한국 하키는 척박한 운동 여건에서 상대에 대한 철저한 분석을 통해 승리를 거두고 있다.

■ 필드하키와 격구·폴로

하키는 B.C. 2000여 년 전으로 거슬러 올라간다. 이집트 나일강 근처 베니하산 벽화에 두 사람이 마주 서서 스틱과 같은 막대기를 마주 대고 있는 장면이 있다. 그리고 아테네 해안 방파벽에 여섯 명의 선수가 비슷한 동작을 하고 있는 모습이 조각되어 있다. 또 아일랜드인과 스코틀랜드인 등 켈트 족 후예들이 천 년 넘게 고안하고 다듬어낸 '헐링'이라는 경기가 되었다. 1381년 농민반란 때 봉기를 일으킨 농부들은 헐링 스틱을 들고 런던으로 향하였다. 하키는 캘커타 클럽에서 경기하던 영국군 장교들을 통해 인도에 상륙하였고, 오늘날 인도와 파키스탄이 하키 강국이 되는 계기가 되었다. 인라인 스케이팅과 아이스하키가 접목되어 인라인 하키로 발전되었다.

필드하키가 그라운드에서 하는 것이라면, 말을 타고 하는 격구(擊毬)도 있다. 무예의 하나로 말을 타고 숟가락처럼 생긴 막대기로 공을 쳐서 상대방 구문(毬門)에 넣는 놀이이다. 발해 때 이 놀이가 성행하였고, 고려 때 궁중에서 단오(음력 5월 5일)절에 성대하게 벌였다. 조선 때는 격구를 잘하는 사람은 말타기와 활쏘기를 잘하며, 창과 검술도 능란하게 된다고 하였다.

서양의 폴로는 오늘날 이란 페르시아에서 시작돼 유럽과 아시아에 널리 전파되었다. 한 게임은 주로 각 피리어드 7분 30초 네 피리어드로 진행된다. 이러한 경기에서 지형과 기상은 중요한 요소인데, 첨단무기보다 더 위력을 발하고 있는 것이 아프가니스탄전쟁이다.

> 척박한 여건에서도 상대 꿰뚫는 한국 하키처럼
> 전쟁 승리보다 예방 통해 위험 막는 것이 중요
> 험준하고 추운 아프간, 지형·기상의 중요성 입증

■ 제국의 무덤, 아프간

아프간전쟁이 무려 2014년 기준 12년이 넘었다. 걸프전(1991)과 이라크전(2003)에서의 전광석화(電光石火) 같은 승리는 아프간에서 재현되지 않았다. 거칠 것 없던 사막의 폭풍은 아프간에서 탈레반의 끈질긴 역풍으로 되돌아왔다. 아프간 산악과 수많은 동굴은 베트남 정글과 같다. 더구나 호찌민 루트가 중립국 캄보디아와 라오스를 연해 있어 공격하기 어려운 성역(聖域)으로 군사작전에 제한을 받았다. 역시 아프간도 파키스탄 서북부 지역이 같은 지역이라 탈레반 근원을 차단하기 어렵다.

아프간은 기원전 4세기 알렉산더 대왕의 동방진출과 13세기 몽골 서역 정벌의 교차로였다. 영국과는 1838년부터 1919년까지 세 번 전쟁을 치렀다. 소련을 상대로 1979년부터 9년간 전쟁에서 이겼다. 지금은 미군과 나토 연합군과 전쟁을 계속하고 있다. 그 원인 중 하나는 지형적 특성에 있다.

1919년 영국 외상 듀란드에 의해 그어진 국경선 때문이다. 그때 아프간을 약화하기 위해 아프간 남부 술라이만 산맥을 인위적으로 파키스탄과 분할하였다. 이 지역에는 아프간 최대 종족 파슈툰족 1350만 명이 있다. 따라서 저항세력 탈레반의 근거지가 되고 있다. 험준한 산악지형과 혹한 날씨 속에 내전으로 다져진 민간인과 구별이 어려운 무장세력의 게릴라전이 계속되고 있다.

28. 배드민턴과 지형형세

강력한 스매시와 네트플레이 조화 이뤄야

배드민턴은 남녀노소 쉽게 즐길 수 있는 스포츠로 스피드와 힘이 필요하다. 그리고 고도의 테크닉과 피·아 전력을 분석하는 머리싸움도 중요하다.

■ 승리의 조건, 지형형세를 알아야

손자병법 제10편 '지형'은 적과 아군의 전력분석 중요성을 말한다.

지오졸지가이격(知吾卒之可以擊)하고 이부지적지불가격(而不知敵之不可擊)하면 승지반야(勝之半也)라. 지적지가격(知敵之可擊)하고 이부지오졸지불가이격(而不知吾卒之不可以擊)하면 승지반야(勝之半也)라.

이것은 아군 병사를 투입해 공격해도 될 만한 힘을 갖고 있다는 것을 알고 있지만, 현재 적 상태가 공격해서는 안 될 전력을 갖고 있다는 것을 모른다면 승리 확률은 반밖에 안 될 것이다. 그리고 적 상태가 공격해도 될 상태라는 것을 알지만, 아군 병사의 전력이 충분하지 못하다는 것을 모른다면 승리 확률은 반밖에 안 될 것이라는 뜻이다.

지적지가격(知敵之可擊)하고 지오졸지가이격(知吾卒之可以擊)하되, 이부지지형지불가이전(而不知地形之不可以戰)이면 승지반야(勝之半也)라. 이것은 적 상태가 공격해도 될 상태라는 것을 알고 아군 병사들의 전력도 충분하다는 것을 알고 있지만, 현재 처한 지형이 공격하기에 불리하다는 것을 알지 못하면 이것도 승리 확률은 반밖에 안 될 것이라는 뜻이다. 따라서 승리 조건은 피·아 전투력 평가와 지형 분석이 뒷받침되어야 한다. 스포츠 중에는 네트로 구분하는 배드민턴·탁구·테니스 등이 있다. 이들 경기에서 네트 근처나 코너 쪽은 지형 형태 중 지형(支形)과 애형(隘形)의 조건과 유사하다.

남녀노소 없이 어디서나 쉽게 즐기는 운동
스피드와 힘 고도의 테크닉이 있어야 승리

■ 배드민턴과 셔틀콕

배드민턴은 현재 뉴멕시코 주에 살았던 미국 원주민 주니 족이 말린 옥수수 겉껍질에다 깃털을 박아 경기를 한 것에서 유래되었다. 또한 페루 북부 잉카 전 시대 모히족이 풍년을 기원하는 의식에서 셔틀콕을 쳤다. 고대 중국에서는 티지앙지라는 셔틀콕 경기가 있었는데, 선수들은 정교한 깃털 셔틀콕을 발로 차서 높이 띄워 올렸다. 1876년 잉글랜드 헨리 존스의 '영국-인도식 배드민턴'이 근대 배드민턴의 시작이다. 이때 코트를 표시하고 높은 네트를 쓰며 네트 양편에서 마주 보며 게임을 하고 득점 방식을 정하였다.

셔틀콕은 둥근 코르크 위에 16개의 거위 깃털을 심은 것이 최고이다. 어떻게 치든 대개 코르크 밑부분이 앞을 향해 날아간다. 덕분에 엄청난 속도가 나오는데, 타격한 에너지가 일단 소진되고 나면 깃털이 셔틀콕의 속도를 급격히 줄여 놓는다. 그러다 보니 셔틀콕의 갑작스러운 속도 저하와 낙하, 날아오는 방향을 거의 알아채지 못한 채 꼼짝없이 당하게 된다.

경기는 서브와 랠리가 수없이 반복된다. 단식에서는 상대 선수가 코트를 이리저리 돌아다니게 하려고 머리를 쓰며, 셔틀콕을 여기저기로 날려 보낸다. 공간이 좁아지는 복식에서는 상대방이 셔틀콕을 붕 띄우도록 유도하려고 애쓴다. 강력한 스매시와 네트플레이가 조화를 이뤄야 한다. 서구 장신 선수의 타점 높은 공격은 위협적이다. 이를 극복하기 위해 특별한 '단상공격' 훈련이 필요하다. 허리 높이 단상에서 코치가 내리꽂는 셔틀콕을 받아내는 연습이다. 그리고 상대 앞에서 셔틀콕이 뚝 떨어지는 공격인 지능적인 드롭샷을 구사한다. 늘 상대의 정보를 수집해 대응책을 마련해야 한다.

서구 장신선수들 타점 높은 공격은 위협적
정보 수집·전력 분석 등 '머리싸움'도 중요

■ 정보수집과 탕가전투

　정보수집과 분석을 게을리 해 대패했던 아프리카 탄자니아 탕가전투가 있다. 고원지대에 위치한 독일령 항구도시 탕가(Tanga)는 요충지였다. 1914년 11월 5일, 아프리카 주도권을 놓고 싸운 영국군과 인도 용병 8,000명, 독일군과 탄자니아 원주민 800명의 전투이다. 영국군 지휘관 에이킨트 소장은 적에 대한 정보수집이나 현장 지형을 전혀 무시하였다.

　이미 기관총이 등장하고 현대적 포병화력에 의해 승패가 결정되는 현대전 양상이 벌어지고 있었는데도, 에이킨트는 병사들이 질서정연하게 대오를 이뤄 돌격하는 전근대적 전술을 고집하였다. 총검으로 무장하고 무조건 돌격하면 된다는 나폴레옹식 사고로 일관하였다. 병력을 독충과 벌떼들이 달려드는 망갈로브 숲 속으로 내몰았다. 반면 독일군 지휘관 포르베크 대령은 몇 명의 독일인 교관만으로 원주민을 훈련시켜 대영제국 연합군에 맞서 싸워 이겼다.

　역사적으로 성공을 거듭한 조직은 과도한 자신감 때문에 외부 정보에 둔감해지곤 하였다. 책임 있는 리더는 조직은 나무고 정보는 영양소임을 잊는 법이 없다. 동아프리카 영국군은 영양소에 무심한 나머지 고목으로 변해 땔감이 되었다. 기존 관념에 사로잡혀 새로운 변화에 둔감한 사람들에게 필요한 탕가의 교훈이다.

29. 자동차·전차경기와 지형이용

　　　　　승리 향한 거침없는 질주, 그 누가 막을 것인가?

　인류 역사상 획기적 발명 중 하나가 자동차이다. 숨 막힐 듯한 스피드와 아찔한 스릴은 흥분을 안겨준다. 트랙 경기와 더불어 '죽음의 자동차경주' 다카르 랠리(dakar rally)는 무려 8,000km이다. 사막의 거친 모래바람도, 산맥의 험난한 돌밭 길도 이들의 도전을 막을 수 없다. 거친 자연과의 싸움이자 자기 자신과의 경쟁으로 인간 한계에 도전한다.

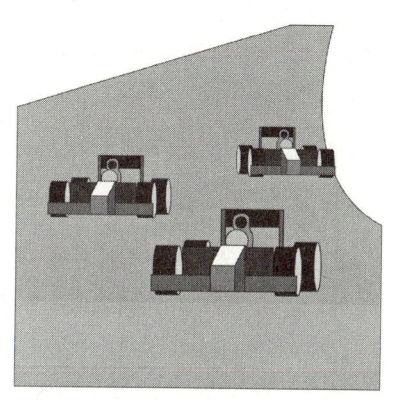

■ 다양한 지형이용은

손자병법 제10편 '지형'은 지형 특성에 따른 전투력 운용과 지휘통솔을 말한다.

전투력 운용은 '曰地形(왈지형)이 有通者(유통자)하고 有掛形(유괘형)하고 有支者(유지자)하고 有隘者(유애자)하고 有險者(유험자)하고 有遠者(유원자)하니'이다. 이는 '지형 종류는 통: 사통팔달, 괘: 경사지, 지: 피아가 불리한 전략적 요충지, 애: 협곡, 험: 험준한 지형, 원: 멀리 있는 곳이 있다.'는 뜻이다.

그리고 지휘통솔은 '知此而用戰者(지차이용전자)는 必勝(필승)이요, 不知此而用戰者(부지차이용전자)는 必敗(필패)니라.' 이는 '지형의 이점을 잘 알고 작전에 활용하는 장수는 반드시 승리하며, 그렇지 못한 장수는 반드시 패배한다.'는 뜻이다.

여기에서 공격하기는 쉬우나 후퇴하기 어려운 지형은 괘(경사지)이다. 자동차 경기에서 엄청난 속도와 지형변화에 적절히 대처해야 한다.

■ 자동차경기와 상황조치

오늘날 자동차 경기는 고대 전차경기에서 유래되었다. 전차경기는 영화 '벤허(Ben Hur, 1959)'로 잘 알려졌다. 주인공 벤허와 메살라가 각자 자신과 민족의 운명을 걸고 비극적 경주를 한다. 메살라가 자신의 전차바퀴 축에 톱니가 달린 창을 부착하지만 결국 패배하였다. 당시는 왕족이나 귀족 등 특권층의 부의 상징으로 4두 마차였다. 2두 마차는 전투용이다. 말을 소유하고 기르는 것은 상당한 비용이 들었기 때문이다. 기록에 나오는 가장 박진감 있는 것은 호머의 일리아드에 나오는 파트로클로스의 장례경기이다. 최대 40대 전차가 한 바퀴 769m를 돌 때 가장 긴장되는 순간은 코너를 돌 때이다. 말고삐와 속도 조절에 고도의 통제력이 필요하다. 경기장을 히포드롬(Hippodrom)이라 하는데, 가장 잘 보존된 곳은 동명부대가 주둔하고 있는 레바논 티레(Tyre)이다.

자동차 경주는 목적과 형태에 따라 다르다. 대표적인 '수퍼 GT(그랜드 투어링카) 올스타'는 1994년 일본에서 처음 열렸다. 시중에 나오는 차량을 레이스 규정에 맞춰 최고 속도 320km로 달릴 수 있게 개조한 차량 경기이다. 이에 반해 10월 초에 열리는 'F1(포퓰러원) 코리아 그랑프리(Grand Prix)'는 최대속도 350km 고속주행 전용차량 머신이 사용된다. 포퓰러는 경주용 자동차 규격이다. F1 드라이버는 세계에 단 24명뿐이다. 낙타가 바늘구멍에 들어가는 것에 비유된다. 50바퀴 총 300km를 0.001초로 승부가 결정되는 고도의 집중력이 요구된다. 빠른 속도의 자동차와 전차경기는 독일군의 전격전에 비유할 수 있다.

속도·지형변화 대처 요구하는 자동차 경주와 고대 전차경기
옛 독일군 전격전 전략서 보듯 자국 취약점 최소화 노력 필요

■ 마지노선과 전격전

프랑스는 독일과 연한 국경에 마지노선을 구축하였다. 영국 리델하트

의 간접접근전략은 독일에서만 면밀하게 연구되었다. 제1차 세계대전 승전국들은 전혀 전쟁수행방식을 바꾸지 않았다. 전쟁 승리감과 평화에 대한 맹신뿐이었다.

독일 공군 루프트바페(Luftwaffe, 공중과 병기의 합성어)는 폴란드 공군을 일격에 제압하였다. 기갑(Panzer)사단은 프랑스가 원하는 방식으로 공격하지 않았다. 마지노선을 우회해 아르덴고원을 돌파해 세당으로 향하였다. 영국과 프랑스 연합군이 예비대도 없이 광범위한 전선에 분산 포진하고 철통방어를 장담한 결과이다. 결국 연합군 33만 8,000여 명은 1940년 6월 4일 암호명 '다이너모(Dynamo)' 됭케르크 해안에서 철수하는 비운의 결과를 초래하였다. 얼마 전 북한의 위협이 고조될 때 서해 5도에서 탈북자 1명이 북으로 넘어간 사례가 있다. 레이더에 탐지되지 않은 사각 지역 때문이다. 완벽한 것은 없으며 취약점을 최소화하는 노력이 필요하다. 인생이든 전쟁이든 자신의 주변에 마지노선은 없는지 냉철히 살펴봐야겠다.

30. 탁구와 상황별 병력운용

유리한 지형으로 적을 유인해 공격하라

매년 10월 24일은 '유엔 데이'이다. 1945년 미국 샌프란시스코에서 국제연합이 조직된 것을 기념한다. 그럼에도 동서 진영의 첨예한 대립은 계속되었다. 이 벽을 한순간에 허문 것이 탁구이다. 이른바 '핑퐁(ping pong)' 외교로 일컫는 미국 탁구대표 선수단이 1971년 4월 중국을 방문해 상호교류를 시작하였다.

■ 지형 형태별 병력운용

손자병법 제10편에서는 '지형'의 6가지 형태와 특징을 말한다. 어디서나 쉽게 접근할 수 있는 통형(通形), 경사지인 괘형(卦形), 가지(枝)처럼 얽힌 지형(支形), 좁고 기다란 애형(隘形), 험준한 험형(險形), 멀리 있는 원형(遠形)이 있다. 여기에서 支形은 '아출이불리(我出而不利)하고 피출이불리(彼出而不利)'이다. 아군이 진출해도 불리하고 적이 진출해도 불리한 곳을 말한다. 따라서 적의 유인에 현혹되지 말고, 적을 유인해 공격하는 것이 유리하다.

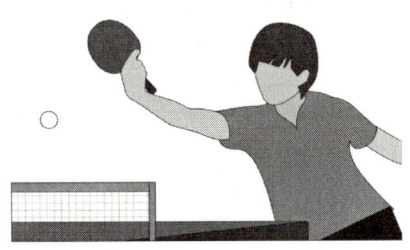

또한, 隘形은 '아선거지(我先居之)면 필영지이대적(必盈之以待敵)'이다. 이러한 지형을 만나면 아군이 먼저 점령하고 반드시 병목 지점에 매복해 적을 기다리는 것이 유리하다. 애형은 2개의 산 사이의 협곡처럼 좁은 모양으로 된 곳이며, 盈은 가득 배치한다는 뜻이다. 險形은 '아선거지(我先居之)면 필거고양이대적(必居高揚以待敵), 약적선거지(若敵先居之)면 인이거지(引而去之)하고 물종야(勿從也)'해야 한다. 즉, 아군이 먼저 점령하되 반드시 햇볕이 드는 고지대를 점령해 적을 기다린다. 그리고 만약 적이 먼저 점령했다면 병력을 후퇴시켜 쫓아 들어가지 않는다는 뜻이다. 탁구에서 1.52×2.74m에 불과한 녹색 테이블에서 2.5g의 공은 시속 110km가 넘는 속도로 오간다. 테이블 코너와 네트 등 지형을 적절히 활용해야 한다.

■ 탁구

탁구(table tennis)는 인도에 주둔하던 영국군이 1881년 시작하였다. 그들은 저녁 식사 후 무료함을 달래기 위해 담배 상자 위에 만든 네트를 두고, 샴페인 코르크를 깎아 만든 공을 치기 시작하였다. 1900년에 속이 빈 셀룰로이드 공이 도입되고, 서비스와 스핀 기술의 발전은 경기의 흥미를 더하고 있다.

한국 탁구는 정부수립 후 구기 종목에서 처음으로 세계 정상에 등극하였다. 사라예보 세계탁구선수권대회 단체전에서 이에리사와 정현숙 등은 호흡을 맞춰 중국과 일본을 연파하였다. 이어 1980년대부터 90년대 중반까지 한국 여자 탁구의 대명사로 활약하였던 현정화가 있다. 그녀는 1987년 인도 뉴델리 세계선수권대회 여자복식에서 양영자와 함께 우승하였다. 이때 4강전에서 세트스코어 2대2 상황에서 11-18로 7점을 뒤지고 있었다. 모두가 '경기는 끝났다.'고 생각했지만 한 점 한 점 따라잡아 21-18로 경기에서 이겼다. 한국 탁구 사상 최고의 역전 드라마였다. 그리고 1988년 서울올림픽 여자복식, 1989년 독일 세계탁구선수권대회 혼합복식, 1991년 여자단체전, 개인 단식 모두 그랜드슬램을 달성하였다.

탁구를 통해 '죽(竹)의 장막'은 걷히고 베트남전쟁은 파리평화협정조인(1973. 1. 23)으로 이어졌다.

냉전시대 미국-중국의 죽의 장막을 허물었던 탁구 외교
네트 넘어 탁구공이 오가듯 'DMZ 평화공원 조성' 소망

■ 장벽(T-wall)과 분단선

분단의 상징은 휴전선을 연한 DMZ와 우리에게 다소 생소한 북위 17도선 'V(베트남)-DMZ'가 있다. 이들은 포츠담회담의 산물이다. 한반도는 북위 38도선으로 분단 후 구 소련군과 미군이 각각 점령하였다. 6·25전쟁을 거치면서 현재의 248km에 이르는 휴전선이 설치되었다. 베트남 또한 북위 16도선으로 분단 후 북부 지역은 중국군 윈난(雲南) 성 군벌 루한이 지휘하는 18만 명이, 남부 지역은 영국군 그레이시 소장이 지휘하

는 7,500명이 진주하였다.

이후 프랑스와의 디엔 비엔 푸 전투 후 제네바 평화협정 때문에 다시 북위 17도선으로 분할되었다. 벤허이(ben hai) 강을 따라 길이 55km·남북 각각 5km 비무장지대가 설치되었다. 다시 제2차 베트남전쟁이 발발하였고, 1976년 7월 베트남 사회주의 공화국이 수립돼 오늘에 이르고 있다.

이 외에도 분단과 장벽의 상징으로 이스라엘과 레바논의 블루라인(blue line), 인도와 파키스탄 분쟁지역인 캐슈미르 고원의 통제선(line of control)이 있다. 그리고 이스라엘과 팔레스타인의 거주지 분할선, 이라크 내 안전지역 등에 설치된 장벽(T-wall)은 그 아픔을 더하고 있다. 탁구 네트를 중심으로 탁구공이 오가듯, 독일의 통일 이전 동·서독 간의 완충지대가 그린벨트로 다시 태어나듯, 한반도의 'DMZ 평화공원' 조성을 통한 노력이 결실을 거두길 소망한다.

31. 테니스와 리더십

敵 상황·지형 살펴 승리를 이끌어내라

테니스는 잔디를 깐 테니스 코트를 뜻하는 '론(lawn tennis)'과 중세 프랑스에서 맨손으로 하던 핸드볼 경기와 유사한 '손바닥 경기(jeu de paume)'에서 유래하였다. 제한된 코트 내에서 서브-스트로크-발리-리시브 등으로 연속되는 경기는 보는 이의 즐거움을 더한다.

■ 지형 활용과 현명한 리더십

손자병법 제10편 '지형'에서 장수의 지형 분석과 부하에 대한 리더십을 말한다.

부지형자(夫地形者)는 병지조야(兵之助也)라. 요적제승(料敵制勝)하고 계험액원근(計險阨遠近)은 상장지도야(上將之道也)가 있다. 이것은 '지형은 용병의 보조수단이다. 적 상황을 잘 살펴 승리를 끌어내고, 지형의 험난함과 위험, 멀고 가까움을 잘 계산하는 것이 상장군의 할 일이다.'라는 뜻이다.

그리고 시졸여영아(視卒如嬰兒)니 故로 가여지부심계(可與之赴深溪)라. 시졸여애자(視卒如愛子)니 故로 가여지구사(可與之俱死)니라. 후이불능사(厚而不能使)며 애이불능령(愛而不能令)이요 난이불능치(亂而不能治)면 비여교자(譬如驕子)하야 불가용야(不可用也)니라가 있다. 이것은 '리더가 병사 보기를 마치 어린아이 돌보는 것처럼 해야 병사들이 리더와 함께 깊은 계곡으로 용감하게 들어갈 수 있을 것이다. 리더가 병사 보기를 자기 사랑하는 자식과 같이해야 병사들이 리더와 함께 죽을 수 있을 것이다. 후하게 대해 주기만 하면 부릴 수 없고, 아껴 주기만 하면 명령을 내릴 수 없으니, 나중에 혼란이 발생하면 그땐 어쩔 수 없게 된다. 이것은 비유하면 자식을 교만하게 키운 것과 같으니, 전혀 쓸모없는 인간이 되어 버린 것이다.'는 뜻이다.

■ 테니스에서 지형 활용

테니스에서 지형 활용은 네트를 고려해야 한다. 중앙 네트는 양 끝보다 15cm 낮다. 따라서 중앙으로 공을 쳐 보내는 것이 네트에 걸릴 확률이 낮다. 또 크로스로 공을 쳐 보내는 공간이 스트레이트로 보내는 코트의 길이보다 약 1.4m가 길다.

테니스 경기의 시작은 서브로 시작된다. 서브는 강력한 힘에 의한 공격으로 승패를 가르는 결정적 요소이다. 잔디 코트 위에서 테니스를 할 때는 서브가 좋고 네트 플레이를 잘하는 선수가 유리하다. 그러나 어느 경기장이든 더블폴트를 두려워하지 않고 공격적 플레이가 중요하다. 강력한 서브에 이은 네트 점령은 공격과 수비에 매우 유리하다. 유리한 지형의 선점과 더불어 상대방에 대한 심리적 우위를 점한다. 그랜드 슬램을 두 번 달성하였던 호주 레이버는 볼만 보고 정신을 집중하고, 첫 서브를 확실하게 넣어 경기의 기선을 제압할 것을 강조하였다.

테니스는 강력한 서브 이은 공격적 플레이가 중요
공수에 유리한 네트 점령으로 심리적 우위 선점을

변형된 테니스로 스쿼시 볼(squash ball)이 있다. '구석진 곳에 밀어 넣다.'는 뜻으로 19세기 중엽 영국에서 배드민턴과 함께 성행하였다. 원래는 감옥에 갇혀 있던 죄수들이 무료한 시간을 보내기 위해 동그란 야생 열매를 이용해 벽치기를 했던 것에서 유래하였다. 도시화가 가속화되면서 시간에 쫓기는 현대인들이 즐겨 하게 되었다. 그리고 라켓 볼(racquet ball)은 직육면체 실내에서 6개 면 전체에서 튕겨 나오는 공을 번갈아 친다. 1940년대 후반 미국에서 테니스와 핸드볼을 혼합한 패들 볼(paddle ball)에서 발전되었다.

한편 정구(庭球)는 soft tennis라 부르는데, 공은 30g으로 매우 가볍다. 1890년께 일본에서 테니스용품을 구하기 어렵게 되자 말랑말랑한 고무공과 가벼운 라켓으로 변형된 테니스를 시작하였다. 한국 테니스 선수 중에 신체 조건이 우세한 서구 선수들에 비해, 장애를 극복하고 강점을 극대화한 꿈나무가 있다.

■ 장애 극복과 강점 극대화

이덕희는 2013년 7월, 윔블던 테니스대회 공식 다큐에 등장하였다. 그는 청각장애 3급으로 태어날 때부터 잘 듣지 못해 상대방 입술을 보고 말뜻을 겨우 알아듣는다. 그럼에도 불구하고 장애를 딛고 주니어 선수로 당당히 세계무대를 누비고 있다. 그리고 2013년 7월 초, 윔블던 테니스 주니어 결승에서 준우승의 금자탑(金字塔)을 쌓은 정현이 있다. 그는 선천적인 약시 탓에 거리감이 떨어지는 불리한 점을 극복하였다. 백핸드 스트로크로 상대의 허를 찌른다. 정현은 왼손잡이형을 상대로 백핸드에 더 익숙하였다. 라인을 따라 백핸드로 치는 타구는 대각선이 아닌 짧은 직선으로 가기 때문에 받아내기 힘들다. 그가 국제무대에서 성인 선수들과 경쟁하기 위해서는 파워 향상과 서비스 리턴 능력 향상이 급선무이다. 그리고 서브 속도를 높이기 위해 야구공을 던지기도 하는데, 이것은 투수 폼과 서브 폼이 비슷해 도움이 되기 때문이다.

　모든 선수들은 4대 메이저 무대인 호주·프랑스·US오픈을 거쳐 '꿈의 무대' 윔블던 제패의 원대한 목표를 향해 '견인불발(堅忍不拔)'의 정신으로 매진하고 있다. 굳게 참고 견디어 마음을 빼앗기지 아니함이다.

제11편 구지
‖ 아홉 가지 지형을 분석하면 승리가 보인다

32. 수구·다이빙과 지형분석

불리한 지형도 넘어서야 이긴다

소서(小暑)가 지나고 장맛비가 그치면 가까운 수영장과 계곡, 강과 바다에서 스포츠를 즐긴다. 더불어 제11편 '구지'편에서는 여름철 스포츠와 세계 5대 해전(海戰)도 함께 음미하자. 독일 지리학자 라첼(F. Ratzel)은 "언제나 진정한 세계 강국은 바다를 지배하는 나라였다."고 하였다.

■ 지형별 군사력 운용

손자병법 제11편 '九地(구지)'는 주로 오(吳)나라가 遠征(원정)을 통해 적국과 싸우는 것을 가정하고 지형분석과 그에 따른 전략·전술을 언급하고 있다. 손자병법에서 가장 분량이 많은데, 구변(九變)과 지형(地形)에서 언급된 내용과 차이가 있다. '散地卽無以戰(산지즉무이전)하고 輕地則無止(경지즉무지)하며 爭地則無攻(쟁지즉무공)하고 交地則無絶(교지즉무절)하며 衢地則合交(구지즉합교)하고'가 있다.

각 지형별 대처는 다음과 같다. 散地는 흩어지기 쉬우므로 자국 내 영토에서는 싸우지 말아야 한다. 輕地는 적 국경선에 인접하므로 오래 머물지 말고 빨리 지나가야 한다. 爭地는 전략적 요충지로 적이 매복할 가능성이 있으므로 공격하지 않는다. 交地는 적과 아군이 쉽게 접근할 수 있으므로 부대 간 접촉을 유지해야 한다. 衢地는 사방이 트여 있는 사거리이므로 외교관계를 잘 맺는 것이다.

또 '重地則掠(중지즉략)하며 圮地則行(비지즉행)하고, 圍地則謀(위지즉모)하며 死地則戰(사지즉전)이니라.'가 있다. 重地는 후방이 차단돼 있으므로 식량과 물자를 확보해야 한다. 圮地는 무너질 위험성이 있으므로 신속하게 행군하며, 圍地는 포위될 우려가 있으므로 속임수를 쓰고 신속히 벗어나야 한다. 死地는 퇴로가 차단돼 물러날 곳이 없으므로 사력을 다해야 한다. 지형의 불리함을 탓하지 말고 그 상황에서 최선을 다하는 것이 중요하다.

■ 수구와 다이빙

수구(water polo)는 럭비처럼 물속에서 하는 격렬한 경기이다. 각 7명의 선수들은 다리로 물살을 쉴 새 없이 가르고, 상대 골문을 향해 전력으로 헤엄쳐 간다. 그 기원은 호수에서 헤엄치던 영국 젊은이들과 빅토리아 시대 처음으로 공중 목욕을 했던 이들이 소일거리로 개발했다고 한다. 1877년 스코틀랜드에서 공식 규칙이 제정되었다. 선수들은 경기 도중 바닥을 건드리면 안 되므로 엄청난 체력이 소모된다.

스포츠로서 다이빙은 '추락의 미학(美學)'을 추구한다. 19세기 북부 유럽에서 시작되었다. 1895년 영국에서 스프링보드를 도입하고 스탠딩은 3m, 러닝은 10m 플랫폼을 사용한다. 출발은 앞으로 뛰기와 비틀어 뛰기 등 6가지, 낙하 때는 스트레이트와 자유형 등 4가지가 있다. 그리고 회전은 공중돌기와 비틀기가 있다. 입수 때는 90도 각도로 꼿꼿이 들어가야 한다. 2명이 동시에 하는 싱크로나이즈드 다이빙은 서로 대칭이 되는 다이빙을 한다.

수영장을 벗어나 해양 스포츠로서 스쿠버다이빙(scubadiving)은 수중 호흡기 등 도구를 몸에 갖추고 잠수한다. 스쿠버는 자급식 수중 호흡기(Self Contained Underwater Breathing Apparatus)의 약어다. 바다의 난관을 극복하고자 하는 인간의 도전에서 개발된 것이다. 기존 해전 방식을 벗어나 새로운 전법으로 승리한 살라미스 해전이 있다.

■ 살라미스 해전과 삼단노선

기원전 480년, 지중해 도시국가 그리스와 동방의 대제국 페르시아와의 한 판 승부였다. 그리스 사령관 테미스토클레스는 기원전 490년 마라톤 전투 승리에 만족하지 않고 483년 아테네 해군을 창설하였다. 절대적으로 우세한 페르시아 대함대를 아테네 앞 살라미스 섬 좁은 해협으로 유인하였다. 그리스 함대는 약 370척으로 페르시아 대해군 800여 척과 싸웠다.

그리스 해양전력 육성·신무기와 전술 개발
살라미스 해전서 페르시아 제국 무너뜨려

그리스 삼단노선(trireme)은 170명 노잡이가 3단으로 배열된 노를 한 사람이 하나씩 젓는 방식으로 단 몇 초만에 9노트 속력으로 질주하였다. 빠른 속도로 이동해 군함의 함수(艦首) 밑에 부착된 청동 충각(衝角)으로 적함 현측을 격파하였다. 그 이전까지 해전은 적 갑판 위에 뛰어올라 백병전을 벌이는 전투였다. 살라미스 해전 승리는 동방의 서방에 대한 침입을 좌절시켰다. 그 결과 아테네는 그리스 최강국으로 부상해 지중의 패권을 장악한 반면 페르시아 제국은 쇠락의 길로 걷게 되었다. 지상전 승리에 만족하지 않고 해양 전력 육성과 신무기와 전술 개발 결과였다.

33. 요트와 기상천외

바다를 가르는 상상력, 세상을 지배하리라

망망대해에서 바람에 의지해 배를 타고 가는 것은 상상만 해도 즐겁다. 바다는 예측할 수 없는 바람과 파도까지 곁들여 복잡하고 강렬하다. 바람은 요트, 파도는 서핑으로 진화하였다.

요트는 한때 귀족과 부자들의 전유물에서 최근 대중화되었다. 19세기 미 해군 전략가 앨프레드 마한은 "바다를 지배하는 자가 세계를 지배한다."고 하였다.

■ 속도와 확신

손자병법 제11편 '九地(구지)'는 遠程(원정)시 지형에 따른 군사력 운용과 함께 속도와 승리에 대한 확신을 말한다.

兵之情(병지정)은 主速(주속)이라, 乘人之不及(승인지불급)하고 由不虞之道(유불우지도)하야 攻其所不戒也(공기소불계야)니라.

이것은 군대를 운용하는 핵심은 빠른 속도에 있다. 상대방이 쫓아오지 못할 시간을 틈타 생각하지 못한 곳을 통과해서 전혀 대비하지 못한 곳을 공격하는 것이다. 情은 핵심, 乘은 틈타다, 虞는 헤아리고 짐작하는 것이다.

그리고 禁祥去疑(금상거의)면 至死無所之(지사무소지)니라, 吾士無餘財(오사무여재)는 非惡貨也(비오화야)라. 無餘命(무여명)은 非惡壽也(비오수야)라. 이것은 '병사들 사이에 미신을 금지시키고 의심을 제거시키면 죽음에 이르더라도 물러서지 않을 것이다. 병사들이 재물을 싫어하는 것은 돈을 싫어해서도 아니며, 목숨을 돌보지 않는 것은 오래 살기를 싫어해서도 아니다.'는 뜻이다. 이 의미는 비단 병사뿐만 아니라 장수에게도 해당되는 말이다. 요트는 바닷바람을 이용해 어려움을 극복해 나간다.

■ 요트와 기발한 아이디어

요트(sailing)는 17세기 세계 제일 해양 강국 네덜란드어 '야트'에서 왔다. 사냥하다 또는 쫓는다는 의미이다. 대양을 누비며 얻은 부로 크루즈와 모의 전투에 적합한 야트를 만들었다. 1661년 영국 찰스 2세는 템스강을 따라 요트 레이스를 펼쳤다. 매치 레이스는 두 배가 1:1로 붙어 상대를 압도하고 상대가 규칙을 위반해 벌칙을 얻게 유도하는 것이다. 선단 레이스는 2척 이상이 참가해 일련의 레이스를 통해 누적된 점수로 승부를 가린다.

올림픽에서는 두 가지 코스다. 사각 코스는 따로따로 출발해 결승선에 들어오며, 4개 구간 코스를 3개 전환점을 거쳐야 한다. 풍상풍하 코스는 2구간이다. 첫 구간은 '비트'로 바람을 안고 가며, '런'은 바람과 함께 항해한다. 바람이 불지 않아 바람을 안지도 등지지도 않고 가는 구간은 '리치'라고 한다.

바다는 예측할 수 없는 바람과 파도, 해류의 영향을 받는다. 따라서 무한한 상상력이 요구된다. 상상력은 그냥 우연히 떠오르는 것이 아니다. 강과 바다를 지배한 '물의 세계사' 속에 기상천외한 전술이 적용되었다. 奇想天外는 기발한 생각과 쉽게 짐작할 수 없는 엉뚱함을 이른다. 평소 병법의 지혜를 익힌 연후에 그 역량이 빛을 발한다.

■ 비잔틴 제국 최후의 날, 1453년

기상천외한 방법의 사례는 1453년 5월 29일, '콘스탄티노플 최후의 날'이 있다. 기원전 480년, 페르시아의 살라미스 해전 패배는 천 년이 지나 콘스탄티노플 함락으로 되갚았다. 콘스탄티노플은 오늘날 터키 이스탄불의 옛 이름이다. 오스만 제국의 술탄 메흐메드 2세가 전함 72척으로 산을 넘어 공격해 콘스탄티누스 11세의 비잔틴 제국을 1123년에 정복하였다. 그는 3중 성벽과 성 주위를 둘러 판 해자(垓子·Moat)로 구축된 난공불락 요새를 54일 동안의 격렬한 공방전 끝에 이겼다. 공격하는 오스만 군대 8만 명에 비해 방어하는 비잔틴군은 불과 7,000명에 불과하였다. 그런데 오스만군의 보스프러스 해협을 통한 해상공격과 지상 공격에도 불구하고 성은 쉽게 함락되지 않았다.

바닷바람 이용해 어려움을 극복하는 요트처럼
기상천외한 전술 역량으로 '물의 세계사' 꽃피워

메흐메드 2세는 알렉산더 대왕의 히다스페스 강 도하 공격 사례를 차용하였다. 알렉산더는 B.C. 326년 봄, 인더스 강을 건넌 뒤 육중한 선박들을 모두 분해하여 히다스페스 강까지 육로로 운반한 후, 선박을 다시 조립해 기습을 감행해 승리하였다. 메흐메드 해군은 쇠사슬로 봉쇄된 골든 혼 갈라타 언덕 3.4km를 우회했던 것이다. 전쟁이 끝난 1453년을 기점으로 세계사는 중세에서 근대로 전환되었다. 르네상스가 꽃피게 되고 지리상 발견이라 일컫는 대항해 시대를 열었다.

전함이 산을 타고 넘은 결과이다. 그런데 승리 요인을 자세히 들여다보면 메흐메드의 전사에 대한 통찰과 전투현장에서 지형의 불리함을 역이용한 결실이다.

34. 카누·카약·수상스키와 솔연

물살을 가르는 결연한 의지로 승리

오락가락하는 장맛비가 그치면 산과 계곡, 강과 바다에서 다양한 스포츠를 즐긴다. 한 사람 또는 두 사람 이상 노를 젓거나 물 위를 질주할 때 물보라는 보는 이의 마음을 시원하게 한다. 노를 저을 때 팀워크와 몸이 균형이 필요하다.

■ 솔연과 파부침주

손자병법 제11편 '九地(구지)'는 속도와 승리에 대한 확신과 더불어 인화와 결연한 의지를 강조한다.

'善用兵者(선용병자)는 譬如率然(비여솔연)이니 率然者(솔연자)는 常山之蛇也(상산지사야)라. 擊其首則尾至(격기수즉미지)요 擊其尾則首至(격기미즉수지)요 擊其中則首尾俱至(격기중즉수미구지)니라.'

이것은 군대를 잘 운용하는 장수는 부대를 솔연처럼 만든다. 솔연은 常山(상산)에 사는 뱀의 이름이다. 그 머리를 때리면 꼬리가 달려들고, 꼬리를 때리면 머리가 달려든다. 몸통을 때리면 머리와 꼬리가 함께 달려든다.

그리고 '帥輿之深入諸侯之地(수여지심입제후지지)하야, 而發其機(이발기기)를 焚舟破釜(분주파부)하야'가 있다. 이것은 '장수는 병사들을 한 번 적진에 깊이 들어갈 때는 활을 떠난 화살처럼 만들어야 한다. 타고 온 배를 불태우고 밥을 해 먹을 솥을 깨뜨려'라는 뜻이다. 焚은 불태우다, 破는 깨뜨린다는 말이다.

여기에서 焚舟破釜는 초나라 항우가 破釜沈舟(파부침주 : 솥을 깨뜨리고 배를 침몰시킨다)로 인용하였으며, 36계 중 28계 上屋抽梯(상옥추제 : 높은 곳에 올려놓고 사다리를 치워라) 전술로도 표현되었다. 背水(배수)의 陣(진)으로 결연한 의지를 뜻한다. 빠른 속도로 움직이는 카누와 수상스키 등에 필요한 요건이다.

■ 카누·카약과 수상스키

원시시대부터 인류가 물을 건널 때 통나무와 뗏목을 사용하다가 가운데를 파낸 배를 사용하였다. 카누(canoe)는 캐나다와 미국 땅에 살았던 인디언들이 연락이나 사냥을 위해 자작나무로 만들어 사용하였다. 카누는 한쪽에만 날이 달린 노로 배를 저어 나간다. 현대적인 카누는 1865년 영국의 존 맥거리거가 1인용 에스키모 카약으로 유럽과 북아프리카 강과 연안을 여행하면서 널리 보급되었다. 가벼우면서 짐과 장비를 많이 적재하고, 늪지대 같은 수로를 무동력으로 빠르게 이동할 수 있다.

카약(kayak)은 양쪽 모두에 날이 달린 노를 사용한다. 에스키모인들이 시베리아와 베링해, 그린란드 일대에서 다양한 형태로 사용하였다. 사냥과 이동을 위해 짐승의 가죽과 뼈로 만들었다. 배의 상부가 덮여 있어 물이 배 안으로 들어오지 않는다. 1인승·2인승·4인승이 있다.

수상스키는 두 발에 스키를 신은 다음 모터보트에 맨 줄을 잡고 물 위를 활주한다. 1920년대 미국에서 판자에 두 발을 올려놓고 타기 시작했다. 한 쌍의 더블 스키, 외발의 슬라롬(slalom), 트릭(trick) 스키가 있다. 그리고 모터(동력)의 힘으로 물 위를 쏜살같이 달릴 수 있는 오토바이 제트스키가 있다. 이처럼 물을 정복하려는 인간의 노력은 계속되었다. 영국 해군 또한 기동력이 우수한 범선을 만들어 무적함대 스페인을 격파하였다. 카누와 카약, 조정의 차이점은 다음과 같다.

구분	카누	카약	조정
진행방향	앞으로	앞으로	뒤로
좌석	배에 고정	배에 고정	앞뒤로 움직임
노	배에 걸 수 없음 (한쪽 패들)	배에 걸 수 없음 (양쪽 패들)	배에 걸 수 있음 (한쪽 패들)
자세	무릎 앉아	엉덩이 대고 앉아	엉덩이 대고 앉아

수상 스포츠에서 빠른 속도가 우승의 필요 요건이듯
영국 해군, 범선 기동력 앞세워 무적함대 스페인 격파

■ 칼레해전과 컬버린 포

1588년, 작은 섬나라 영국 다윗과 대제국 스페인 골리앗 사이에서 벌어진 전투이다. 영국 해군이 전함에 대포를 장착해 적함을 화력으로 격파시킨 최초의 해전이다. 헨리 8세는 무장상선 카라크에 대포를 화물 갑판에 줄지어 부착하고 건현에 구멍을 뚫게 하였다. 이로써 영국의 배는 뱃전에 대포를 장착한 최초의 배가 되었다. 그리고 선체를 유선형으로 바꿔 공격력과 기동력이 뛰어난 범선 갈레온(galleon)을 건조하였다.

스페인 함대는 단거리에서 적 함대를 포격한 후 쇠갈고리로 적선을 끌어당겨 백병전을 벌였다. 따라서 사정거리가 짧고 무거운 대포 40문을 함선에 부착하였다.

반면 영국은 근거리 접전을 피하고 화력으로 적함을 침몰시켰다. 사정거리가 길고 가벼운 포탄을 사용하는 컬버린 포 153문이 있었다. 레판토해전(1571년) 이후 승승장구(乘勝長驅)하던 무적함대는 영국에 대파당하였다. 이후 해전의 양상이 배의 측면을 공격하는 충각전술은 현측 포격전으로 대치되었고, 함대의 진형은 횡렬진에서 종렬진으로 바뀌었다. 이로부터 약 250년 동안 대포로 무장한 군함이 해양을 지배하게 된다. 영국의 승리는 태양이 지지 않는 강력한 국가로 부상한다.

35. 수영·싱크로나이즈드와 템포조절

敵이 예상 못할 새로운 전술로 무력화시켜라

수영에서 선수들은 결승선을 보고 레이스를 하지 않는다. 나름대로 구간을 정해 놓고 구간마다 선수의 페이스를 유지한다. 상대 선수를 의식하고 오버 페이스하면 결국 스스로 지게 된다.

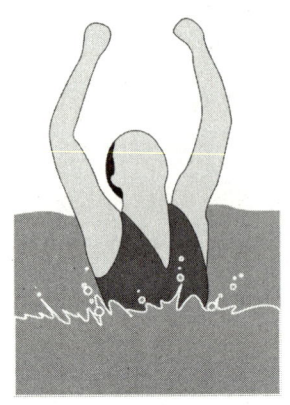

■ 적 중심타격

손자병법 제11편 '九地(구지)'는 인화와 결연한 의지와 함께 적 심장부를 제거하는 방법을 말한다.

'不知諸侯之謀者(부지제후지모자)는 不能預交(불능예교)라, 不知山林(부지산림)·險阻(험조)·沮澤之形者(저택지형자)는 不能行軍(불능행군)이라, 不用鄕導者(불용향도자)는 不能得地利(불능득지리)라.'

이것은 이웃 나라 제후들의 전략을 제대로 모르는 자는 이웃 나라와 외교를 맺을 수 없다. 산림과 험준한 지대, 늪지대와 같은 지형을 제대로 모르는 자는 부대를 기동할 수 없다. 그 지역을 잘 아는 길잡이를 이용하지 못하면 지형의 이점을 제대로 활용하지 못한다는 뜻이다. 預는 간여하다, 鄕導는 길 안내인이다.

그리고 '爲兵之事(위병지사)는 在於順詳敵之意(재어순상적지의)라, 幷敵一向(병적일향)하야 千里殺將(천리살장)이니 此謂巧能成事者也(차위교능성사자야)'가 있다. 이것은 용병의 일은 적의 의도를 좇아 행하는 듯하며, 적과 한 방향으로 따라주다가 천 리 먼 곳에 있는 적의 장군을 죽인다. 그리고 이런 장군은 능력이 교묘하고 일을 성공시킨다는 뜻이다. 곧 적으로 하여금 방심하게 한 다음 일격에 적 중심을 타격하는 것을 말한다. 수영에서도 경쟁 상대의 페이스를 잘 보고 자신의 페이스를 조절해야 한다.

■ 수영과 싱크로나이즈드

수영은 고대 그리스에서는 교양의 척도로 여겼다. 대중화되기 시작한 것은 1828년 영국 리버풀에서 공립수영장이 문을 열었을 때부터이다. 수영은 폭발적인 스타트와 절대적인 집중력이 필요하다. 4번 레인은 물의 저항을 가장 덜 받는다. 따라서 경기를 펼치는 선수 중 가장 기록이 좋은 선수에게 배정된다. 발차기, 턴할 때 부드러움과 스피드가 관건이다. 야외에서 열리는 남녀 10km는 초인적인 힘을 요구한다.

싱크로나이즈드(synchronised) 스위밍의 시작은 1903년 호주 수영선수 켈러먼의 수족관 인어공주 연기에서 비롯되었다. 이어 영화에서 수중 뮤지컬에 등장하였다. 올림픽은 2명의 댄서(듀엣)와 8명 단체팀 부분이 있다. 4분 동안 3m 깊이 풀장 바닥을 건드리면 안 된다. 음악에 맞춰 다양한 스트로크와 비틀기, 회전 동작, 리프트 동작을 연기해야 한다. 어마어마한 힘과 민첩함, 완벽한 타이밍과 거대한 허파가 필요하다. 수영이든 싱크로나이즈드든 같은 전술로 승리를 얻기 어렵다. 넬슨은 새로운 전술로 나폴레옹을 격침하였다.

나폴레옹 기습 침공에 맞선 넬슨의 영국 해군
독특한 T자형 전술로 적 심장부 격파해 승리

■ 트라팔가르 해전과 넬슨 터치

1805년, 해상 왕국 영국의 넬슨과 육상 제국 프랑스 나폴레옹이 한 판 승부를 겨뤘다. 1803년 영국이 아미앵 평화 협정을 깨고 프랑스에 선전포고를 하자 나폴레옹은 영국 침공을 계획한다. 전통적으로 해군력이 강한 영국을 장악하기 위해 나폴레옹은 대륙 봉쇄령, 아일랜드 침공 계획 등을 세우며 절치부심한다.

나폴레옹은 영불 해협을 단 몇 시간만 장악하면 영국을 침공할 수 있다고 오판하였다. 이는 나폴레옹이 천재적 전략가이기는 하지만 영국 해군력을 제대로 이해하지 못한 결과이다. 영국 함대 27척과 프랑스·스페인 연합함대 33척이 트라팔가르 곶에서 맞섰다. 넬슨은 이른바 T자형 '넬슨 터치(The Nelson Touch)'라고 알려진 독특한 전술을 구사하였다.

종래의 1열 종렬진을 버리고 2열 횡렬진으로, 적 함대 중앙 부위를 기습적으로 격파해 전열을 끊은 다음 궤멸시켰다. 그런데 이 전술은 1797년 저비스의 세인트빈센트 해전에서 승리를 거둔 바 있었다. 넬슨은 항상 바람 방향과 날씨, 해전에 관한 항해 일지를 매일 기록해 놓는 습관을 갖고 있었다.

넬슨은 빅토리아 호에서 적 유탄에 장렬한 최후를 맞았으나, 트라팔가르 해전 패배로 나폴레옹의 세계 제패는 좌절되었다. 반면 영국은 프랑스를 완전히 봉쇄하였다. 영국은 1588년 스페인 무적함대 아르마다를 격파하면서 지중해 최강의 국가로 도약하기에 이른다.

제12편 화공
‖ 불로 공격하여 적을 초토화하라

36. 육상과 화공

불꽃같은 에너지로 적 전투의지를 꺾어라

가을 햇살이 뜨거울 때 가까운 공원이나 하천 변을 달리기에 안성맞춤이다. 육상은 모든 스포츠의 주춧돌이다. '가장 빠른, 가장 높이, 가장 힘차게'를 다룬다. 속도와의 경쟁 육상에서 불꽃같은 에너지가 필요하다.

■ 화공의 방법과 조건

손자병법 제12편 '화공(火攻)'은 불로 공격하는 화공의 목표와 수단, 전쟁에 대한 신중함을 요구하고 있다. 먼저 '범화공유오(凡火攻有五)하니 일왈화인(一曰火人)이요, 이왈화적(二曰火積)이요, 삼왈화치(三曰火輜)요, 사왈화고(四曰火庫)요, 오왈화대(五曰火隊)니라.'가 있다. 이것은 '불로 공격하는 방법은 5가지가 있다. 그 대상은 사람, 곡식 창고, 보급품 수송차량, 보급품 창고, 이동 중인 부대이다. 바로 적의 인명과 군수품 등을 완전히 초토화(焦土化)시킨다.'는 뜻이다. 공격 대상에는 말도 포함된다. 더 궁극적인 목적은 적의 전투 의지를 약화시키는 것이다.

그리고 '행화(行火)는 필유인(必有因)이요, 연화(煙火)는 필소구(必素具)니라. 발화유시(發火有時)요, 기화유일(起火有日)이니'가 있다. 이것은 '불을 일으킬 때는 적당한 조건이 갖춰져야 하며, 불을 피울 때 반드시 적당한 도구가 있어야 한다. 그리고 불을 놓을 때 적절한 시간이 고려돼야 하며, 불을 일으킬 때 적절한 날짜가 고려돼야 한다.'는 뜻이다. 또한 불이 잘 탈 수 있는 조건은 불씨와 바람, 건조함이다. 이렇듯 불로 공격할 때는 다양한 조건을 고려해 세밀하게 준비해야 한다. 화공의 불꽃은 육상에서 폭발적인 스피드에 비유된다.

■ 육상과 바통 넘기기

육상은 인류가 두 다리로 걸을 때부터 시작되었다. 도시 국가가 형성되면서 전장에 유용할 기술이 트랙과 필드 경기로 발전되었다. 100m는 최대 초속 12m까지 달린다. 800m이상 1만m 중·장거리에서는 전력 질주보다 마지막 스퍼트를 내기까지 에너지를 아껴야 한다. 3,000m 장애물 경기는 28개의 허들과 7개의 물웅덩이를 거쳐야 한다. 허들에서는 10개의 허들을 넘는다.

육상경기의 흥미는 개인 경기보다 단체 이어달리기가 더욱 흥미롭다. 400m나 1,600m 계주에서 다음 주자에게 바통을 넘기는 것은 매우 중요하다. 1등이든 2·3등으로 달리든 숨 가쁘게 전력 질주한다. 그런데 바통 터치 존 10m 내에서는 속도를 줄여야 한다. 바통이 다음 주자에게 매끄럽게 전달돼야 한다. 그렇지 않으면 다른 선수와 부딪치거나 바통을 떨어뜨리는 불상사가 생긴다.

도약 경기는 멀리뛰기와 세단뛰기, 높이뛰기와 장대높이뛰기가 있다. 빠른 속도로 도약하는 시점과 지점이 아주 중요하다. 경보는 20km와 50km가 있다. 선수들은 항상 지면에 한쪽 발을 닿게 해야 하고, 앞서 나가는 다리는 땅에 닿는 순간 수직이 되도록 곧게 뻗어야 한다. 트랙과 필드경기를 혼합한 남자 10종 경기는 100m 달리기와 포환던지기, 110m 허들과 창던지기 등이다. 여자 7종 경기는 100m 허들과 높이뛰기, 멀리뛰기와 800m 달리기 등이다. 모두 페이스를 잘 조절해야 한다.

이러한 여러 종목을 연결하듯 병법에서도 두 가지 이상 병법을 연결한 것이 연환계다. A.D. 208년 적벽대전에서 제갈량은 위장전술로 조조군 화살 수만 발을 획득하고, 바람을 이용한 화공을 펼쳐 전장 주도권을 장악하였다.

육상 계주경기의 매끄러운 바통 터치나 트랙·필드가
혼합된 남자 10종 경기처럼 여러 종목 연결하듯
다양한 병법 연결한 제갈량의 연환계, 적벽대전 승리 이끌어

■ 적벽대전과 연환계(連環計)

후한 말, 조조의 위나라는 화북지방을 평정하고 손권의 오나라마저 손에 넣음으로써 전 중국을 통일하겠다는 꿈에 부푼다. 조조는 대군을 이끌고 남쪽으로 진군해 양쯔 강 지류 창장 강 적벽에서 오·촉 연합군을

맞아 건곤일척의 승부를 겨룬다. 조조군은 강을 건너려고 했으나 북서풍이 부는 겨울이라 주저하고 있었다. 그리고 육전(陸戰)은 강하였으나 수전(水戰)에 약한 병사들이 뱃멀미에 시달리고 있었다. 이때 조조에게 거짓 투항한 촉나라 장수 방통이 연환계를 건의하였다. 조조군은 모든 군선을 쇠사슬로 단단히 엮어 하나의 선단으로 단단히 결속함으로써 뱃멀미를 줄였다.

그러나 아뿔싸! 때마침 동남풍이 불고 오·촉 연합군의 화공 역습으로 쇠사슬에 묶인 조조의 군선은 꼼짝도 못한 채 모두 불에 타 버리고 말았다. 연환계였다. 쇠고리가 붙어 있는 연환처럼 복수(復數)의 병법을 연속적으로 사용하는 것이다. 우세한 적을 쇠사슬로 묶어 놓고 화공을 가세한 전투였다.

조조는 이 전투에서 대패해 파죽지세의 천하 통일 꿈이 무산되고 삼국시대가 전개되었다. 수십 년간 이뤄놓은 업적도 한순간 방심과 속임수에 의해 불타 버린다.

37. 태권도와 신중

신속하고 집중을 다해 … 내 앞의 상대를 격파하라

9월 4일은 태권도의 날이다. 태권도는 필요시 공격을 하지만 원래 마음과 몸을 단련(心身修鍊)하는 것이 목적이다. 발과 주먹으로 내 몸을 방어하고 상대방 공격을 분쇄하는 것이다. 겹겹이 놓인 판자와 벽돌 더미를 주먹과 손으로 산산조각낼 때 고도의 신속함과 집중력이 요구된다.

■ 신중한 군사력 운용

손자병법 제12편 '화공(火攻)'은 불로 공격하는 방법과 전쟁에 대한 신중함을 말한다.

'비리부동(非利不動)하고 비득불용(非得不用)하며 비위부전(非危不戰)이라, 주불가이노이흥사(主不可以怒而興師)요 장불가이온이치전(將不可以慍而致戰)이라.'

이것은 '이익이 안 되거나 얻을 게 없으면 군대를 움직이지 말고, 군주는 자신의 분노 때문에 전쟁을 일으키고 장수는 화가 나서 전투를 하면 안 된다.'는 뜻이다. 慍은 화내는 것이다.

그리고 '합어리이동(合於利而動)이요 불합어리이지(不合於利而止), 노가이부희(怒可以復喜)요 온가이부열(慍可以悅)이라. 망국(亡國)은 불가이부존(不可以存)이요 사자(死者)는 불가이부생(不可以生)이라. 명군(名君)은 신지(愼之)하고 양장(良將)은 경지(警之)니 차안국전군지도야(此安國全軍之道也)니라.'가 있다. 이는 '이익이 될 때만 군대를 움직이고 이익에 부합되지 않으면 중지해야 한다. 노여움은 다시 기쁨으로 바뀔 수 있고, 성냄은 다시 즐거움으로 바뀔 수 있다. 그러나 나라가 망하면 다시 일으킬 수 없고, 사람이 죽으면 다시 살릴 수 없다. 훌륭한 군주는 전쟁을 삼갈 줄 알고 훌륭한 장군은 전쟁을 경계해야 한다. 이것이 바로 나라를 안정시키고 군대를 보존하는 길이다.'라는 뜻이다.

6·25전쟁의 참화를 겪은 우리나라는 1960년대 중반까지 힘겨운 나날을 보내고 있었다. 그 돌파구가 베트남전쟁이었다. 자유수호의 명분과 국가발전 국익을 동시에 가져왔다. 그때 태권도는 잠자고 있던 한민족의 강인함을 일깨웠다.

■ 태권도와 도복 띠

태권도는 삼국시대 이래 전승된 고유 무술인 수박(手搏)과 권법(拳法), 택견이 합쳐져 현대 스포츠로 변모하였다. 택견은 고구려에서 생겼고 다리를 주로 쓰는 싸움 기술인 수박의 한 부류였으며, 신라가 일본 해적의 습격을 자주 받자 고구려는 택견 교관을 지원하였다.

발(跆)은 손(拳)의 3배 위력을 나타내며, 손보다도 앞선 태권도만이 갖는 독특한 무기이다. 8×8m 정사각형 공간에서 주먹과 발차기가 오간다. 태권도의 여러 기술 중 돌려차기는 순간적으로 폭발적인 충격으로 상대 선수를 제압한다.

태권도 수련은 품세로부터 시작한다. 공격과 방어기술을 체계적으로 연결하였다. 태극 1장부터 고려·금강 등 수련 과정을 통해 기본동작에서 특수기술까지 연마한다. 태권도 도복을 여미는 띠는 흰 띠에서 시작한다. 다음엔 노랑·파랑·빨강·검정 띠를 차례차례 따게 된다. 그런데 새로운 띠를 바꾸기보다 층층이 덧대는 것이 필요하다. 한 단계, 한 단계 밟아 오르는 디딤돌 흔적을 늘 되새기는 것이다. 인생도 마찬가지이다.

■ 태권동자 마루치·아라치

베트남전쟁은 태권도 세계화에 결정적 기여를 했다. 1964년 태권도교관단 10명과 의료지원단이 상륙수송함(LST) 북한함을 타고 베트남으로 향하였다. 교관단은 점진적으로 70명까지 증강돼 8개 지구대 45개소에서 지도하였다. 1973년 철수 시까지 유단자 2,981명을 비롯한 30여만 명의 군인과 학생·민간인을 교육하였다. 한국군의 용맹함은 태권도로 연마된 결과임이 전 세계 언론을 통해 보도되었다.

베트남전쟁부터 태권도 세계화 계기…
'한민족의 힘' 일깨워 어린이에게 꿈을,
청년에게 강인함 키워주며 글로벌 스포츠로

전쟁이 끝난 1973년, 태권도를 소재로 한 연속극 '태권동자 마루치 아라치'는 귀를 통해 어린이의 꿈과 용기를 심어 주었다. 다음 해, 태권도는 미국체육회 공인을 받아 국제적 스포츠로 성장하였다. 그 후 1991년 걸프전 파병에서 자이툰부대와 레바논 동명부대 등에 이르기까지, 한국군은 태권도를 통해 현지인에게 가장 가깝게 다가갔다. 어린이에게는 꿈을 심어주었고, 청년들에게는 강인함을 키워주었다.

1988년 서울올림픽 개막식에서 보여준 태권도 시범은 한민족의 강인함을 보여준 드라마였다. 2000년 시드니올림픽 때 28개 경기종목 중 하나로 채택되었다. 한국 전통 스포츠가 세계인의 인정을 받은 것이다. 현재 세계태권도연맹(WTF) 산하 205개 회원국과 7,000만 수련생이 한국 태극기를 앞에 놓고 '태권'이라 경례한다.

38. 윈드서핑·서핑과 오화지변

거센 파도 뚫고 침투해 적진의 목표를 타격하라

피서(避暑)를 위해 수많은 인파가 강과 바다에서 물놀이를 즐긴다. 수상스포츠는 인간이 자연의 에너지를 흡수하는 경우이다. 윈드서핑은 바람을, 서핑은 파도가 발생시킨 에너지와 자연의 힘을 이용하는 스포츠이다. 바람은 화공에서 가장 긴요한 조건이다.

■ 오화지변

손자병법 제12편 '화공(火攻)'에 반드시 다섯 가지 상황 변화에 따라 적절히 반응해야 한다(凡 火攻, 必因五火之變, 而應之)가 있다.

'화발어내(火發於內)면 즉조응지어외(則早應之於外)요, 화발이기병(火發而其兵)이 정자(靜者)는 대이물공(待而勿攻)이요, 극기화력(極其火力)하야 가종이종지(可從而從之)요 불가종이지(不可從而止)'니라.

이것은 불이 적진 내부에서 일어나면 즉시 밖에서 기다렸다 공격한다. 불이 일어났는데도 적이 침착하면 기다리고 공격하지 말아야 한다. 불길이 가장 셀 때 공격할 만한 상황이면 공격하고 그렇지 않으면 공격하지 않는다는 뜻이다.

그리고 '화가발어외(火可發於外)요 무대어내(無待於內)니 이시발지(以時發之)니라. 화발상풍(火發上風)이면 무공하풍(無攻下風)이라. 주풍구(晝風久)면 야풍지(夜風止)니라.'

이것은 불을 밖에서 지를 수 없는 상황이면, 안에서 불을 지르기를 기다릴 필요없이 상황에 따라 불을 지른다. 바람을 등지고 공격하며 바람을 안고 공격하지 않는다. 낮의 바람에 불은 오래 타고 저녁 바람에 불은 오래가지 않는다는 뜻이다. 上風은 적 방향으로 부는 바람, 下風은 아군 방향으로 부는 바람이다. 바람을 이용한 수상스포츠에 윈드서핑과 서핑 등이 있다.

■ 윈드서핑과 서핑

윈드서핑(wind surfing)은 '수상스포츠의 꽃'으로 불린다. 요트의 돛과 서핑보드를 결합한 형태로 돛을 잡고 바람의 강약에 맞춰 균형을 잡으며 세일링한다. 주로 바다에서 즐기지만, 강에서도 즐긴다. 초보자는 불어오는 바람에 의존하지만, 경력자는 세일을 흔들어 바람을 일으키며 속도감을 즐긴다.

처음에는 물에 빠지거나 방향 전환에 어려움이 많다. 여기에 요구되는 근력은 미는 힘보다 당기고 버티는 힘이 중요하다. 좁은 보드에서 오랫동안 균형을 잡고 서 있어야 하므로 하체 근력이 필요하다. 경기는 코스 레이스, 슬라럼, 웨이브 퍼포먼스, 장거리 경주가 있다. 가장 일반적인 코스 레이스는 20km 코스, 7개 마크를 돌고 온다.

서핑(surfing)은 선사시대부터 남태평양에서 시작돼 전 세계 해안에서 즐기는 스포츠이다. 초기 서핑은 보드를 갖고 하거나 없이 하는 경우도 있었다. 서핑의 최적 조건은 넓고 잔잔한 바다가 커다란 파도를 일으키면서 해안에서 90~900m 떨어진 지점에서 선반처럼 생긴 모래톱이나 사주(沙柱)를 만날 때 발생한다. 바다의 바닥 이 해변 쪽에서 급격히 융기(隆起)할 때 발생하는 파도인 덤프가 제격이다.

서핑 때는 2m 내외의 말리부라는 길고 가는 보드를 이용한다. 서핑을 할 때는 두 손을 머리 위로 올리고 몸을 놀려 체중의 균형을 잡으며 속도와 방향을 조절한다. 속도는 빠르고 거리는 짧게 가기 위해 해변까지 직선으로 파도를 타고 나간다. 국제 서핑 경기는 1회 20점, 10회의 서핑을 시도한다. 파도에 올라타기, 몸 비틀기, 서핑 시간, 파도의 난이도 등에 따라 채점한다. 요즈음은 보드 위에 선 채로 패들을 저어 나가는 SUP(stand up paddle)도 있다.

■ 해상침투 기술

수상스포츠는 해상침투 기술로 진화하였다. 주로 특수전 부대는 전투수영이나 동력을 이용한 고무보트를 타고 해상침투를 시도한다. 이를 위해 4km 이상 해안 침투 능력을 배양하는 영법(泳法)훈련이 있다. 그리고 항공기로 1,250피트(381m) 상공에서 낙하산으로 고무보트를 투하한 후 강하한 장병들이 고무보트(IBS)를 타고 적 해안으로 침투하는 'hard duck'이 있다. 또 'soft duck'은 헬기에서 저고도로 이탈해 고무보트로 침투한다. 거센 파도를 뚫고 고속침투해 적진의 목표를 은밀히 타격하기 위한 다양한 전법이 요구된다.

바람을 이용한 수상스포츠, 해상침투 기술로 진화
오늘날 北 공기부양정 위협 현실에 안보 의식 절실

한편, 해상에서 군함을 타격하는 방법도 발전하였다. 태평양전쟁 당시 어뢰를 개조한 자살공격용 병기인 '가이텐(kaiten·回天)'은 1.5t의 폭탄을 탑재하였고, 특공 소함정인 진양(震洋)에는 250kg의 폭탄을 탑재, 적 군함에 돌진해 침몰시켰다.

오늘날 최신예 공기부양정(空氣浮揚艇·air-cushion vehicle)은 더욱 위협적이다. 북한 특수전 부대 30~40여 명이 한 번에 시속 60~70km의 속도로 얕은 강과 갯벌을 질주할 수 있다. 그들이 한강 하구에서 가장 가까운 장산곶 인근에 도사리고 있는 것이 오늘날 현실이다. 무적함대도 돛단배 한 척 공격에 격침된다. 안일한 안보의식이 가장 두려운 위협이다.

제13편 용간
‖ 간첩을 사용하여 정보를 획득하라

39. 유도와 정보

상대를 정확히 알고 싸우면 승리하리라

유도는 1882년 일본 전래 무술인 유술(柔術)을 바탕으로 만들어졌다. 메이지 유신 이래 일본은 서구 근대 스포츠를 자국에 맞도록 재창조하였다. 스모·검도·가라테(唐手)도 서구의 레슬링·펜싱·복싱을 거울삼았다.

■ 용간과 인적정보

손자병법 제13편 '용간(用間)'은 정보의 중요성과 활용법을 말하고 있다.
　명군현장(明君賢將)이 소이동이승인(所以動而勝人)하고, 성공(成功)이 출어중자(出於衆者)는 선지야(先知也)라. 이것은 훌륭한 군주와 현명한 장수가 군대를 움직여 승리를 이루고, 남보다 출중(出衆)한 공을 이루는 것은 전쟁하기 전에 정확히 상대방을 알고 싸우기 때문이다.

용간(用間)은 유오(有五)하니, 향간자(鄕間者)는 인기향인이용지(因其鄕人而用之)니라. 내간자(內間者)는 인기관인이용지(因其官人而用之), 반간자(反間者)는 인기적간이용지(因其敵間而用之)니라. 사간자(死間者)는 위광사어외(爲誑事於外)하고, 영오간지지(令吾間知之)하야 이전어적(而傳於敵)이니라. 생간자(生間者)는 반보야(反報也)니라.

여기에서 향간은 그 지역 사람, 내간은 적의 요직에 있는 사람이다. 반간은 적 간첩을 역이용, 사간은 허위정보를 죽음을 각오하고 유포하며, 생간은 살아 돌아와 보고하는 것이다. 이러한 정보수집은 사소한 단서를 포착하는 첩보수집에서 시작된다. 유도에서 상대방의 띠를 잡는 것이 중요하다. 서로 띠를 쥐려고 실랑이를 하는 과정에서 단 몇 초 만에 미묘한 전술적 첩보를 수집한다. 방어에 들어가는 선수가 어떻게 굽히고 벗어나려고 하는지 허점을 찾아내는 것이다.

서로 띠 쥐려는 유도 과정처럼
상대의 전술적 첩보 수집을 위해,
사소한 단서를 빨리 포착해야

■ 유도와 인적정보

중세 일본에서 무기를 사용하지 않는 격투기 유술이 널리 행해졌다. 갑옷을 입고 벌이는 씨름의 형태로 말과 무기를 잃어도 여전히 싸우려는 사무라이를 훈련시키는 방법에서 진화되었다. 1603년에 도쿠가와 쇼군이 500년간 사무라이 집단을 무장해제하고, 막부시대를 열면서 널리 유지되었다. 1868년 메이지 유신 이후 야구·농구 등과 함께 여기저기 흩어져 있던 유술을 유도로 체계적으로 정립하였다. 전투의 형태인 낙법 기술을 동반하는 메치기, 누르고 목을 조르며 관절을 꺾는 굳히기 등이었다.

시합은 처음에는 메치기와 굳히기에 의한 한판승이었다. 가장 먼저 상대방 무게 중심을 불안정하게 해 균형을 무너뜨리는 '소매와 팔 잡기 싸움'부터이다. 그리고 '지렛대 원리'를 이용, 업어치기 등을 시도한다. 이렇게 쉽게 승부가 나지 않자 절반과 유효라는 더 낮은 점수를 도입해 승부를 결정지었다.

그런데 흰 도복을 입은 선수들의 행위를 구별하기 어려워 선명하게 대비되는 컬러 유도복을 도입하였다. 변화의 요구에 대응했던 것이다. 변화는 첩보수집에서 시작된다. 쓰시마 해전에서 싱가포르에 있던 일본 가정부에 의한 첩보 제공이 기여를 하였다. 발트함대의 숫자와 허점을 파악해 알려줬다. 즉, 인적 네트워크를 통한 정보수집인 휴민트를 활용하였다.

■ 언덕 위의 구름과 쓰시마 해전

1905년 5월 27~28일, 일본 해군과 당시 세계 최강 러시아 발트함대가 쓰시마 앞바다에서 맞붙었다. 러시아 함대는 영일동맹을 맺고 있던 영국의 방해로 수에즈운하를 이용하지 못하였다. 아프리카 남단 희망봉을 돌아 장장 6개월간 항해로 기진맥진하였다. 당시 러시아 해군은 '대함거포(大艦巨砲)', 즉 거대한 대포를 탑재한 몸집이 큰 전함으로 해상에 있는 표적을 일소한다는 생각에 매몰돼 있었다.

> 러시아 발트함대를 무너뜨린
> 일본 해군의 승전사례서 보듯,
> 변화에 따른 적의 허점 노려야

반면 일본은 일찍이 미 해군 마한의 '해양력이 역사에 미치는 영향'을 숙독하고 있었다. 일본 연합함대 사령관 도고 헤이하치로의 참모 아키야마 사네유키 중령은 미국에 유학을 가 마한에게 직접 배웠다. 그리고 러시아 발트함대 격파 계획을 수립하였다. 도고는 함대를 진해만과 대한해협 쪽에 숨겨두고, 발트함대가 쓰시마 해협을 통과할 때 급습해 대승을 거뒀다.

또 영국과 프랑스 등이 포탄의 관통 능력 개량에 주안을 두었지만, 일본은 포탄 폭발력과 화재를 일으키는 성능을 개발하였다. '시모세' 화약은 폭발력이 강해 러시아 군함에 쓰던 부식방지 페인트를 쉽게 화염에 휩싸이게 하였다. 도주한 나머지 전함도 울릉도 앞바다의 2차 해전에서 참패한다.

전투는 단 30분 만에 승패가 갈렸다. 일본은 제국주의 열강 반열에 올라 동아시아 주도권을 장악하였다. 반면 러시아는 볼셰비키 좌파혁명 불길에 휩싸여 소련 붕괴까지 '사회주의 실험 70년' 길을 걸었다. 더구나 대한제국 운명도 끝이 났다.

40. 체조·리듬체조와 신기술 개발

상대 알고 신기술 무장 최후의 승자가 되리라

'뜀틀(跳馬)의 神(God of Vault)'으로 거침없는 도전자 양학선, 그리고 '리듬체조 요정' 손연재의 비상(飛上)은 계속되고 있다. 양학선은 세계기계체조선수권대회 2연패, 손연재는 2013년 6월 아시아선수권에서 사상 최초로 한국 선수가 개인종합에서 금메달을 목에 걸었다. 이 성과는 정보 획득과 신기술 개발에 있었다.

■ 정보 획득과 활용

손자병법 제13편 '용간(用間)'은 정보 획득과 활용의 중요성으로 매듭하고 있다.

유명군현장(惟明君賢將)이 능이상지(能以上智)로, 위간자(爲間者)는 필성대

공(必成大功)이니 차(此)는 병지요(兵之要) 삼군지소시이동야(三軍之所恃而動也)니라.

이것은 '오직 명석한 군주와 능력 있는 리더만이 뛰어난 지략으로 간첩을 운용해 대성공을 거둘 수 있는 것이다. 이것이야말로 병법의 핵심이니 전 군대는 간첩의 정보를 토대로 움직이는 것이다.'라는 뜻이다.

성공하는 조직과 개인은 정확한 정보를 획득하고, 판단하고, 운용하는 일련의 과정을 명확히 이해하고 있다. 단순히 이긴다는 신념이 아니라 미리 상대방에 대해 정확히 알고 전쟁과 경기에 대비하는 것이 최후의 승자가 되는 것이다. 그런데 정보의 수집은 새로운 기술 개발의 원동력이 된다. 체조에서 신기술 개발로 정상을 향해 뛰고 연기하는 양학선과 손연재 선수가 있다.

성공한 조직과 개인은 정확한 정보 획득하고 대비
체조선수 양학선·손연재처럼 신기술 개발도 중요

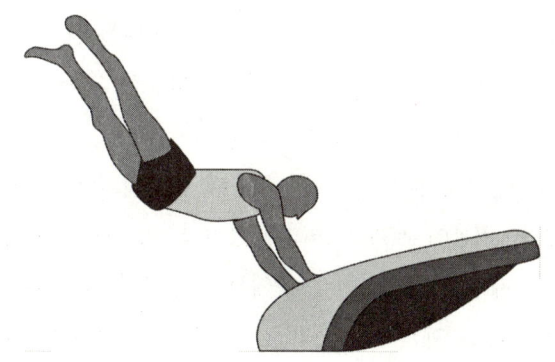

■ 뜀틀의 신 양학선과 체조 요정 손연재

체조(gymnatics)는 운동을 뜻하는 그리스에서 유래하였다. 고대 크레타 섬에서 벌어진 황소 뛰어넘기는 오늘날 도마 종목을 연상시킨다. 안마는 로마 기마부대 군사들이 말에 오르고 내리는 기술과 유사하다. 이러한 기술이 결합돼 중세시대 곡예로 발전하였고, 서커스로 진화하였다.

남녀 모두 도마와 마루운동, 여자는 이단평행봉과 평균대, 남자는 안마·링·철봉·평행봉이 더 있다. 도마는 '도움닫기→발구름→손짚기→공중동작→착지' 순서로 진행한다. 단 5초이다. 마루운동은 70초, 안마는 40초, 링과 평행봉은 50~60초, 철봉은 50초 정도이다. 양학선은 2013년 2월 신기술 '양1'을 공개하였다. 뜀틀을 옆으로 돌면서 짚고 몸을 펴고 공중에서 세 바퀴 반을 비트는 기술이다. 그리고 도마를 옆으로 짚은 뒤 세 바퀴 반을 회전하는 '양2'를 연마하였다. 그의 꿈은 뜀틀의 神이 아닌 체조神이다.

리듬체조는 발레의 딱딱함을 음악과 조합해 율동을 가미하는 스포츠이다. 곤봉·볼·리본·후프 4종목을 모두 완벽하게 연기하는 것은 매우 어렵다. 특히 볼은 한 번 튀어 나가면 연기에 많은 지장을 준다. 손연재 선수는 리듬체조 불모지에서 홀로 새 길을 개척하며 한 계단씩 차근차근 밟아 올라가 시상대 맨 위 자리에 올라섰다.

머리에 곤봉을 얹고 댄스 스텝을 밟을 때 흔들리거나, 손으로 튀긴 볼이 몸에 맞는다. 리본이 제대로 펴지지 않거나, 점프해 후프를 통과한 뒤 후프를 놓치는 때가 있다. 이런 상황에서 순간적인 판단력과 침착한 대처가 중요하다. 볼을 매트에 바운스 시킨 뒤 등과 양팔로 잡고 뒤로 허리재기하는 동작은 단연코 독창적이다.

손연재 선수의 아름다움에 가려져 있는 것이 단체팀이다. 5명은 다섯 손가락이다. 5명 모두 곤봉을 들고 하는 단일 수구(手具) 경기와 리본 3개·볼 2개를 들고 하는 복합 경기를 치른다. 수구를 주고받는 등 모든 안무에서 하나가 되기 위해 고도의 집중력이 필요하다. 한편 트램펄린(trampolin)은 스프링이 달린 매트 위에서 뛰어오르거나 공중회전하는 경기다. 이러한 체조는 끊임없는 기술개발 노력이 요구된다.

■ 적 첩보 획득, 신기술 개발

미국과 소련이 냉전체제에서 첨예하게 첨단무기 경쟁을 벌이던 60년대 중반이다. 소련이 미국 전투기의 선진기술을 알아내기 위해 허위 풍문을 흘렸다. "3억 달러 예산으로 세계에서 가장 큰 제트기 제조공장을 세울 예정이니 미국이 도와주기 바란다. 만약 미국이 원하지 않으면 영국이나 프랑스 같은 나라들과 협상해서 이 사업을 벌여 나갈 것이다."

당시 3억 달러는 천문학적 숫자였다. 소련은 큼지막한 미끼를 던졌고, 미국 보잉 사와 록히드 사는 앞다퉈 경쟁하였다. 보잉 사는 소련 국방성 핵심 담당자를 초청해 만찬을 베풀고, 록히드 사는 그들을 불러 생산기지를 참관시켰다.

그런데 보잉 사는 미국 항공산업의 핵심으로, 이곳의 공개는 미국 공군의 심장을 공개하는 것이나 마찬가지였다. 이때 소련 항공 전문가들은 특수 구두를 신고 작업장에 들어가 비행기 부속에서 깎여 나온 금속가루를 빨아들이는 등 온갖 첩보활동을 통해 비행기 기체를 만드는 특수 합금재료까지 분석하였다.

소련은 그동안 수집한 기밀자료를 바탕으로 유명한 '일루신 제트기'를 만들었다. 1971년 IL-76이 첫 비행을 하고, 1974년 군용기 IL-76M이 소련 공군에 배치되기 시작하였으며, 3년 뒤 민항기 IL-76T가 세계의 하늘을 누비면서 소련 공군은 미국과 대등한 위치를 점하는 계기가 되었다. 미국은 허(虛)를 찔렸다.

2부

챔프,
클라우제비츠에게 길을 묻다

제1편　전쟁의 본질*
On the Nature of War

1. 크로스컨트리와 전쟁 본질

　　　　　설원을 넘는 의지로 적을 쓰러뜨려라

　해마다 소설(小雪)이 지나면 전국 스키장 대부분이 문을 연다. 초보자는 평지에서 걷기와 경사진 곳에서 활주(滑走) 연습부터 시작하듯, 전쟁론 탐구도 전쟁의 본질에 대한 이해부터 시작해야 한다.

■ 전쟁 본질은

　클라우제비츠가 유일하게 완성하였다고 한 부분은 제1편 제1장 전쟁이란 무엇인가? 이다. 여기에는 전쟁의 정의·목적과 수단·우연성, 전쟁과

---

* 전쟁은 정치의 수단이다.

정치의 관계, 전쟁의 삼중성(三重性) 등을 말한다.

특히 그중에서도 그가 내린 전쟁의 정의는 우리에게 잘 알려졌다. "전쟁이란 대규모 결투에 지나지 않는다. 전쟁은 수많은 결투로 이뤄져 있는데 이를 하나의 단위라고 생각하면 결투를 벌이는 두 사람을 떠올리는 것이 좋을 것이다. 두 사람은 각자 물리적 폭력으로 상대방에게 자신의 의지를 강요하려고 할 것이다. 그들의 직접적인 목적은 적을 쓰러뜨리는 것이며, 상대방이 어떠한 저항도 할 수 없게 만드는 것이다. 따라서 전쟁은 나의 의지를 실현하기 위해 적에게 굴복을 강요하는 폭력행위다." 여기에서 전쟁 목적은 적에게 나의 의지를 강요하는 것, 수단은 물리적 폭력, 목표는 적이 저항할 수 없게 만드는 것이다.

이러한 과정을 거치는 동안 극단적 상황으로 치닫는 3가지 상호작용에 마주하게 된다. 양쪽이 무제한으로 폭력을 행사하고, 서로 상대방을 쓰러뜨려 자신의 뜻을 상대방에게 강요하며, 양쪽이 갖고 있는 병력을 서로 최대한 늘리려고 노력하는 현상이다. 이것은 크로스컨트리 코스에서 각종 상황을 극복해 가는 것과 유사하다.

■ 크로스컨트리는 스키 마라톤

크로스컨트리는 말 그대로 눈 덮인 야지를 횡단하는 스키의 마라톤이다. 선사시대부터 시작된 가장 오래된 동계스포츠이다. 노르웨이와 핀란드 등 스칸디나비아 반도 지역에서는 오랫동안 나무로 된 널빤지에 발을 고정시켜 타고 다녔다. 1930년대 러시아에서 6,000여 년 전 벽화에 사냥꾼들이 스키를 타고 순록을 쫓는 그림이 발견되었다. 우리나라에도 겨울철 스노우 슈즈인 설피(雪皮)가 있다. 이는 아이젠으로 진화하였는데, 카프카즈 지방 원주민들이 가죽 밑창에 쇠 징을 박은 신발을 신은 데서 유래되었다.

스키가 스포츠 형태를 갖춘 것은 1767년 노르웨이 군인들이 스키대회를 열면서부터이다. 동계올림픽에는 1924년, 남자 18km와 50km 경기만 열렸다. 주법(走法)은 클래식과 프리스타일이 있다. 클래식은 스키가 평행을 이룬 상태에서 앞뒤로 스키를 움직여 나간다. 프리스타일은 스키를 좌우로 지칠 수 있는데, 클래식에 비해 짧고 폭이 좁은 스키를 이용하므로 클래식보다 빠르다.

주요 종목은 개인과 팀 스프린터·추적·릴레이 등이 있다. 개인 스프린터는 클래식 주법만으로 타는 남자 1.4km, 여자 1.2km 코스가 있다. 팀 스프린터는 2명이 한 조로 6개 구간 코스를 번갈아 가며 탄다. 추적(追跡)은 남자 30km·여자 15km로, 절반은 클래식 주법으로 반환점에서 스키와 폴을 바꾼 뒤 프리스타일 주법으로 달린다. 릴레이는 남자 40km·여자 20km로, 각 4명이 한 조를 이뤄 처음 2명은 클래식 주법으로, 나중 2명은 프리스타일 주법으로 달린다. 험준한 알프스를 크로스컨트리 해서 승리한 한니발과 나폴레옹이 있다.

■ 한니발, 알프스를 넘다

로마와 카르타고는 지중해 패권을 둘러싸고 3번 전쟁을 치렀다. 결과는 로마의 2승 1패. 2차 포에니 전쟁(B.C. 219~201)은 카르타고 한니발의 완승이었다. 로마연합은 이탈리아 반도 북쪽을 제외하고 동·서·남으로는 접근이 불가능하였다. 따라서 약관 29세 한니발은 당시 누구도 생각하지 못한 알프스 횡단을 위해 B.C. 218년 5월, 5만 9,000명 원정군을 이끌고 카르타헤나를 떠났다. 피레네산맥과 론강을 건넜다. 그는 정보를 통해 이탈리아와 프랑스 쪽에 사는 갈리아인들이 가축을 데리고 알프스를 왕래하고 있다는 사실을 알고 있었다.

현재 추정하는 알프스 횡단 루트는 2개이다. 로마 역사가 리비우스 주장은 프랑스 그로노블에서 정 동쪽으로 1,854m 몽주네브르를 지나 토리노 방향이다. 다른 루트는 그리스 역사가 폴리비오스의 설로 그로노블에서 몽블랑 산 남쪽 2,188m 피콜로산베르나르드 고개를 거쳐 토리노로 향했다는 것이다.

한니발군이 9월 보름 동안 알프스를 넘어 이탈리아 땅에 도착한 병력은 보병 2만 명과 기병 6,000명, 코끼리 30마리였다. 뒤에 남긴 전사자만 3만 3,000명이었다.

이러한 많은 희생에도 불구하고 트레시메노 호수 전투(B.C. 217. 4. 19)와 오판토 강 인근 칸나에 전투(B.C. 216. 8. 2)를 통해 승리를 장식하였다. 그 후 160년 뒤 율리우스 카이사르도 대군을 이끌고 이탈리아에서 프랑스 쪽으로 넘었다. 또한 1800년 5월 나폴레옹군 4만 명이 알프스를 넘어 마렝고 전투에서 승리를 거뒀다. 이들이 남긴 "불가능은 없다. 단지 불가능하다고 의심할 때 이뤄지는 것은 없다."는 21세기에도 여전히 유효하다.

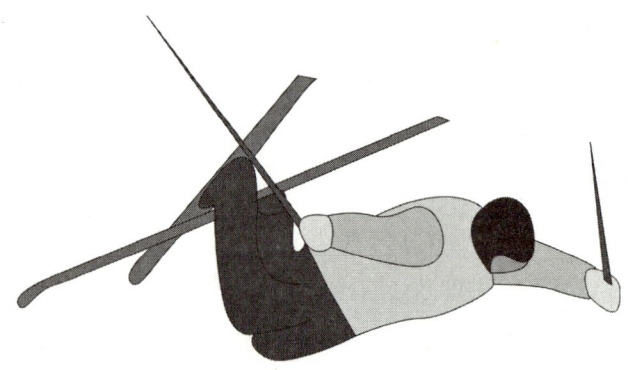

2. 프리스타일과 전쟁 속성

전쟁은 수시로 변하는 카멜레온

알파인 스키가 속도를 다투는 육상이라면, 프리스타일 스키는 공중묘기를 펼치는 설원(雪原)의 곡예로 예술성을 겨루는 스키 체조이다. 스키를 신고 공중묘기와 착지, 거리의 삼중성으로 승부를 겨룬다.

■ 전쟁 삼중성

클라우제비츠가 13세 되던 해 1793년, 첫 전쟁 경험을 한다. 그해 겨울 라인 강 서쪽 라인란트 지역을 침공한 프랑스군을 격퇴하는 전투에 참전하였다. 이 경험은 전쟁론 제1편 1장 이론을 위한 결론에 고스란히 녹아들었다.

"전쟁은 정말 카멜레온 같다. 왜냐하면 전쟁은 각각의 구체적인 경우마다 자신 특성을 조금씩 바꾸기 때문이다. 또한 전쟁은 전쟁의 전체 현상에 따라, 그리고 전쟁에 널리 퍼져 있는 경향과 관련해서 볼 때 기묘한 삼중성(三重性·trinity)을 띠기도 한다. 삼중성은 다음 세 가지로 이뤄져 있다. 첫째, 전쟁의 요소인 증오와 적대감의 원초적 폭력성인데 이는 맹목적 본능과 같다. 둘째, 개연성과 우연의 도박인데, 이것은 전쟁을 자유로운 정신활동으로 만든다. 셋째, 정치적 도구라는 종속성인데 이로 말미암아 전쟁은 순수한 이성의 영역에 속하게 된다."

카멜레온은 일종의 도마뱀으로 고대 그리스어의 땅위(khamai)와 사자(leon)를 뜻한다. 청각이 무뎌 자신을 방어하기 위해 위협을 받으면 검은색으로 변화시켜 죽은 척하고 움직이지 않는다. 그리고 주변 색깔이나 감정 등에 맞춰 색을 수시로 바꾼다. 클라우제비츠가 전쟁 특성을 카멜레온에 비유한 것도 이런 까닭이다. 삼중성은 국민, 최고 지휘관과 군대,

정부로 연계된다. 프리스타일 스키도 크로스컨트리 스키에서 벗어나 모굴과 에어리얼 등 3가지 형태를 혼합해 경기한다.

■ 프리스타일 진화

프리스타일 스키는 속도와 기술에 중점을 둔 알파인 스키보다 더욱 박진감 넘치는 스키로 1950년대 미국에서 인기를 끌었다. 스키와 공중묘기가 합쳐져 있고, 음악이 동반되는 젊은이의 상징과 같은 스포츠이다. 프리스타일에서는 공중에서 움직임을 감안해서 알파인 스키보다 짧고 가벼운 스키를 사용한다. 모굴(Mogul) 스키는 슬로프 상단과 중간에 인위적으로 설치된 2개 점프대에서 음악에 맞춰 점프 기술을 구사한다. 모굴은 여러 사람이 눈 위에서 스키를 타는 동안 패인 눈이 한 곳으로 쌓여 울퉁불퉁하게 된 눈더미를 말한다.

에어리얼(Aerial)은 내려오는 가속도에 의해 회전하거나 공중 비틀기 등 묘기를 펼쳐 가장 흥미롭다. 최대 5바퀴를 회전하고 몸을 옆으로 비트는 묘기를 펼치기도 하는데, 공중 3바퀴를 도는 '콕(cork) 1080' 등이 있다. 모굴과 에어리얼은 공히 속도와 회전의 예술성, 난이도와 착지 등으로 평가받는다.

스키 크로스(Ski Cross)는 설원의 쇼트트랙으로 4명이 출발해서 순위를 가리는데 유일하게 기록을 따지지 않는다. 빠른 질주와 몸싸움을 하면서 6번 점프한다. 소치올림픽에 정식 종목이 된 스키 하프파이프(Half- pipe)는 파이프관을 반으로 자른 듯한 유(U)자 모양 구조물에서 점프 기술로 승부를 가른다. 스키 슬로프 스타일(Slope Style)은 슬로프를 내려오는 동안 여러 가지 도약대와 장애물을 이용해 다양한 묘기를 연출한다. 프리스타일의 진화처럼 클라우제비츠 전쟁 경험은 소부대 전투에서 대규모 전역(戰域)으로 확대되었다.

■ 클라우제비츠 전쟁 경험

1789년 프랑스 혁명으로 등장한 공화정은 기존 군주제의 인접 국가들과 충돌을 야기하였다. 유럽 열강의 대프랑스 동맹은 1792년 제1차 동맹에서 1815년 제5차 동맹까지 이어졌다. 프로이센과 오스트리아가 빈 협정을 체결하자, 프랑스는 1792년 4월 오스트리아에 전쟁을 선포하였다. 그러자 9월 프로이센군이 파리 동쪽 발미까지 진격하였으나 전염병으로 고통 받자, 프랑스군은 반격에 나서 라인란트까지 진출하였다. 프로이센군은 반격에 나섰고, 이때 클라우제비츠 연대가 전투에 참가하였다. 그의 연대는 1794년 7월 마인츠를 재탈환한 다음, 보스게스 산맥 남쪽으로 진격해 주로 분견대에 의한 매복과 습격작전을 전개하였다.

1795년 소위로 임관한 클라우제비츠는 프로이센이 프랑스와 바젤조약(Peace of Bazel)을 맺자 프로이센으로 돌아왔다. 이 조약으로 라인 강 서쪽 라인란트 지역은 프랑스에 합병되었다. 프로이센은 이로부터 11년 동안 중립을 지키다가 1806년 예나 전투에서 프랑스군으로부터 대참패를 당하였다. 그의 프랑스군과의 첫 전투 경험은 전초전(前哨戰)과 소부대 전술에 대한 이해를 충족시켰다. 그 다음 몇 년 동안 요새방어부대에서 근무하면서 대위로 진급하였다. 이때 그는 초급장교와 부사관 등을 위해 연대 내에 개설된 교육과정에서 군사학과 역사·문학 등 연구로 역량을 다진 후 1801년 3월 베를린 전쟁학교에 입학하였다.

3. 스키점프와 삼위일체

국민·군대·정부 하나 되어야 전쟁 승리 달성한다

하늘을 가로지르는 인간 새들의 스포츠 스키점프. 척박한 스키 환경에서 2009년 영화 〈국가대표〉를 통해 잘 알려져 있다. 높이 나는 즐거움과 함께 위험도 도사리고 있는 스키점프에서는 활강, 도약과 비행, 착지의 삼위일체가 이뤄져야 한다.

■ 국민, 군대, 정부

클라우제비츠는 전쟁 삼중성을 증오와 적대감의 원초적 폭력성, 개연성과 우연의 도박, 정치적 도구라는 종속성으로 표현하였다. 그는 프랑스군 포로 생활, 러시아군 복무 경험 등 전장 체험과 역사적 고찰을 통해 전쟁의 삼중성은 국민·정부 등과 관련된다고 하였다. 즉, '전쟁이 갖고 있는 증오와 적대감의 원초적 폭력성은 곧 맹목적 본능으로 국민과 관련되며 열정의 문제이다. 그리고 전쟁 개연성과 우연의 도박은 자유로운 정신활동으로 최고 지휘관과 군대와 관련되는데, 용기와 재능이 발휘되는 범위이다. 또한 정치적 도구라는 종속성은 순수한 이성의 영역으로 정부와 관련되며 정치적 목적이다.'라고 하였다.

전쟁 삼중성은 삼위일체(三位一體)인 국민·군대·정부로 연결돼 오늘날 많은 학자에 의해 사례연구 기준이 되고 있다. 레이건 행정부 시절 국방장관을 지낸 캐스퍼 와인버거는 1984년 11월 해외주둔 미군들의 행동강령을 발표하였다. '그 전쟁에 의해 이루려는 것이 무엇인지, 또한 그 전쟁을 어떻게 수행할 것인지를 자신의 마음속에서 분명히 하지 않는 한 그 누구도 전쟁을 해야 한다는 생각을 가져서는 안 된다.' 정치지도자는 전쟁 목적을 설정하고, 군대는 그 목적을 달성해야 한다는 의미다. 스키점프에서도 도약과 비행에 대한 모습을 확실히 그려야 한다.

■ 스키점프

스키점프는 19세기 초반 나타나기 시작해 1862년 노르웨이에서 처음으로 대회가 열렸다. 점프대 길이에 따라 노멀힐(normal hill)과 라지힐(large hill)로 구분된다. 노멀힐은 K-95, 라지힐은 K-125이다. K는 임계점(臨界點)으로 독일어 크리티슈 포인트(kritisch point)의 약자이다. 95는 비행 기준 거리가 95m로 이 거리를 비행하면 기본점수 60점을 받는다. 기준을 넘기면 1m당 2점 가산, 넘기지 못하면 1m당 2점 가감된다. 라지힐에서는 125m 기준으로 1.8점씩 가감되며, 4명이 한 조가 되는 라지힐 단체전이 있다.

선수들은 바람 저항을 줄이기 위해 몸을 웅크리고 활강한 후 도약한다. 비행을 할 때는 대개 몸을 최대한 앞으로 기울이고 스키 앞을 벌려 'V'자를 만든다. 이 기술은 1985년 스웨덴 얀 보클뢰브가 처음 선보였는데, 최대 10%까지 비행 거리를 늘릴 수 있다. 착지할 때는 충격을 줄이기 위해 두 팔을 수평으로 벌리고 한쪽 무릎을 살짝 굽혀야 한다.

영화 〈국가대표〉는 선수 5명이 열악한 환경 속에서도 2003년과 2009년 동계 유니버시아드 등에서 금메달을 획득한 스키점프 대표팀을 소재로 삼아 국민에게 감동을 주었다. 빈약한 경기장 시설, 변변치 못한 예산 지원, 절대 부족한 등록선수 때문에 세계 수준과는 많은 차이가 있지만, 열악한 환경만을 탓할 수는 없다. 미국의 엄청난 병력과 화력에 맞서 북베트남은 국민·군대·정부가 삼위일체 되어 전쟁에서 승리할 수 있었다.

■ 베트남전쟁과 삼위일체

　2013년 10월 4일, 동양의 나폴레옹 보 응우옌 잡 장군이 향년 102세로 사망하였다. 그는 최강국 프랑스·미국·중국을 상대로 3전 전승하였다. 이른바 적이 원하는 시간과 장소, 방법으로 싸우지 않는 '三不戰略'으로 승리를 이끌었다. 그런데 그보다도 호찌민과 국민이 있었다. 호찌민은 파리에서 프랑스 레지스탕스, 중국에서 마오쩌둥 홍군의 게릴라전 등을 직접 체험하였다. 베트남전쟁이 한창이던 1969년 9월 3일, 사망 전 남긴 한마디는 '단결', 유산은 자유와 독립이었다. 그 후 북베트남은 권력 투쟁으로 분열하지 않고 레 두안 중심 11명 집단 지도체제가 전쟁을 이끌었으며, 중국과 소련을 오가며 최대한 군사적 지원을 받아내었다.

　그리고 캄보디아와 라오스 국경을 연해 1만 3,000㎞ 호찌민 루트를 지킨 정예 지상군 2만 5,000명이 있었다. 이들을 지원한 병력은 정규군 남성이 아니었다. 대부분 15세 이상 여성 5만여 명으로 구성된 대미민족구원 청년유격대였다. 미 공군의 수백만 톤 폭격을 무릅쓰고 3년 동안 도로보수를 전담하였다.

　한편, 베트남전쟁에 참전했던 전 미국 국무장관 콜린 파월은 국립군사대학에서 "클라우제비츠가 내 직업에서 가장 위대한 교훈을 준 것은 군인이 아무리 애국심과 용기와 전문성을 가졌더라도 그는 단지 삼각대 다리 하나에 불과하다. 군대와 정부와 국민이라는 세 개 다리가 받쳐주지 않는다면, 전쟁이라는 과업은 제대로 수행할 수 없다."고 하였다. 미국은 베트남에서 그렇게 하지 못한 것이 가장 큰 실수였다.

4. 노르딕복합과 전쟁목적 및 수단

전쟁에서 승리하기 위해 敵 의지부터 꺾어라

노르딕 복합은 스키 기본인 크로스컨트리에 스키점프 묘미를 더해 동시에 치르는 경기이다. 크로스컨트리를 통해 눈 위를 빨리 가는 것이 목적이라면, 스키점프는 빨리 가기 위한 수단으로 볼 수 있다. 전쟁목적과 수단도 이와 같다.

■ 전쟁목적과 수단

전쟁론 제1편 제2장은 제1장 전쟁의 본질적 삼중성이 전쟁목적인 적에게 나의 의지를 강요하고, 수단인 물리적 폭력에 미치는 영향을 말한다. 먼저 전쟁목적 달성을 위한 목표로서 적이 저항하지 못하게 적 전투력을 파괴하고, 영토를 점령하며, 전쟁 의지를 꺾는 것이다. 또한 전쟁의지 제압을 위해 주변국과의 동맹관계를 허무는 것이 적의 전투력을 쓰러뜨리는 것보다 목표 달성의 지름길이다. 손자병법 '벌교(伐交)'와 같다.

그리고 전쟁목표 달성을 위한 전쟁수단인 물리적 폭력은 전투(combat)라는 구체적인 형태로 나타난다. 이것은 적의 전투력 파괴, 지역 점령, 적군 지역의 단순한 침략과 점령, 직접 정치적 관련성을 갖는 작전으로 적의 공격을 소극적으로 기다리는 것이다. 또한 전투는 모두 전투력을 통해서 발생한다. 전투력을 사용하기 위한 수단은 전투력 양성과 유지, 사용 등 모두 전쟁활동과 연계된다.

이러한 전쟁목적과 수단에 대한 클라우제비츠의 성찰은 나폴레옹 전쟁을 목격하고 분석해 얻은 이론과 실제 사이의 대화로부터 그 힘을 얻고 있다. 그 핵심은 고삐 풀린 폭력과 전투였다. 이 개념들은 제4편 전투와 제5편 전투력에서 상세하게 언급되어 있다. 스키에서도 두 개 형태가 혼합된 노르딕 복합이 있다.

■ 노르딕 복합

노르딕(Nordic)이란 북쪽의 뜻이 나타내듯이 스칸디나비아 반도의 노르웨이와 스웨덴 등에서 즐기는 스키 형태이다. 노르딕 복합(Nordic Combined)은 1892년 노르웨이 오슬로에서 열린 한 스키 페스티벌에서 등장하였다. 개인 종목은 스키점프 노멀힐(K-95)에서 두 번 점프하고, 라지힐(K-125)은 한 번 점프 후 이어서 크로스컨트리 10km를 달린다. 스키점프 점수가 높은 선수부터 출발한다. 단체 종목은 팀당 4명이 라지힐에서 두 번 점프 후, 이어서 각각 5km 릴레이를 펼친다.

걸프전 사막의 폭풍작전에서 미 제7군단은 크로스컨트리로 이라크군을 우회기동하였고, 제18공정군단은 스키점프로 이라크 남부 주요거점 알 나시리야를 점령하였다.

■ 사막의 폭풍작전

　1971년 8월 11일, 베트남전쟁에 참전하였던 미군의 마지막 전투부대가 철수하였다. 사실상 패배였다. 미군은 서가에 있던 손자병법을 꺼내 모든 군사학교에서 가르쳤으며, 전쟁론 재해석을 통해 군사교리 발전과 실전에 적용 방안을 모색하였다. 그로부터 20년 후, 1991년 미국 부시 대통령은 이라크가 점령한 쿠웨이트를 회복하기 위해 걸프전을 개시하면서, 국민과 정부 및 군대의 삼위일체 조성 노력을 기울였다. 국제적 지지로 유엔으로부터 6·25전쟁 후 두 번째로 유엔 다국적군을 파병하였다. 그리고 의회로부터 무력사용을 사전 승인받았으며, 현장 지휘관인 슈워츠코프 장군에게 군사작전 지휘권을 위임하였다. 이때 참전 장병들은 90페이지 영역 손자병법을 휴대하였다.

　슈워츠코프는 사막의 폭풍작전(operation desert storm)에서 이라크군이 저항하지 못하게, 전쟁목표 중 전쟁의지를 꺾는 것을 가장 우선하였다. 지상작전 개시 전에 공중공격을 통해 이라크군 지휘통제 시스템과 방공망 등을 무력화하였다. 지상작전은 불과 100시간. 미 해병대와 아랍 연합군이 쿠웨이트 국경 남쪽에서 이라크군을 고착시키는 동안, 미 제7군단은 우회 기동하고 제18공정군단은 이라크 내 알 나시리야를 차단하였다. 적의 저항의지를 먼저 제압했던 것이다. 나시리야는 남부와 북부를 잇는 교통의 요충지로 2003년 이라크전쟁 때도 미 제1해병원정기동군과 이라크군이 치열한 전투를 벌였다. 그리고 우리나라 서희·제마부대가 파병되어 인도적 지원 활동을 펼친 곳이기도 하다.

5. 스노보드와 전쟁천재

리더의 강한 의지력이 전쟁의 승리 이끈다

스노보드가 스틱에 의존한 고전적 스키에서 벗어나 널빤지 하나 위에서 즐기듯, 모두가 자신의 분야에서 천재적 혜안(慧眼)을 갖도록 생각의 나래를 펼쳐보자.

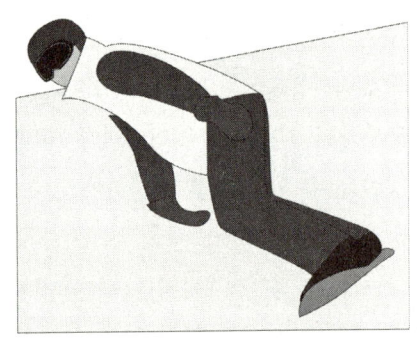

■ 전쟁천재의 자질

전쟁론 제1편 3장은, 전쟁 수행을 위해 이성과 감성의 독특한 자질을 갖춘 전쟁천재(On Military Genius)를 말한다. 오늘날 전쟁천재는 대통령 또는 군사지휘관과 제대별 리더 등 범위가 넓혀져 이해되고 있다. 클라우제비츠는 '전쟁천재의 본질은 많은 힘들을 조화롭게 연합하는 것이다. 그리고 전쟁은 불확실한 안갯속에 둘러싸인 위험한 세계이므로 냉철한 이성과 용기가 필요하다. 이성은 정신을 진실로 이끄는 내면적 불빛으로 통찰력, 용기는 내면적 빛을 따르는 결단력이다. 또한 전쟁은 육체적 긴장과 고통이 따르는 영역이므로 강한 체력과 정신력이 필요하다.'고 했다. 이러한 요소를 갖춘 전쟁천재가 전쟁의 위험과 육체적 고통, 불확실성과 우연을 극복할 수 있는 것이다.

그리고 전쟁천재는 '매우 강렬한 마음의 동요에도 불구하고 균형을 유지하며, 가슴 속에 휘몰아치는 강한 비와 바람에도 불구하고 통찰력과 확신을 가져야 한다. 이것은 나침반 바늘이 폭풍우로 흔들리는 배를 정확하게 항해할 수 있도록 해주는 것과 같다.'고 하였다. 즉 리더의 강한 의지력이 전장에서 많은 힘을 조화롭게 합치고, 장병들의 사기를 충천시키며 승리에 대한 확신을 가져오는 것이다. 스노보드에서도 엄청난 높이로 몸이 공중으로 솟구치는 순간 냉철한 이성과 용기가 필요하다.

■ 스노보드와 스릴

스노보드(snow board)는 1960년대 미국 산악지방에서 시작되었는데, 눈 속에서 사냥을 하던 사냥꾼들이 산에서 내려오기 위해 막대와 끈을 앞부분에 부착한 판을 사용하였다. 그리고 당시 스키의 불편함을 해소하고 서핑을 스키에 접목해보려는 노력에서 널빤지를 이용하였다. 또한 한 미국인이 그의 딸이 쉽게 스키를 탈 수 있도록 스키 2개를 나란히 붙여 볼트로 고정한 스너프를 타고 눈 위를 달리게 하였다고 한다.

그 후 1970년대 중반, 스케이트 선수 톰 심스가 보드에 바인딩을 부착한 스노보드를 제작하였다. 경기 종목은 슬로프 스타일과 파이프 스타일이 있다. 슬로프 스타일은 슬로프를 내려오는 동안 여러 가지 도약대와 장애물을 이용해 다양한 묘기를 연출한다. 스노보드 크로스는 여러 가지 장애물이 설치된 경기장을 4명의 선수가 동시에 출발한다. 이외에도 2명이 동시에 출발해 내리막 750m에 33개의 깃발을 돌아내려 오는 평행 대회전(parallel giant slalom), 평행 스페셜슬라롬 등이 있다.

파이프 스타일은 U자형 반원통 경기장 하프파이프(half pipe)안에서 이뤄진다. 규격은 높이 6.7m, 직경 12~40m, 경사도 15도를 유지해야 한다. 슬로프 가속력과 반동력을 이용해 양쪽 벽을 오가며 점프와 3회전 공중회전(1080) 등 고난도 기술을 보인다. 선수들은 6~8번 점프를 하면서 한 손으로 보드를 잡고 공중에 뜨는 에어 기술, 공중 3회전 등 다양한 기술을 펼친다. 스노보드는 스틱이 없이 보드 하나로 몸으로만 균형을 유지하면서 슬라이딩을 하므로 스릴과 공포감이 함께 한다. 이라크 후세인 정권에 대한 응징도 이라크 핵심부를 향한 충격과 공포의 작전으로 도약하였다.

■ 이라크전쟁 및 충격과 공포의 작전

부시 대통령이 자신의 정책목표를 통해 이라크전쟁은 민주주의를 진전시키는 데 활용되어야 한다고 한 것은, 클라우제비츠가 말한 전쟁은 정치의 수단임을 적용한 사례로 볼 수 있다. 2003년 2월, 12년 전 걸프전에 비해 7배 충격 효과에 달하는 '충격과 공포(shock and awe)'의 공중폭격에 이어, 3월 20일 이라크 남부에서부터 집중적인 전차공격이 개시되었다. 미군 25만 명과 영국군 5만 명 등 30만여 명의 지상작전은 곧바로 적 중심부 바그다드를 향해 질주하였다. 전쟁의 목적은 이라크 군사력 파괴가 아닌 이라크 정권 교체였다. 따라서 목표는 대규모 교전을 벌이기보다는 이라크 방어진지를 우회하고 빠른 속도로 진격해 바그다드를 점령하는 것이었다.

다국적군은 이라크 공화국 수비대 40만여 명의 저항보다는 맹렬한 모래바람과 맞서야 했다. 미 제101공수사단이 나시리야에서 이라크군을 고착할 때, 미 제3기갑사단이 카르발라를 경유, 바그다드에 진격하였다. 이로써 우려하였던 바그다드의 스탈린그라드화는 실현되지 않았다. 이것은 사전 침투한 미 중부특수전사령부 예하 5개 특전단과 델타포스·영국군 SAS 등 2만여 명 특수부대가 이라크군 핵심표적 첩보수집과 무력화가 있었기 때문이다. 결국 4월 9일 12m 후세인 동상은 파괴되었고 5월 1일 부시는 페르시아만에 정박한 항공모함 에이브러햄 링컨호에서 종전 선언을 하였다.

6. 바이애슬론과 지형 안목

지형을 파악하고 표적을 노려라

특전용사들의 설한지(雪寒地) 극복훈련에서 늘 빠지지 않는 장면은 스키와 사격훈련이다. 숨 가쁜 호흡을 가다듬고 표적을 제압하는 과정에서 상황 판단과 지형을 보는 안목이 필요하다.

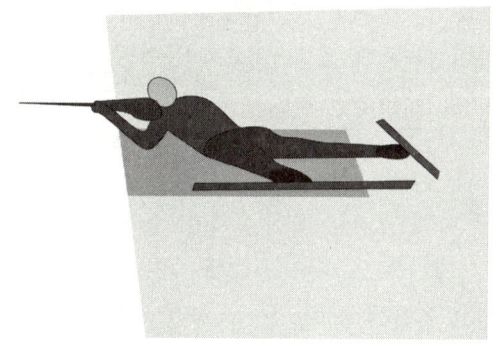

■ 전쟁 통찰력

전쟁론 제1편 3장은 전쟁천재(On Military Genius)의 자질로 냉철한 이성과 감성뿐만 아니라 지형을 보는 안목을 말한다. 클라우제비츠는 '전쟁과 지형과의 관계는 끊임없이 존재하고 있다. 이 관계는 모든 전투력 활동을 제한하거나 때때로 완전히 바꿔 놓기 때문에 결정적으로 중요하며, 크고 작은 모든 공간을 포괄한다.'고 하였다.

이것은 전쟁천재, 즉 최고 지휘관은 좁은 지역에 대한 방향감각(sense of locality)과 나라 전체의 지형지물에 대한 이해와 상상력을 모두 갖춰야 함을 말한다. 여기에서 눈으로 본 현실을 바탕으로 나름대로 상상력에 의한 영상(映像)을 그려내야 한다. 즉 마음속에서 그린 지도나 그림이 되게 해야 한다. 독도법에서 지도를 보면 새소리와 물소리가 들려야 하는 것과 같은 원리이다.

그리고 '전쟁을 승리로 이끌기 위해서는 높은 수준의 국가정세에 대한 뛰어난 통찰력이 필요하다. 이러한 점에서 전쟁은 정치와 합쳐지며 최고 지휘관은 동시에 정치가가 된다. 그는 국가정세의 모든 측면을 한눈에 파악하고 있어야 하며, 자기 수중에 있는 수단으로 무엇을 이룰 수 있는지 정확히 의식하고 있어야 한다.'고 하였다.

이것은 비록 정치가나 최고 지휘관뿐만 아니라 모두에게 요구되는 것이기도 하다. 바이애슬론에서도 스키로 이동하면서 표적을 제압하기 위해 끊임없이 상황을 파악하고 있어야 한다.

■ 바이애슬론

바이애슬론은 그리스어로 바이(bi) '2개', 애슬론(athlon)은 '경기'를 뜻한다. 스키와 사격이 결합한 종목으로, 18세기 후반 노르웨이와 스웨덴 국경에서 양국 국경수비대가 펼친 경기에서 유래되었다. 경기는 남자 기준으로 10km스프린트, 20km개인, 12.5km추적, 15km단체, 팀당 4명의 30km계주가 있고 혼성 계주는 남자 2명 15km와 여자 2명 12km가 있다.

선수들은 등에 3.5kg의 총을 메고 스키를 타고 달리다가 사로(射路)에 도착한다. 턱까지 차오른 숨을 삼킨 후 사격은 쉽지 않다. 사격 자세는 엎드려 쏘기(復射)와 서서 쏘기(立射)로 나뉜다. 10km스프린트는 3.3km 코스를 3바퀴 돌면서 복사와 입사 순으로 사격을 한다. 한 번 사격 시 5개

표적을 실탄 5발로 명중시켜야 하며, 명중시키지 못한 표적 숫자만큼 150m를 더 돌아야 한다. 20km개인은 출발점에서 4, 8, 12, 16km 지점에 정해놓은 4곳에 멈춰 서서 100~250m 떨어진 표적을 향해 5발을 쏜다. 12.5km 추적은 2.5km를 5바퀴 돌면서 주행 중 복사 두 번, 입사 두 번씩 사격한다.

계주는 4명의 선수가 릴레이를 펼치며 2번 사격한다. 이때 각 선수는 7.5km마다 두 번씩 사격을 하는데 첫 번째 표적 30㎝ 5개는 서서, 두 번째 표적 10㎝ 5개는 엎드려서 쏜다. 개인 종목은 놓친 사격 발수만큼 기록에 1분 가산된다. 소련군 침공에 핀란드군은 바이애슬론으로 맞섰다.

■ 핀란드 전쟁과 타산지석

스탈린은 독일과 폴란드를 분할 점령해 완충지대로 삼았으나, 독일의 위협에 대응하기 위해 더 많은 지역이 필요했다. 이에 따라 소련은 핀란드의 항고(hanko) 항구 조차(租借)와 핀란드 만 4개 섬 할양(割讓) 등 요구 거부를 트집 삼아 1939년 11월 30일 전격 침공하였다. 소련군 100만 명과 탱크 1,000대, 항공기 800대의 압도적 군사력은 핀란드를 쉽게 점령할 것으로 예상하였다.

비록 핀란드군 30만 명은 구식 무기로 무장하였으나, 자연환경을 최대한 이용하였다. 핀란드군 총사령관 만넬하임은 울창한 산림과 산재한 호수 및 늪지대를 이용, 예가 카렐리아 지협에 효과적인 방어선을 구축하였고, 조각내기(motti) 전술로 소련군 1개 사단을 10개의 포위망으로 조각낸 뒤 각개 격파하였다. 소련군 1차 공격은 처참한 패배였다. 비록 소련군의 2차 공격으로 핀란드는 항복하였으나, 압도적으로 우세한 적에 대해 성공적으로 방어하였던 핀란드군은 많은 교훈을 주고 있다.

핀란드는 소련의 공격을 예상하고 모든 자원과 인력을 동원해 총력전을 펼쳤다. 이에 반해 소련군은 적을 경시하고 산악 동계전투 준비를 소홀히 하였다. 그런데 핀란드 전쟁 교훈은 소련군에게 독일군의 모스크바 공격 시 전화위복이 되었고, 독일군은 소련군의 과오를 반복하였다. 역사의 교훈을 살펴보지 않은 탓이다.

7. 봅슬레이와 전쟁위험 및 육체적 고통

용기는 전쟁위험을 물리치고
정신력은 육체적 고통을 극복

눈과 얼음 위를 즐기던 사람들은 점점 빠른 속도를 원하였다. 바로 레일 위 경기인 봅슬레이, 루지, 스켈레톤이다. 그 중 봅슬레이는 약 1,500m 트랙을 최고 150km 속도로 내려온다. 원통형 썰매 안에 앉은 채 타는데 무거울수록 가속도가 붙어 유리하지만, 위험 또한 뒤따른다. 브레이크 없는 질주이다.

■ 전쟁의 위험

전쟁론 제1편 4장부터 7장까지는 제3장 전쟁천재에서 언급한 전쟁 속성인 위험·육체적 고통·정보·마찰을 차례대로 말한다. 클라우제비츠는

12세 어린 나이부터 전쟁 공포를 체험하였기 때문에 전쟁이 어떤 것인가를 잘 알고 있었다. 그는 예나에서 프랑스군에게 포로로 잡히기도 하였고, 나폴레옹 군대와 러시아 황제 군대가 대대적인 결전을 벌였던 보르디노에도 있었다. 또 역사상 가장 참혹하였던 베레지나강 전투에도 참전하였는데, 그곳에서는 수천 명 프랑스군이 코작 기병대 말발굽에 깔려 죽었다. 그리고 그는 워털루 전투에도 참전하였다. 클라우제비츠의 위대한 전략적 개념들은 실전 경험에서 나온 것이다. 그는 일생 동안 너무도 많은 패배의 쓰라림을 맛보았기 때문에 전쟁 위험과 승리의 중요성을 잘 알고 있었다.

그 경험은 제4장 '전쟁의 위험'에 짧고 간결한 문장으로 표현되어 있다. '전장터에 가까워지면 점점 분명하게 대포의 천둥소리가 들린다. 전우가 갑자기 쓰러지고 유탄(流彈)이 무리 속에 떨어져 모두들 겁에 질린다. 총알이 귀와 머리, 정신을 아슬아슬하게 스치며 지나간다. 하늘을 찢는 듯 총알 소리로 가득하다. 게다가 팔다리가 잘려나가고 비참하게 쓰러진다.' 이것은 전쟁의 참혹(慘酷)함 그 자체로 전쟁을 제대로 인식하는 데 필요하다고 하였다. 봅슬레이도 레일 위의 위험을 극복하기 위해 강인한 체력과 정신력, 고도의 기술이 요구된다.

■ 봅슬레이

봅슬레이(Bobsleigh)는 19세기 후반 스위스 지방의 소형 썰매와 나무로 만든 썰매 터보건(toboggan)에서 유래되었다. 터보건은 프랑스어로 루지인데, 캐나다 북부지역의 이누족과 크리족이 전통적으로 사용하던 운송용 썰매이다. 봅슬레이는 이동수단으로 사용되던 목제 썰매에 강철로 만든 날을 장착한 것이다. 1901년 영국인 보트가 생 모리츠에서 최초로 키와 브레이크를 붙인 봅슬레이 모델을 창안해냈다. 위험을 무릅쓰고 이 봅슬레이에 처음 시승한 사람은 윌슨 스미스이다. 이후 1924년 샤모니 동계 올림픽에서 정식종목으로 채택되었다.

처음에는 4인승 경기만 열렸다. 처음 썰매를 미는 푸시맨 2명, 브레이크를 잡는 제동수(브레이크맨) 1명, 핸들을 조종하는 조종수(파일럿) 1명이 탑승한다. 트랙 길이는 일반적으로 1.2~1.5km 사이이며 16개의 커브 구간이 있다. 트랙은 처음 일직선의 나무에서 구불구불한 유선형의 섬유유리와 금속 재질로 바뀌었다.

경기에서 썰매의 뒤쪽과 옆에서 강력한 힘으로 미는 스타트가 중요하므로 힘을 모아 폭발시키는 것이 중요하다. 썰매 3개 종목은 흔히 봅슬레이는 스포츠형의 다목적 차량(SUV), 스켈레톤은 스포츠카, 루지는 오토바이에 비유한다. 봅슬레이는 1988년 캘거리 동계올림픽에 출전하였던 자메이카 선수들의 이야기를 담은 영화 쿨 러닝(cool running)과 무한도전에서 소개된 적이 있다. 빠른 속도의 봅슬레이에서 위험과 함께 육체적 고통도 따른다.

■ 전쟁에서 육체적 고통과 노력

전쟁론 제1편 5장은 '전쟁에서의 육체적 고통(on Fain in War)'을 말한다. '추위로 몸은 굳어지고 더위와 목마름으로 몹시 고통을 받으며 굶주림과 피로로 기가 꺾여 있는 순간'으로 잘 표현하고 있다. 그런데 번역서에 따라 고통(fain)과 노력(effort) 등 다른 해석이 있다. 최근 번역서에서는 '고통'으로, 마이클 하워드와 피터 파렛은 '노력'으로 표현하고 있다. 이들은 제3장 군사천재에서 전쟁 속성을 구성하는 요소를 위험, 노력(exertion), 불확실성으로, 제5장에서는 노력(effort)으로 유사한 용어를 사용하고 있다. 그리고 제8장 1편의 결론에서는 다시 육체적 노력(physical exertion)으로 서술하였다. 따라서 내용과 문맥의 흐름을 고려할 때 '전쟁에서 육체적 고통 극복을 위한 노력'으로 받아들이는 것이 적절하다고 본다.

클라우제비츠는 장병들이 이러한 육체적 고통을 극복하기 위해 리더의 강인함을 요구하고 있다. '강한 팔을 가진 사수(射手)만이 활의 시위를 더욱 팽팽하게 당길 수 있는 것처럼 강한 정신을 가진 지휘관만이 전쟁에서 자기 군대의 전투력을 더 강하게 긴장시킬 수 있다. 전투에서 패배해 산산조각 흩어졌거나 승리에 도취된 군대도 긴장을 계속 유지해야 한다.'고 하였다. 결국 그는 전쟁의 위험은 용기, 육체적 고통 극복을 위한 노력은 체력과 정신력으로 극복해야 함을 강조하고 있는 것이다.

8. 루지와 정보

정보의 중요성, 아무리 강조해도 지나치지 않다

소치에서 한국 루지(luge)팀은 루저(looser)가 되지 않기 위해 아스팔트 도로를 트랙 삼아 실력을 연마하였던 기량을 아낌없이 발휘하였다. 그 소중한 경험을 바탕으로 최신 정보를 수집하고 평창의 기적을 꿈꾼다.

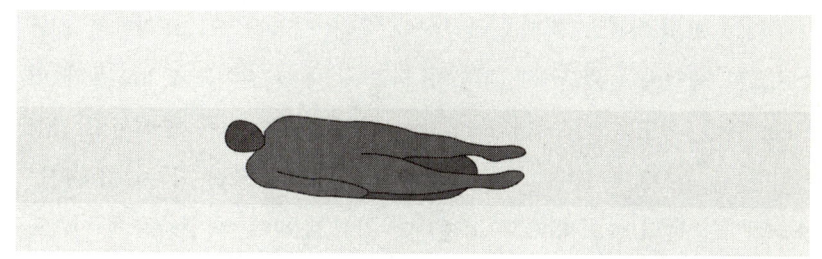

■ 전쟁에서 정보 중요성

전쟁론 제1편 6장 '전쟁에서 정보(information)'는 전쟁 속성 중에서 불확실성 극복 수단으로서 정보의 중요성을 말한다. 전쟁의 불확실성은 안개

(fog)와도 같다. 클라우제비츠는 '정보는 적과 적국에 관해 갖고 있는 모든 지식이다. 따라서 정보는 아군의 모든 생각과 행동의 기초가 된다. 지휘관은 자신의 마음속에 있는 지식을 굳게 믿은 채 파도를 부수는 바위처럼 서 있어야 한다.'고 하였다. 이것은 사전 정보 판단의 중요성과 분별력을 말한다. 전쟁에서 얻는 정보의 많은 부분은 서로 모순되고 불확실할 수도 있으므로 지휘관의 정보에 대한 올바른 판단이 요구된다.

그리고 '눈앞에 보이는 절박한 순간에 맞서 자기 자신에 대한 확고한 믿음으로 무장해야 한다. 운명이 만들어낸 전쟁 장면과 진하게 분장한 위험인물들을 끌어내려야 시야가 트인다.'는 것은 지휘관이 거짓 정보에 흔들리지 말고 자신의 신념을 확고하게 믿어야 한다는 뜻이다. 더구나 진하게 분장한 위험인물이란 허위 정보 외에도 이를 제공하는 인간으로도 유추할 수 있다. 예나 지금이나 리더에게 바른말을 하는 참모보다, 귀에 감미로운 권모술수(權謀術數)에 능한 자를 가까이 두어 일을 그르치는 경우가 많다. 루지에서도 위험성을 간과할 때 사고가 종종 발생한다.

■ 루지와 징후 포착

루지는 프랑스어로 '썰매'인데 16세기부터 시작된 오스트리아의 전통 스포츠로 독일과 폴란드에 널리 보급되었다. 썰매 길이는 1.2m, 무게 약 23kg, 평균 속도는 시속 130~140km 정도로 썰매 종목 중에서도 가장 위험한 종목으로 꼽힌다. 게다가 원통형 썰매 안에 선수들이 탑승하는 봅슬레이와 달리 몸이 밖으로 노출되어 있고 누워서 타기 때문에 시야도 제한적이다. 종목에는 남녀 1인승, 남자 2인승, 팀 릴레이가 있다. 트랙은 945m~1.2km로 12~17개 곡선과 직선으로 되어있다. 1인승은 4회, 2인승은 2회 활주 후 합계시간이 적은 쪽이 이긴다. 팀 릴레이는 남녀 각 1인승과 남자 2인승 팀이 육상 계주처럼 차례대로 달려 합산 기록으로 순위를 가리는데 각 종목 시간은 50초 내외이다.

먼저 출발대에 설치된 손잡이를 힘차게 잡아당겨 레이스를 시작하며 스파이크가 달린 장갑을 낀 양손으로 얼음 트랙을 밀어내며 추진력을 얻는다. 신발은 바닥이 매끈하고 날렵한 유선형이다. 최고 속도는 140km 이상으로 완전히 누워 공기저항을 줄여 두 다리로 방향을 조정한다. 트랙마다 경사도와 길이가 달라 선수들이 실수로 얼음벽에 부딪힐 때마다 얼음 조각들이 튄다. 마지막 결승선을 통과하면 썰매 앞쪽 날을 들어 올려 제동을 건다. 코스를 외우지 못한 루지 선수들은 습관적으로 고개를 들다가 균형을 잃어, 썰매가 뒤집히는 사고를 당하기도 한다. 사전 정보를 인지하지 못한 탓이다. 경기에서는 챔피언이 되지 못해도 다음 기회가 주어지지만, 국가는 주변 국가의 위협을 인지하지 못해 패망하는 사례가 종종 있다. 바로 조선의 멸망이다.

■ 흥선 대원군의 개혁실패와 조선책략

2014년은 청일전쟁(1894) 120주년, 러일전쟁(1904) 110주년이었다. 불과 10년 사이 세 강대국이 자신들 땅이 아닌 한반도에서 포성을 쏘아댔다. 그런데 당시 조선은 이들 나라의 대립을 예견하지 못했던 것은 아니었다.

1863년 어린 나이로 즉위한 고종을 대신해 흥선대원군의 섭정(攝政) 10년은 쇄국(鎖國) 정책 추진으로 인해 아직도 뭇매를 맞고 있다. 그러나 앵글을 다른 각도로 보면 국방력 강화 노력을 했다는 것을 알 수 있다. 60여 년 동안 계속된 세도정치 폐해를 없애고 삼군부 복설(復設)과 군제를 개편하였다. 훈련도감군은 엄격한 훈련과 무기 비축을 통해 정예화된 수도방위군으로 거듭났다. 병인양요 이후 해안 군사 요충지에 진(鎭)을 신설해 해안방어능력을 강화하고, 강화도 진무영 군사력을 증강하였다. 그러나 이러한 군비 증강과 경복궁 중건에 따른 과다한 재정 지출은 백성의 원성을 사게 되었다. 결국 고종의 친정과 함께 흥선대원군 노력은 미완성으로 끝이 났다.

1880년 여름 고종은 수신사(修信使) 김홍집을 도쿄에 파견하였다. 그의 임무 중 하나는 일본의 조선 침략 여부를 정탐하는 것이었다. 그런데 그가 얻어온 것은 조선책략(朝鮮策略), 러시아의 침략을 막으려면 "중국과 친하고(親中國), 일본과 결속을 다지고(結日本), 미국과 연대(聯美國)하여 자강(自强)에 힘쓰라."였다. 겉으로는 조선을 위한 충고였으나 중국의 속셈은 달랐다. 결국 흥선대원군과 고종은 주변 국가의 정보에 어두워 일본·청·러시아가 한반도를 놓고 먹이 다툼하는 것을 지켜볼 수밖에 없었다.

9. 스켈레톤과 마찰 및 전쟁경험

전쟁에서 승리하려면 '敵의 저항'을 극복하라

2014년 소치에서 한국 선수들의 금메달을 향한 열망은 스켈레톤 레일 위에서 빠른 속도로 움직일 때 발생하는 마찰만큼 강렬하였다. 전쟁 과정에서도 마찰은 강하게 나타난다.

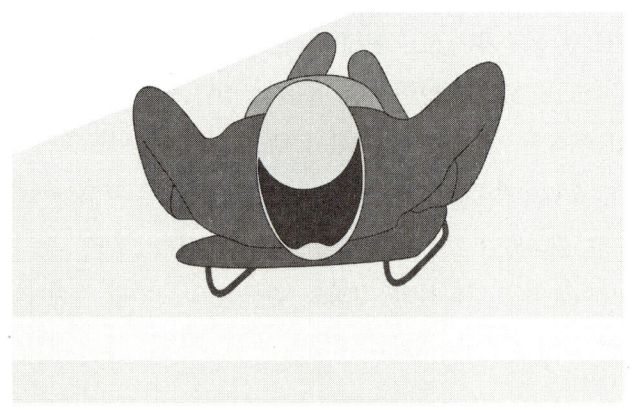

■ 전쟁에서의 마찰

전쟁론 제1편 7장 전쟁에서의 마찰(friction)은 전쟁 속성 중에서 우연 때문에 생기는 어려움이다. 이것은 현실전쟁(real war)과 탁상전쟁(war on paper)의 차이를 설명하면서 수영 연습에서 물속에서의 걷기와 땅 위에서의 걷기에 비유하였다. 현실전쟁에서는 물속에서 걷는 것처럼 적 저항, 즉 마찰이 발생한다. 탁상전쟁은 땅 위에서 전쟁 상황을 염두에 두고 훈련하는 것을 말한다.

클라우제비츠는 여기에서도 지휘관의 확고한 의지를 강조한다. '무쇠처럼 강인한 의지를 지닌 지휘관은 이 마찰을 극복하고 장애를 분쇄한다. 한 지역의 주요 도로가 모두 통하는 곳에 오벨리스크(obelisk)처럼 서 있어야 한다.' 오벨리스크는 고대 이집트에서 태양신 숭배 상징물로 방추형으로 된 돌기둥을 말한다.

제8장은 제1편 전쟁 본질의 결론인데, 그 내용은 제4장부터 제7장에서 언급한 전쟁 속성 네 가지인 위험·육체적 고통·불확실성·마찰을 통칭해 일반적 마찰(general friction)로 묶었다. 이것을 완화하는 윤활유로 전쟁경험을 말하는데, '경험은 커다란 고통과 위험에 빠질 때 육체와 정신을 강하게 해주고, 첫 상황에 맞서 판단을 강하게 해준다. 경험은 누구에게나 귀중한 신중함을 준다.'고 하였다. 전쟁경험을 얻는 방안으로 평시 실전과 같은 교육훈련, 소수 장교의 실전 체험과 실전 경험이 있는 외국군을 초빙(招聘)하는 것이 있다. 이런 과정에서 전쟁 마찰을 스켈레톤처럼 머리 정면으로 부딪친다.

■ 스켈레톤

스켈레톤(skeleton)은 1882년 스위스에 주둔하던 영국군이 커브가 있는 도로에서 썰매 경주를 즐기던 스포츠에서 시작되었다. 스켈레톤이란

1892년 영국인 차일드가 개조한 썰매의 형태가 사람의 골격을 닮았던 데에서 유래하였다. 그 후 오스트리아를 거쳐 1969년 서독에서 최초로 인공 얼음 트랙이 만들어졌다. 봅슬레이와 루지에 이어 2002년 미국 솔트레이크시티 동계올림픽 때부터 정식 종목이 되었다.

스켈레톤은 루지와 반대로 머리를 정면으로 향해 엎드린 자세로 활주용 썰매를 최고 140km 속도로 활강하는 종목이다. 썰매는 강철로 된 본체와 받침대로 돼 있다. 경기는 남녀 1인승만 있으며, 1.2~1.5km 트랙을 두 차례 레이스를 펼친 뒤 시간을 합산해 제일 빠른 선수가 이긴다.

트랙에는 S자 커브 등 7차례 곡선이 있는데, 핸들이 없기 때문에 선수는 어깨와 허리 등 몸을 이용해 방향을 조절해야 한다. 출발은 손잡이를 잡고 밀다가 가속도가 붙으면 다이빙하듯 썰매 위로 엎드리면 된다. 머리를 앞으로 두기 때문에 체감속도는 루지보다 훨씬 빠르다. 공기 저항을 최소화하고 속도감을 극대화하기 위해 최대한 낮은 자세가 필요하다. 루지가 느낌으로 탄다면, 스켈레톤은 직접 앞을 보면서 가므로 스릴을 더 느낀다. 스릴이 공포감으로 변할 때는 사고로 이어진다. 전쟁 공포를 이기기 위해서는 평소 실전과 같은 훈련이 필요하다.

■ 전쟁경험과 NTC, BCTP

미군은 베트남전쟁 패배 교훈에서 실전훈련장의 필요성을 느껴, 1979년 로스앤젤레스와 라스베이거스 사이 모하비 사막 Fort Irwin에 미 육군 국립훈련장(National Training Center)을 만들었다. 서울시 면적보다 조금 더 큰데 각종 모의 훈련장에서 전쟁 투입 전 실전과 같은 훈련을 실시했다. 그 성과는 걸프전과 이라크전에서 발휘되었다.

우리 군도 강원도에 육군과학화훈련단(KCTC)과 전투지휘훈련단(BCTP)을 창설해 실전적인 훈련에 숙달하고 있다. 그런데 우리의 이러한 노력에도 불구하고 이라크 전쟁에 참전했던 장교의 초빙교육이나, 아프간 파병 부대가 험준한 동굴 산악 지역에서 한미 연합특수전을 과감하게 경험해 보지 못하는 아쉬움이 있다. 또한 어학 자원 위주 전투협조단이 아닌 초급장교와 부사관의 전장관찰단을 파견해 전쟁을 경험하게 하는 것이 실전적 교육훈련의 한계를 극복하는 것이 아닐까. 태평양 전쟁을 일으킨 일본군은 1885년 독일군 참모대학 전술교관 맥켈 소령을 육군대학 교관으로 보직시켰다. 그는 일본군 중견간부들에게 군사사상과 전략이론을 제공하였다.

클라우제비츠의 '오랫동안 평화를 누리고 있는 국가는 언제나 전쟁터에서 몇몇 장교를 데려오기 위해 노력해야 한다. 그리고 자기 나라의 장교 몇 명을 전쟁터에 보내기 위해 노력해야 한다. 그래야 그들이 전쟁이 어떤 것인지 알게 된다.'라고 하였다. 남북 분단 이후 북한의 화전양면 전술에는 변화가 없음을 인식하고 전쟁에 대비해야겠다.

제2편　전쟁이론*
On the Theory of War

10. 근대 5종과 전쟁이론

정신력과 용기로 적을 제압하라

북한 군사적 위협에 대비하는 능동적 억제와 공세적 방위력 기본은 강인한 정신력과 체력이다. 근대 5종 경기는 전쟁 상황에서 군사훈련을 배경으로 시작되었다.

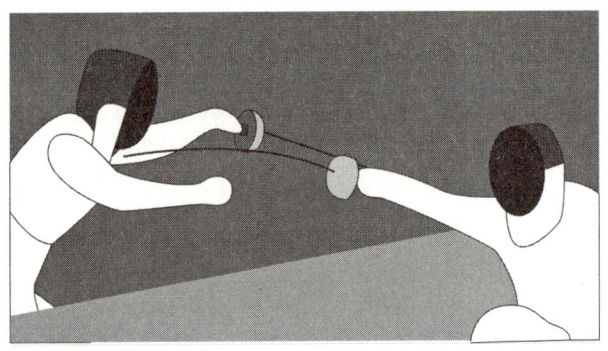

■ 전쟁술과 전략·전술 의미

제2편 전쟁이론은 전쟁술, 전략과 전술 개념, 방법주의 해악을 말하고 있다. 제1장 전쟁술에서는 전쟁 본질을 싸움에 비유하면서 '싸움은 육체적 힘을 수단으로 해서 서로의 정신력과 체력을 측정하는 것이다.'라고

---

* 전쟁은 정신력과 용기의 싸움이다.

하였다. 그리고 싸움 준비와 운용을 포괄적으로 포함해 전쟁술을 설명하였다. 곧 좁은 뜻으로는 싸움에서 주어진 수단을 쓰는 기술, 넓은 뜻으로는 전투력을 만들어내는 징병·무장·장비·훈련 등 모든 활동을 말한다. 이것은 현대적 의미에서 군사력을 양성하는 양병(養兵)과 전투력을 운용하는 용병(用兵) 개념으로 발전하였다.

그리고 전략과 전술을 구분하였는데, 전략은 '전쟁 목적을 달성하기 위한 전투력 사용(the use of engagement for the object of the war)'이며, 전술은 '전투에서 전투력 사용(the use of armed forces in the engagement)'이라고 하였다. 이것은 어디로 가느냐가 전략이라면, 어떻게 가느냐는 전술이라는 뜻으로 받아들이면 쉽게 이해가 갈 것이다. 전쟁의 기초가 싸움이라는 전투에서 시작되듯 스포츠에서도 개인 전투 행위를 묘사한 것이 근대 5종 경기(modern pentathlon)인데 선수 전원이 참가하는 펜싱 에페부터 시작한다. 다음으로 200m 자유형 수영과 장애물 비월 승마경기를 치르며, 마지막으로 육상과 사격의 복합경기를 치른다.

■ 펜싱 에페와 자유형 수영

근대 5종은 쿠베르탱이 20여 년 동안 연구를 거듭한 끝에 내놓은 '메시지 전달' 콘셉트였다. 위기에 빠진 아군을 구하기 위해 비밀지령을 휴대한 전령이 적 포위망을 뚫고 나가는 필사의 탈출 과정을 스포츠로 재구성한 것이다. 한편으로는 19세기 어느 섬 구석에 갇힌 병사의 전투 과정에서 착안하였다고 한다. 그곳에서 나오려면 검을 들고 싸우고, 호수를 헤엄쳐 건넌 후 가장 가까이 있는 말을 붙잡고 달린다. 말이 녹초가 돼 더 달리지 못하면 시골 길을 뛴다. 그 사이에 적을 향해 몇 발의 총을 쏘면서 계속 달린 후 그의 고향으로 돌아가게 되는 과정을 스포츠에 접목하였다.

한편, 근대 5종의 전신(前身)인 고대 5종은 고대 그리스인들이 맹수를 몰아 사냥하는 과정을 기초로 한 훈련 프로그램이다. 강을 건너 맹수를 쫓고(멀리뛰기), 돌을 던져(원반던지기), 실패하면 다시 뛰어 쫓아가(달리기), 창을 던져 공격하고(창던지기), 맹수와 대결(레슬링)해 사냥에 성공하는 과정이었다.

근대 5종 첫 경기인 펜싱 에페(epee)는 모두가 하루 동안에 열린다. 모든 선수가 에페 검(劍)으로 60초 동안 모든 선수를 상대로 서든데스 방식으로 치른다. 즉, 처음 유효 찌르기를 하는 선수가 승리하는데, 두 선수 모두 할당된 시간에 점수를 내지 못하면 둘 다 패한 것으로 본다. 수영은 남녀 모두 200m 자유형 경기를 벌이고, 개인 최고 기록에 따라 조가 배정된다. 남녀 모두 2분 30초 내로 주파하면 1000점을 얻는다. 1초의 3분의 1초마다 4점씩 보너스나 벌점이 매겨진다. 클라우제비츠는 적을 펜싱으로 제압하고 수영으로 장애물을 건너온 전령에게, 제1장에 이어 제2장 전쟁이론을 통해 정신력과 용기의 중요성을 설파(說破)하고 있다.

■ 정신력과 용기

제2장 전쟁이론은 크게 세 부분으로 나뉘는데 1항부터 15항까지는 전쟁이론에 대한 접근, 16항부터 24항까지는 전쟁활동 본질을 이루는 주요 특징을 다룬다. 그리고 25항부터 46항까지는 전술·전략의 목적과 수단 및 자신의 전쟁이론을 밝혔다.

클라우제비츠는 종전에 전쟁에서 사용할 수 있는 전투력이 무기 생산과 준비, 요새와 보루 건설, 군대 조직 등 물질적인 지식과 기술이었다면 여기에 정신력과 용기를 더하였다. 즉, 칼을 잘 만드는 대장장이 기술이 칼싸움을 잘하는 검술(劍術)과는 다른 것이라고 하였다. 그리고 '수(數)의 우세'는 승리 요인 중 하나인데, 아군의 전투력이 수의 우세를 달성할 수 있도록 시간적으로나 공간적으로 적절하게 조직하고 배치하는 시간과 공간 조합을 강조하였다. 또 내선(內線·interior lines) 작전에 대한 비판적 시각을 잠시 내보였다.

15항에서는 전쟁에서 정신적 요소의 중요성을 '위험은 전쟁에서 모든 것을 좌우하는 일반적 요소이기 때문에 상황에 따라 다르게 판단을 내리게 하는 것은 주요 용기, 즉 자신의 힘에 대한 믿음이다.'라고 하면서 기습과 측면·배후공격 효과를 언급하였다.

11. 장애물 비월 승마와 정신활동

승리를 위해 못 넘을 장애물 없다

인간은 역사와 함께 말(馬)을 길들여 교통수단에서부터 심신수련의 수단으로 활용해왔다. 승마는 스포츠 경기 가운데 인간과 동물이 조화를 이뤄 목표를 달성하는 유일한 종목이다. 적을 제압하고 강을 건너온 전령 앞에 놓인 또 다른 위협을 극복하기 위해 강한 정신력이 요구된다.

■ 정신력과 정신활동

클라우제비츠는 제2편 2장 두 번째 16항부터 자신의 전쟁이론을 설명하면서 전쟁활동 본질을 이루는 주요 특징으로 정신력과 정신활동, 상호작용, 상황의 불확실성을 제시하였다. 이어 전쟁이론은 '미래 지휘관 정신을 길러 주거나 스스로 자기교육을 할 수 있게 이끌어야 하지만, 그를 전쟁터까지 따라가서는 안 된다. 이는 마치 현명한 교육자는 청소년 정신 발달을 지도하고 도와주지만 한평생 청소년 손에 끈을 묶어 데리고 다니지 않는 것과 같다.'고 하였다. 이것은 곧 전쟁이론은 지식을 얻는 것이 목적이 아니라 정신을 길러주고 스스로 자신을 교육할 수 있도록 이끄는 것을 말한다. 흔히 교육은 말을 물가에 데려갈 수 있지만, 물을 떠먹이지 않는다는 것과 같은 뜻이다.

그리고 '전술 목적은 승리이며, 수단은 싸움을 이끌어야 하는 훈련된 전투력이며, 수단에 미치는 요소는 지형과 기상 및 시간'이라고 하였다. 또한 '전략의 궁극적 목적은 직접적으로 평화를 이끌어내는 것이며, 수단은 전술적 승리이다. 곧 전략은 전술 승리를 수단으로 삼아 평화라는 목적을 실현하는 것으로 전략이 전술보다 광범위한 개념이다. 끝으로 지휘관은 이러한 전쟁이론을 바탕으로 어떤 순간이나 어디서나 필요한 결정을 스스로 내릴 능력을 갖추어야 한다.'고 강조하였다. 이러한 능력은 말을 타고 장애물을 극복해 나가는 기수(騎手)에게도 요구된다.

■ 장애물 비월 승마

1차 포위망을 펜싱 에페(epee)로 물리치고, 자연 장애물인 하천 200m를 수영으로 극복한 선수들은 장애물 비월(飛越) 승마 경기로 이어진다. 장애물 점핑이라고도 한다. 선수들은 경기 직전에 말(馬)을 추첨으로 할당받은 후 20분간 연습 경기를 한다. 낯선 동물을 다루는 능력을 시험한

다는 발상인데, 전장에서 모든 조건이 갖춰지기를 기다리는 것은 비현실
적인 생각이기 때문이다.

스포츠로서 승마는 르네상스 시대를 거쳐 유럽을 중심으로 발달하였
다. 1900년 제2회 파리올림픽에서 근대 스포츠의 승마경기가 첫선을 보
였고, 횟수를 거듭하면서 현재와 같은 장애물 점핑, 마장마술, 종합마술
형태가 갖추어졌다. 코스에는 12개 장애물이 있는데, 그중에는 더블 점
프와 트리플 점프가 있다. 펜스는 1.2m 높이에 최소 5개가 있어야 한다.
점수는 거리에 따라 정해지는 표준 시간을 바탕으로 매겨진다. 제한 시
간 안에 모든 장애물 코스를 깨끗이 통과하면 1,200점을 얻는다. 제한
시간 동안 1초가 늘어날 때마다 4점씩 벌점을 받는다. 그런데 선수가 표
준 시간 2배 안에 경기를 마치지 못하거나 말에서 2번 떨어지면 경기를
멈춰야 한다. 그리고 장애물을 다루지 못하면 100점씩 감점을 당하고,
장애물의 일부를 넘어뜨리는 것마다 벌점 20점을 받는다.

■ 알렉산드로스 대왕과 부케팔로스

인류 최초 승마 기록은 기원전 3000년경의 이집트, 티그리스, 유프라
테스강 유역과 그리스, 인도 등 문명 발상지에 새겨진 동굴벽화와 암각
화를 통해 알 수 있다. 기원전 1500년경 아리아족의 왕이 말을 육성한
기록이 있으며, 기원전 900년경 아시리아 왕은 기병 20만 명을 보유하기
도 하였다.

클라우제비츠가 꼽은 역사상 영웅 중 한 명이 알렉산드로스 대왕인데
말과 관련된 이야기는 널리 회자(膾炙)되고 있다. 그는 그리스의 철학자·
역사가인 크세노폰의 "훌륭한 승마를 바란다면 채찍과 재갈을 당기는 것
부터 자제해야 한다."는 말을 실천하였다. 기원전 334년 3만 5천 명 군대
로 동방 원정을 시작해 인도까지 대제국을 건설하였다. 영토 정복이 아닌

문화 통일을 꿈꿔 헬레니즘 문명을 탄생시켰다. 그런데 그를 곁에서 지킨 것은 '숫소의 머리' 뜻인 애마 부케팔로스(bucephalus)였다.

그는 누구도 다루지 못했던 말을 세심한 배려로 인내심을 발휘해 강압적이지 않는 방법으로 존중하며 역량을 발휘하도록 하였다. 그가 그리스와 페르시아, 인도에 이르는 대제국을 건설하고 그리스 문화와 오리엔트 문화를 융합시켜 헬레니즘 문화를 이룩한 20년간, 말은 자기 주인 곁에서 훌륭한 반려자 역할을 하였다. 그 말이 기원전 326년 봄 오늘날 파키스탄 젤룸 강 인근의 히다스페스 전투에서 상처를 입고 죽게 되자, 알렉산드로스는 부케팔라(bucephala)라는 도시를 건설해 자신 애마를 기렸다. 말이 인류 역사에 남긴 흔적이다.

12. 폴로와 전쟁술

'기마대의 힘' 몽골제국을 건설케 했다

완연한 봄에는 푸른 초원 위를 말을 타고 달리고 싶다. 인도와 영국에서는 폴로, 아메리카 대륙에서는 로데오, 중앙아시아 지역에서는 부즈카시가 성행했다. 즐기는 것과 동시에 피를 두려워하지 않는 담력(膽力)을 키우는 수단으로 활용되었다.

■ 전쟁술 의미

　클라우제비츠는 제2편 제3장에서 전쟁술(art of war)과 전쟁에 대한 개념을 다시 피력하고 있다. 기술(art)과 학문(science)의 차이점은 건축술처럼 창조와 생산하는 능력을 목적으로 하는 것을 '기술', 수학이나 천문학처럼 단지 연구와 지식을 목적으로 하는 것은 '학문'이라고 하였다. 줄여서 말하면 술(術)과 학(學)이다. 여기서 기술은 총 쏘는 지식을 쌓은 후 그것을 자유자재로 사용할 수 있도록 숙달하는 것이다. 이 모든 것을 종합하면 전쟁이론 연구와 적용은 전쟁학보다 전쟁술이라고 말하는 것이 더 적절하다는 결론을 내렸다.

　그리고 전쟁과 정치의 관계를 다시 한 번 말하고 있다. 그는 '전쟁은 기술이나 학문 영역이 아닌 사회적 관계 영역에 속한다. 전쟁은 커다란 이해관계 충돌(War is clash between major interests)이며, 그 충돌은 피를 흘려야 해결된다. 결국 정치는 전쟁을 일으키는 모태(Politics is the womb in which war develops)가 되기도 한다.'고 하였다.

　이것은 전쟁은 생명체처럼 정치에 숨겨진 채로 존재하고 있음을 말한다. 말과 사람도 늘 공존하면서 스포츠로 진화하였는데, 폴로·부즈카시·로데오 경기 등으로 발전하였다.

■ 폴로, 부즈카시, 로데오

　기원전 2000년경 다리우스 대왕 때 페르시아인들이 폴로의 전신이 되는 경기를 즐겼는데, 중세까지 페르시아 국민 스포츠로 널리 사랑을 받았다. 이 경기를 미얀마 국경에서 멀지 않은 아삼 지방에 정착해 농장을 가꾸며 살던 영국인 대지주들이 오늘날 현대적 폴로로 변모시켰다. 이들은 1859년 최초로 폴로 클럽을 조직하였고, 인도 캘커타로 전파되었다. 영국으로 건너간 폴로는 1871년 하운슬로 히스에서 연대 창기병과 기병장교들 사이에서 경기가 열렸다. 선수는 처음에는 5명, 나중에 4명으로 조정되었다.

한편 폴로와 더불어 중앙아시아 투르크인이나 몽골인들 사이에는, 스키타이에서 유래한 부즈카시(Buzkashi)라는 경기가 있다. 오늘날 아프가니스탄이 중심지인데 투르크 어로 '산양을 훔친다, 또는 죽은 염소를 잡아채 가다'라는 뜻이다. 이 경기는 모래를 담은 산양 가죽 주머니를 목표지점을 돌아서 가지고 돌아오거나, 말을 탄 2개 팀이 목 잘린 염소를 둘러매고 달려 스코어링서클에 던져 넣는다. 이 위험한 경기는 많은 선수가 참가하는데 용맹하고 숙달된 기수에게만 참가자격이 주어진다.

그리고 미국 서부와 멕시코 북부에서 소나 말을 대규모로 방목하던 19세기 말, 로데오(rodeo)를 시작하였다. 카우보이들이 길들지 않은 소나 말에 올라타거나, 올가미를 던진 다음 잡고 버티거나, 사나운 말을 길들이는 경기로 발전하였다. 5대 기본 종목은 송아지에 올가미 던져 묶기, 황소 타기, 길들이지 않은 야생마인 브롱코(bronco) 안장 얹어 타기 등이 있다. 이렇듯 말은 스포츠와 함께해 왔다. 그리고 인류역사에 큰 영향을 준 인물 중 한 명인 칭기즈칸이 세계를 제패할 수 있었던 것도 말을 잘 활용했기 때문이었다.

■ 말과 몽골의 전쟁

몽골 제국이 정복한 땅은 알렉산더, 나폴레옹, 히틀러가 정복한 땅을 합친 것보다 넓은 아프리카 대륙만한 넓이다. 이것이 가능하였던 것은 칭기즈칸 리더십, 말을 활용한 특유의 기동성, 중국 화약기술, 유럽 주조(鑄造) 기술, 중동 화염방사기술 및 심리전술 등을 융합했기 때문이다. 몽골 말은 서구 말보다 작지만 생존력이 강하고, 하루에 70km를 달릴 수 있었다. 이를 바탕으로 결정적인 목표에 분산 기동 후 병력 집중을 통한 상대적인 우세를 달성하였다.

몽골군이 구사한 기병전술은 수기 단위 기마대로 적진을 돌파하고, 돌파한 기마대는 다시 적 후방으로 돌아 적을 분산시킨 후 각개 격파하는 윤번충봉(輪番衝鋒)이었다. 그리고 300~1,000명 선두 기병부대가 활을 쏘면서 적의 주력을 요란시킨 후, 선두부대가 적을 유인한 후 포위망을 형성하여 격멸하는 납와전법(瓦戰法) 등이 있었다. 이러한 전술을 구현할 수 있었던 것은 개인 전투장비 경량화와 전투식량으로 건조 육포(肉包)인 보르츠(borcha)를 휴대함으로써 군수지원 소요를 최소화하였다.

그리고 울란바토르에서 바그다드나 모스크바에 이르는 5,000km가 넘는 거리를 연결하는 정보 인프라를 구축하였다. 역참(驛站)은 30~50km 마다 3백~4백 마리 정도 말이 있었으며, 파발(擺撥)을 5km 간격으로 배치해 칭기즈칸에게 보내는 통신 문서를 전달하였다. 산과 강, 어떠한 지형과 기상 악조건을 극복하고, 신속한 기동으로 세계를 제패하였던 칭기즈칸의 모습이 눈에 선하다.

13. 마장마술과 방법주의

'영원한 승자는 없다'

말은 인간을 대지로부터 해방시키고 광활한 행동범위와 자유를 주었으며, 새로운 뛰어난 전투기술을 제공하였다. 마찬가지로 전장 환경은 늘 변화하는데 기존 전술의 맹신적 반복은 실패 원인을 제공하기도 한다.

■ 방법주의는 행위의 반복

클라우제비츠가 전쟁론 곳곳에서 언급하는 사례 중 하나가 1806년 예나(Jena) 전투이다. 그는 전쟁사에 유례를 찾아볼 수 없는 전멸을 당했다는 표현을 통해 통렬하게 비판하고 있다. 그 원인을 제4편 4장 방법주의에 서술하였다. '방법은 늘 선택되고 반복하는 행위이며, 방법주의는 방법에 의해 정해진 올바른 행위이다. 곧 비슷한 행위를 반복하다 보면 무의식적으로 하게 되는 올바른 행위이다.'라고 하였다.

그리고 '전쟁은 풀밭이 아니라 큰 나무와 같다. 풀밭에서는 풀 하나하나 모양을 고려하지 않으며, 낫이 좋으면 잘 베어지고 나쁘면 대충 베게 된다. 그러나 큰 나무 경우에는 나무줄기 하나하나 성질과 방향을 잘 고려해서 도끼를 들이대야 한다.'고 하였다. 이것은 방법주의의 신중함을 요구한 것이다.

클라우제비츠는 방법주의 실패 사례로 프로이센군의 사선대형에 고착된 전술을 들고 있다. 프리드리히(Friedrich) 대왕은 1740년 즉위 후 보병과 포병, 기병의 기동성을 살린 '사선 전투대형(oblique order of battle)'을 모든 전투에 적용하였다. 핵심은 한쪽 날개는 적에게서 물러나고 다른 날개를 공격용으로 강화하였다. 그리고 공격용 날개에서 최선을 다해 적의 해당 측면을 장악하였다. 1757년 로스바흐와 로이텐 전투에서 눈부신 승리를 거뒀는데, 그 이면에는 실전과 같은 혹독한 훈련이 있었다. 마장마술도 기마술의 기본으로 숙달이 요구된다.

■ 마장마술

승마에서 세 번째 경기는 마장마술(馬場馬術)이다. 프랑스어로 '조련(調練)'을 뜻하는데, 원래 형식과 통제와 정확성에 주안점을 두어 연병장과 전쟁터에 나서도록 말과 기수를 준비시키는 훈련이었다. 현대 마장마술은 14세기 중반 나폴리 귀족 그리소네가 처음으로 체계화하였다. 이어 프랑스에서 18세기 초 루이 14세의 왕실 마구간에서 일하던 게르니엘이 '기마술'을 저술하였다. 그는 각각의 말이 지니고 있는 자질을 인식하여 그 말의 잠재능력을 계발해내면서 애정을 가지고 말을 대할 것, 말에게는 침착성·민첩성·순종을 가르칠 것 등을 담았다. 또한 로비송이 18세기 후반에 실용적인 군사훈련으로 다듬었고 예술 기교와 현대 스포츠의 색채를 가미하였다. 그다음 독일에서 19세기에 군사 승마술의 필수적인 부분으로 남았다.

마장마술 경기는 경기자와 승용마가 호흡을 이뤄 얼마만큼 예술적인 조화를 이루어내는지 평가하는 경기이다. 그래서 '모래 위 피겨'로 불리기도 한다. 경기장은 가로 20m, 세로 60m의 잔디 또는 모래바닥이다. 1, 2라운드는 경기자와 승용마의 조화와 속보, 구보와 파사주, 피아프, 피루에트를 포함한 일련의 동작을 평가한다. 3라운드는 개별적인 음악과 안무로 경연하는 뮤지컬 프리스타일이다.

이 경기는 폐막식 직전에 결승 경기를 치르고 승자에게는 폐막식이 진행되는 동안 말을 타고 장내를 돌아다니는 특권을 부여하는 것으로 유명하다. 기수뿐만 아니라 말에게도 금메달리스트의 명예를 부여한다는 뜻이다. 사실상 경기에 나서는 승마 선수들은 대개 자비로 말을 사육하고 생활을 같이하며 호흡을 가다듬는다. 따라서 승마는 장비 구입비와 유지비가 가장 많이 소요되는 종목이다. 또한 의식과 감정이 살아 있는 말과 일체가 되어 아름답고 예술적인 동작을 구현하는 경기이다.

■ 예나 전투와 사선대형(斜線 隊形)

나폴레옹은 프랑스 육군을 모든 병종(兵種)들로 구성된 군단들로 조직해 장기간에 걸쳐 독립적으로 싸울 수 있는 능력을 갖추게 함으로써 전략적 기동과 결정적 전투를 융합시켰다. 1806년 예나(Jena) 전투에서 한 개 프랑스 군단이 아우어슈테트에서 프로이센 군 주력부대를 꼼짝 못 하도록 견제함으로써, 나폴레옹으로 하여금 예나에서 프로이센군 잔여부대를 패배시키도록 만들었다. 그는 가능한 최선의 조건에서 싸우기 위해 '배후로의 기동'을 활용하였다. 한 개 군단이 정면에서 적을 고착시키는 동안, 나머지 부대는 적을 포위하기 위해 후방으로 우회하였다. 적은 자신의 병참선을 지키기 위해 어쩔 수 없이 강요를 당하지만, 그것은 자신이 원해서가 아니라 나폴레옹이 만들어낸 조건에 강요당하였다.

반면 프로이센군은 시대에 뒤떨어진 방식 때문이 아니라, 방법주의가 호헨로헤 장군을 결정적인 정신적 빈곤으로 이끌어 전멸을 초래하였다. 그러나 10년 후 나폴레옹은 워털루에서 이 전술을 구현하지 못해 패배하였다. 1815년 프랑스 군단장 그루시는 와브르에서 프로이센군을 상대로 이에 견줄 만한 견제 임무에 실패함으로써 비극적 종말을 초래하였다. 승자의 방식이 늘 통하지 않는다.

14. 종합마술과 비판적 분석

한순간 방심도 없어야 마지막에 웃는다

다양한 조건으로 설치된 장애물을 신속하고 정확하게 통과하는 장애물비월 승마와, 말과 사람이 일체가 되어 예술적인 동작을 구현하는 마장마술. 이 두 경기에 크로스컨트리를 더해 점수를 합산하는 경기가 종합마술이다.

■ 비판의 관점

'전쟁론'의 제2편 제5장 비판적 분석에서는 먼저 비판에 대한 세 가지 관점을 말한다. 비판적 서술에는 세 가지 활동이 있는데 역사연구는 의심스러운 사실에 대한 역사적 규명과 확인, 비판적 연구는 원인에서 결과를 추론하는 것이다. 그리고 비판은 수단에 대한 검토로 칭찬과 비난이 포함되는데, 이것으로부터 역사적 교훈을 도출해 낼 수 있게 된다. 클라우제비츠는 다음으로 나폴레옹의 1797년 이탈리아 원정부터 1812년 러시아 원정에 이르는 주요 전투에 대한 비판적 분석을 시도하고 있다. '비판을 위해서는 이론적 통찰력뿐만 아니라 타고난 재능도 있어야 한다. 그 재능은 창조력인데 풍부한 정신력에 달려 있다. 이러한 자질을 갖춘 사람을 대가(大家·virtuosity)'라고 불렀다.

끝으로 이러한 비판의 세 가지 해악(害惡)을 말한다. 첫 번째는 한쪽으로 치우쳐 있는 관점을 진정한 법칙처럼 사용하는 것이다. 두 번째는 전문용어, 기술적 표현, 은유와 같은 단편만 가져와 사용하는 것이다. 이것은 알맹이 없는 속 빈 껍데기(hollow shells)에 불과하다. 세 번째는 역사적 사례를 남용(用)하며 박식(博識)을 과시하는 것이다. 오만은 건전한 판단을 흐리게 하는데, 장애물 비월과 마장마술에서 잘했다고 방심하는 순간 장애물 경주에서 과오를 범하게 된다.

■ 종합마술

　장애물 경주(steeplechase)는 17세기 말 영국 귀족과 지주들이 말을 타고 장애물을 뛰어넘으면서 여우를 쫓아 논과 들판에서 사냥하던 것에서 유래되었다. 출발점에서 골인 지점까지 표지가 일반적으로 교회 첨탑(steeple)이었다. 그 이전 사냥감은 주로 사슴·멧돼지·산토끼 등이었으나 양 떼를 침범해 훼손하는 여우를 사냥하게 되었다.

　이 경기는 군사훈련 성과물이며, 승마자의 능력과 함께 말 속도와 내구력·순종을 겨루는 경기로 발전하였다. 처음에는 출전선수 모두 군사 관계자 기수로 한정돼 있었는데, 20세기 중반 무렵부터 일반인들이 참가하면서 스포츠로서 종합마술(eventing) 경기가 널리 인정받게 되었다.

　장애물 경주, 즉 크로스컨트리는 자연 지형과 유사한 야외 경로에 설치된 고정식 장애물을 통과하는 것으로 길이 약 5,700m, 경기 시간 약 10분, 평균속도 분당 570m, 장애물 높이 1.3m 이하 자연 장애물을 최대 45개 설치한다. 크로스컨트리 경기는 종합마술 경기에서 가장 위험한 종목이다. 경사면에 굵은 통나무 등으로 고정 장애물이 설치되어 있고 도랑과 둑이 있기 때문에, 이 구간에서는 경기자나 승용마 부상도 많이 발생하므로 숙달된 기량이 요구된다. 고정 장애물로는 자연 장애물과 인공 장애물이 다양하게 설치된다.

　종합마술은 모든 승마 경기 요소를 종합한 경기로 각 종목에 대한 숙달된 경험과 과학적이고 합리적인 훈련을 통해 경기 능력을 충분히 배양하고 임해야 한다. 따라서 경기에 참가하는 승용마 능력과 경험을 정확히 알아야 한다. 또 기후나 환경적 영향을 받을 수 있으므로 사전에 철저한 준비가 필요하다. 왜냐하면 언제든 다크호스가 등장할 수 있기 때문이다.

■ 다크호스와 천군만마

　다크호스(dark horse)는 본래 영국 경마장에서 사용되던 속어다. 실력이 증명된 바 없는 검은 말이 뜻밖에도 승리를 거둬 경주의 변수로 작용하자 생겨난 말이다. 여기서 dark는 '일반에게 알려지지 않은 비밀'이라는 뜻이다. 검은 말이 일반인들에게는 정체불명의 말이었지만, 사실은 유명한 말의 털을 검게 염색해 전혀 다른 말인 것처럼 이름을 바꾸고 대회에 출전시킨 말이었다. 그 내용을 훤히 알고 있는 기수와 그의 친구들은 그 말에 걸린 마권을 구입해 엄청난 돈을 챙겼다고 한다.

　이에 연유해 다크호스는 경마에서 의외의 결과를 가져올지도 모르는 예측 곤란한 말을 가리켰다. 또한, 실력이 감춰져 있어 경기나 선거 등에서 뜻밖의 변수로 작용할 가능성이 있는 선수나 후보를 의미하게 되었다. 즉 정체불명의 실력자를 말한다.

　한편, 말과 관련된 용어 천군만마(千軍萬馬)는 천 명 군사와 만 마리의 군마(軍馬)라는 뜻으로 많은 병력을 말한다. 그러나 천 명의 군사보다 유능한 참모(軍師) 한 명이 더 중요하다. 기원전 202년 중국을 통일한 漢나라 유방(劉邦)은 '성 열 개라도 장량 한 사람과 바꿀 수 없으며, 장량 한 사람이 나의 천군만마보다 낫다.'라고 했다. 이것은 곧바로 '천군만마를 얻기는 쉬워도 뛰어난 참모 한 명을 얻기 힘들다.'는 의미다. 오늘날 장량 같은 유능한 인재를 조그마한 흠이 있다고 묵히지 않는지 주변을 살펴볼 일이다.

15. 사격·크로스컨트리와 전사연구

전투에서는 졌지만 전쟁에서 승리하려면…

전령, 그는 적을 펜싱으로 물리치고 강을 헤엄쳐 건넌 후, 말을 타고 계속 달리지만 아직도 먼 거리가 남았고 매복병 위협은 계속된다. 산과 들을 가로질러 메시지를 전해야 하는 사명이 남아 있다. 이때 전사연구가 임무 수행에 길잡이가 된다.

■ 전쟁사례 연구

클라우제비츠는 제2편 6장 역사적 사례(On Historical Example)에서 군사사 연구에서 전쟁 사례 연구의 중요성과 활용, 연구 자세를 말한다. 그는 전쟁사례(戰爭史例) 연구는 모든 것을 명확하게 할 뿐만 아니라 경험과학(empirical sciences)에서 최고 설득력을 갖는다고 하였다. 그리고 '전쟁 사례 연구 활용은 당시 상황을 쉽게 설명하기 위해 사용되거나, 현 상황을 생각하는데 응용하는 데 쓰일 수 있다. 또한 상황 판단 결과를 합리화하기 위해 전쟁 사례를 끌어들일 수 있으며, 서술된 많은 역사적 사례를 통해 교훈을 도출할 수 있다.'고 하였다.

여기에서 그는 제2차 포에니 전쟁(B.C.218~201), 오스트리아 왕위계승을 둘러싼 주변 국가들과의 슐레지엔 전쟁(1740~1745), 이탈리아에서의 대프랑스동맹전쟁(1796~1797) 등 사례를 언급하면서 전쟁 사례 활용 시 유의할 점을 피력하였다. 즉 무기 체계나 전술의 변화에 따라 오래된 사례보다 시간상으로 최근 사례를 연구하는 것이 필요하다고 하였다.

끝으로 전사 연구 자세는 '내적인 힘에 자극을 받아 그런 작업을 도모하려는 사람은 먼 성지순례(pilgrimage)를 떠나는 것처럼 그 경건한 사람을 위해 온 힘을 준비해야 한다.'고 하였다. 이것은 전쟁 사례를 올바르게 활용하는 것에 대해 세심한 주의를 기울여야 한다는 뜻이다. 장거리를 달린 후 표적을 제압하기 위해서도 신중함이 요구된다.

■ 육상과 사격 복합경기

근대 5종 마지막 경기는 육상과 사격의 복합(combined) 경기이다. 이전의 펜싱과 수영, 승마 경기 순위에 따라 시차를 두고 출발하는 핸디캡스타트 방식을 적용한다. 선수의 이전 성적이 합산되어 각각 점수 4점이 시간 1초로 전환된다.

선수들은 5번 달리기와 4번 사격을 반복한다. 먼저 20m를 달린 후 첫 번째 사격을 한다. 사격 총기는 공기총 또는 레이저 권총이다. 사격은 70초 내에 공기 권총 사격으로 10m 앞의 모든 표적 5개를 명중시킨 후 800m를 달린다. 규정 시간 내에 쏘는 사격 발수에는 제한이 없으나, 재장전을 하는 과정 내내 사격대에 총을 반드시 붙이고 있어야 한다. 또 총은 안전하게, 장전을 하지 않은 상태로 총구가 표적 쪽을 향하게 놔두고 떠나야 한다.

이어서 3번 사격과 800m를 달리기를 반복한다. 총 거리는 3.2km다. 이러한 경기 방식은 대회 종류에 따라 사격과 달리기 횟수는 상이하다. 표적은 5가지 종류로 실탄 표적과 레이저 표적이 있다. 한편 근대 5종 계주 경기는 일반적으로 팀당 2명 또는 3명의 선수로 구성한다. 먼저 펜싱은 3명이 단체전으로 실시하며, 수영은 각 100m씩 실시한다. 승마는 팀 3명에게 각각 3마리 말이 배정 시에는 9개의 장애물을, 팀 3명에게 1마리 말이 배정 시에는 6개 장애물을 넘게 된다. 육상과 사격의 복합 경기는 사격 2번과 800m 달리기 2번으로 1.6km를 달린다.

육상과 사격의 반복처럼 로마와 카르타고는 지중해 패권(覇權)을 놓고 3번의 포에니(poeny)전쟁을 치렀다.

■ 포에니 전쟁

포에니는 오늘날 튀니지의 옛 카르타고 주민인 페니키아인을 말한다. 한니발이 카르타고 군대를 이끌고 알프스를 넘어, B.C. 216년 칸나에 전투에서 로마군 7만 명을 섬멸하였다. 위기에 몰린 로마는 냉철한 판단력을 가진 파비우스 막시무스에게 정면 대결이 아닌 시간을 끌어 한니발을 지치게 만들었다. 그리고 원로원 의원 전원이 전쟁비용으로 거액을 헌납하고 패전 책임에 대한 정쟁(政爭)을 삼갔다. 다시 전세를 가다듬은 로마군은 지구전(持久戰)을 펼쳐 몇몇 지방에서 싸움을 유리하게 이끌었다.

결국 스키피오는 한니발 본거지인 스페인과 아프리카를 공격하는 간접적 저항을 통해 승리하였다. 그 후 카르타고는 기원전 202년 자마(Zama) 전투에서 패배해 역사상에서 사라졌다. 한니발은 로마군 대열을 깨뜨려 혼란에 빠뜨리기 위해 코끼리 80마리를 선두에 내세웠으나, 스키피오는 트럼펫으로 코끼리를 놀라게 하였고, 이 틈을 타 기병이 카르타고군 배후를 공격했던 것이다. 로마는 이 전투의 승리로 서부 지중해를 장악하고 세계 제국을 향한 행진 나팔을 불었다.

근대 5종 경기에서도 단일 종목 결과에 연연하지 않고 끝까지 포기하는 정신력과 지략으로 최후 승자가 되는 것이다. 즉 전투에서는 졌지만, 전쟁에서 승리하는 방법을 군인이든 정치가든 클라우제비츠 전쟁론을 통해 생각해 볼 문제이다.

제3편 전략일반*
ON Strategy in General

16. 패러글라이딩과 전략 요소

전쟁 고통, 지혜·불굴의 의지로 극복하라

초록으로 물들어가는 오월에는 푸름 가득한 산야에서 센바람을 등지고 패러글라이딩에 눈길을 돌려본다. 하늘을 날기 위해서는 정신적·물리적·지리적 요소들을 극복해야 한다.

---
* 전투력을 집중해 기습을 달성하라

■ 전략 요소는

　제3편 전략일반은 전략 요소인 정신적·물리적 요소와 수학적·통계적 요소인 기하학적 요소에 대한 설명이다. 제1장 전략에서는 제2편 제1장에서 밝힌 '전략은 전쟁 목적을 달성하기 위해 전투를 사용하는 것이다.'를 다시 한 번 언급하였다. 즉 전략은 전쟁계획을 세워 목적을 달성하는 데 도움이 되는 일련의 행위를 목표와 연결시키는 것이다. 여기에서 군주나 최고 지휘관은 전쟁 목적과 수단에 따라 전쟁을 정확하게 준비하면서 반드시 해야 할 임무만 수행함으로써 자신의 천재성을 증명해 낸다고 하였다.

　그 사례로 프리드리히 대왕의 7년 전쟁(1756~1763) 기간 중 로이텐 전투에 이어 오늘날 폴란드 리그니츠에서 수행하였던 1760년 전투과정 사례를 들었다. 여기에서 프리드리히는 놀라운 자제력으로 우세한 오스트리아군에 맞서 적은 희생으로 균형을 유지하였다. 그 후 프리드리히는 슐레지엔에 대한 영유권과 유럽 강대국으로서 지위를 굳혔다.

　제2장 전략 요소에서는 정신적 특성과 활동의 정신적 요소, 전투력 규모와 편성 등 물리적 요소, 집중과 분산 이동 등 수학적 요소 등 5가지를 언급하고 있다. 그런데 3편의 전반적인 구성을 살펴보면 정신적 요소는 제3~7장, 물리적 요소는 제8~14장에서 구체적으로 언급하고 있지만, 수학적·지리적·통계적 요소는 거의 언급하지 않았다. 이것으로 볼 때 제3편 전략일반은 퇴고(推敲)되지 않은 것임을 짐작할 수 있다. 클라우제비츠가 언급한 전략의 요소는 패러글라이딩에서 정신력을 비롯한 낙하산의 물리적 요소, 기상 등 기하학적 요소와 연계된다.

■ 패러글라이딩

　패러글라이딩(para gliding)은 낙하산(parachute)과 비행(gliding)의 합성어다. 별도의 동력 장치 없이 바람에 몸을 싣고 자유자재로 조종할 수 있어 남녀노소가 쉽게 즐길 수 있는 항공 스포츠이다. 장비의 중량이 10kg 정도로 가벼운 데다가 기체 조작이 간편하다.

이를 즐길 수 있는 장소는 25~39도 정도 경사가 있고 풍속이 10~15km의 맞바람이 부는 곳이어야 한다. 이륙 장소는 나무나 바위 같은 장애물이 없어야 하고 충분히 뛸 수 있도록 평탄해야 한다. 코스는 기본 활공으로부터 시작해 상승기류를 타거나 역동적인 체험을 즐길 수 있다. 패러글라이딩 고정날개 모양은 1891년, 삼각연 모양은 1950년대 고안되었다. 1960년대 중반 NASA에서 스카이다이빙용으로 개발한 것을, 1984년 프랑스 한 산악인이 산 정상에서 하산용으로 사용하였다. 우리나라에는 1986년 9월 15일, 관악산에서 소개되었다.

한편, 수십억 년 인류 역사는 땅과 바다 전쟁 기술로 진화되었다. 가장 앞선 패러글라이딩 모델은 레오나르드 다빈치가 1510년경 고안한 날개와 천을 이용한 낙하산이다.

■ 오다 노부나가와 이카루스의 꿈

패러글라이딩은 중간 목표를 경유하기 보다는 최종 목표에 직접 도달하는 성격이 짙다. 16세기 초 일본 패권을 놓고 경쟁하던 두 장수가 있었는데, 목적을 이루는 전략은 차이가 있었다.

오다 노부나가(織田信長)는 지금 나고야에서 권력 중심지 교토까지 일직선을 긋고 그 선 위에 놓인 영주국들 하고만 싸웠다. 선 위에 놓인 곳 이외 세력과는 싸움을 피하고 제휴(提携)하였다. 즉 전쟁 목적 달성을 위해 꼭 필요한 목표만 전투력을 투입해 달성하였다. 반면 다케다 신겐(武田信玄)은 도쿄 근처 야마나시현에서 세를 모을 때 주변 모든 영주국을 쳐서 복속(復屬)시켜 영토를 확장해 나갔다.

한편 패러글라이딩으로 히말라야 2,400km를 가로 날았던 박정헌의 '이카로스(Icarus)의 꿈'이 있다. 그는 2005년 촐라체 등반 중 불의의 사고로 손가락 8개를 잃었다, 그럼에도 급변하는 기류와 희박한 공기, 혹한과 예측할 수 없는 불시착 등 수많은 난관을 극복하였다.

이카로스는 그리스신화에 나오는 다이달로스와 나우크라테의 아들이다. 다이달로스와 함께 새의 깃털과 밀랍으로 날개를 만들어 붙여 하늘로 올랐다. 그런데 이카로스는 더 높이 올라 태양열에 날개를 붙인 밀랍이 녹아버려 에게해에 떨어져 죽었다.

이 신화에서 비롯된 '이카로스의 날개(꿈)'는 미지 세계에 대한 인간의 동경을 상징한다. 전쟁과 삶에는 온갖 어려움이 있다. 이때 오다 노부나가의 지혜나 박정헌의 불굴의 의지를 생각하면서 패러글라이딩으로 더욱 높은 꿈을 키우자.

17. 번지점프와 정신력

*어떤 상황에서도 흔들림 없는
강한 정신력 무장이 리더의 길*

잠시나마 번지점프로 시름을 놓아 보자. 점프를 위해 계단을 오르고, 뛰어내릴 때 강한 정신력이 필요하다.

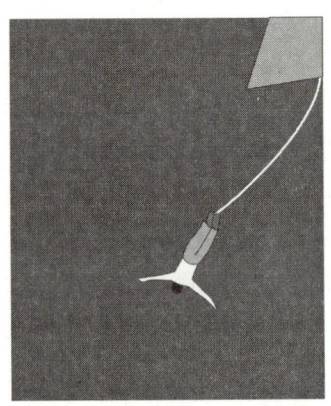

■ 정신력은 예리한 칼날

제3편 3장은 전략 5개 요소 중 정신적 요소를 비유적으로 표현하였다. '전쟁에서 물리적 상황만 내세우는 사람은 법정에서 유죄판결을 받는 것과 같다.' 이것은 병력과 장비·물자 등 유형적 전투력을 우선시하고 무형 전투력인 정신력을 간과하는 것을 주의해야 한다는 뜻이다. 그리고 '정신력은 물리적으로 나무로 된 칼자루가 아니라 귀금속을 예리하게 갈아 놓은 칼날이다. 최고 지휘관의 정신은 역사에서 이끌어내는 가장 고귀하고 순수한 영양분이며, 영혼에 열매를 맺게 하는 지혜의 씨앗을 뿌려 준다.' 라고 하였다. 어떠한 상황에서도 흔들리지 않는 '빛나는 직관력의 불꽃(flashes of intuition)'이 곧 정신력인 것이다.

제4장 중요한 정신력은 제1편 1장 마무리 '이론을 위한 결론'에서 언급한 전쟁 삼중성, 즉 삼위일체(三位一體)인 리더·군대·정부와 연결해 이해하는 것이 바람직하다. 그리고 클라우제비츠가 제시한 중요한 정신력인 최고 지휘관 재능과 군대 무덕, 군대 민족정신은 리더의 정신, 군대 단체정신, 민족정신으로 해석하는 것이 필요하다.

또 최고 지휘관 정신은 제1편 3장 전쟁천재 자질과 연결해 봐야 하고, 군대 단체정신은 제3편 제5장에서 구체적으로 언급하고 있다. 군대 단체정신은 산악지역에서 잘 나타난다고 하였다. 그 이유는 지휘관·병사에 이르기까지 험준한 지형에서 각각 분산돼 임무를 수행하기 때문이다. 여기에서 필요한 것이 강인한 정신력인데 번지점프에서도 필요하다.

■ 번지점프

번지점프는 추락과 다시 솟아오르는 과정에서 스릴을 느낀다. 높은 곳에서 뛰어내리는 순간 정신력이 필요하다. 번지점프는 남태평양 솔로몬 제도 남쪽에 위치한 현지어 '우리의 토지'라는 뜻의 바누아투에서 시작하였다. 현지 원주민들이 나뭇가지를 엮어 만든 높이 20~30m 사이 망루(望樓) 위에서 칡넝쿨로 발목을 감고 뛰어내렸다. 다음해 농사의 풍요를 기원하고 청년들 용맹을 키워 부족의 단합을 도모하는 의식이었다. 또 하나, 번지점프는 남태평양 펜테코스트 섬 주민들의 성인축제 때 담력을 과시하는 것에서 유래되었다고 한다.

오늘날 대중화된 것은 1979년 샌프란시스코 금문교에서 뛰어내리면서부터이다. 점프 코스는 다양한데 뉴질랜드 네비스 하이와이어 번지는 강 아래 134m, 남아프리카공화국 마그와 협곡은 183m에 달한다. 이러한 번지점프가 현대에 군사훈련용 모형탑(mock tower)으로 진화하였다. 11m 높이에 불과하지만, 초보자는 계단을 오를 때부터 공포감에 떤다. 그래서 지상훈련을 통해 조금씩 자신감을 키워나간다.

요즈음은 스포츠 선수, 학생 병영체험 및 신입사원들 극기훈련 과정에서 자신감을 배양하는 수단으로 활용된다. 그리고 유격훈련의 활차(滑車) 레펠에서 강물에 뛰어내리는 수직강하도 번지점프와 짚 와이어 결합 형태이다. 많은 번지점프장 중에서 북한강 변 남이섬으로 건너는 곳에 번지점프와 짚 와이어가 있다.

■ 나미(NAMI)나라공화국과 상상 경영

남이섬은 한때 북한강에서 무질서와 오물로 가득하여 버려진 섬이었다. 그 섬이 세상에 알려진 것은 드라마 겨울연가 속 주인공 준상과 유진의 사랑의 메타세쿼이아 길 때문 아닐까? 술과 고성이 오가던 남이섬이 한 해 수백만 명이 찾는 곳으로 탈바꿈한 것은 강우현의 상상 망치질이다. 그는 2001년 14만 평짜리 자연 캠퍼스에 스토리가 있는 동화 나라, 상상 나라를 만들기 시작하였다. 남이섬이 남의 섬, 즉 방문자가 주인이 되는 섬으로 변화시켰다.

쓰레기나 젓가락이 간판으로, 잡초는 화초로, 낡은 건물은 전시관으로 변하였다. 상상경영은 곳곳에 스며있다. 여러 나라에서 온 방문객들, 첫 눈길은 자기 나라 국기가 걸려 있는 만국기(萬國旗)다.

나미나라공화국에 건너가기 전 선착장에는 번지점프와 짚 와이어가 있다. 이곳의 높이는 무려 55m에 달한다. 짚 와이어(zip-wire)는 아파트 30층 높이인 지상 80m, 남이섬까지는 940m, 자라섬까지 640m이다. 평균 시속 60km로 1분, 동력 없이 무동력으로 쇠줄(wire)을 타고 활강한다. 짚 라인(zip-line)은 정글에서 나무와 나무 사이를 케이블로 연결해 이동한다. 한편, 인근 자라섬 겨울축제는 북한강을 거슬러 올라가 화천 산천어를 통해 세계적인 축제로 거듭났다. 번지점프는 한없이 떨어지다가 다시 솟구쳐 오르게 하는 끈이 자강불식(自强不息)이다. 힘겨울 때 번지점프를 통해 웃음과 자신감을 되찾자.

18. 고공강하와 단체정신

'하나의 군대'로 무장해 더 강한 군대로 거듭난다

5월은 가족의 소중함과 스승의 가르침에 감사하는 달이다. 병영에서도 가정과 학교 같은 화목함이 필요하다. 여기에 클라우제비츠가 강조한 단체정신으로 무장한다면 더욱 강한 군대가 될 것이다.

■ 군대 무덕은 접착제

제3편 제5장은 군대가 갖춰야 할 무덕(武德)을 '전쟁 정신과 본질을 확신하는 것, 전쟁에서 써야 할 힘을 일깨워 훈련시키는 것, 전쟁을 이성적으로 수행하는 것, 훈련을 통해 확신과 민첩성을 획득하는 것, 전쟁에 몰입하는 것, 개성을 버리고 명령을 철저히 수행하는 것이 바로 병사 개개

인이 갖춰야 할 군대의 무덕이다. 이 무덕에 일종의 접착제 역할을 하는 것이 단체정신(professional pride)이다.'라고 했다.

클라우제비츠는 단체정신으로 다져진 군대의 모습을 '엄청난 파괴력을 가진 포화 속에서도 평소 규율을 유지하는 군대, 터무니없이 큰 공포에 절대 놀라지 않으며 현실적인 두려움에 대해서도 한발 한발 맞서 싸우는 군대, 승리에 대한 자신감을 갖고 패배의 절망감 한가운데서도 복종심을 잃지 않으며 지휘관에 대한 존경과 신뢰를 잃지 않은 군대'로 그렸다.

그리고 '결핍과 고통으로 단련되어 운동선수의 근육처럼 체력이 강한 군대, 고통을 군대 깃발에 꽂힌 저주가 아니라 승리를 위한 수단으로 보는 군대, 이 모든 의무와 덕성을 군인의 명예라는 생각에 대한 짧은 교리문답을 통해 생각해 내는 군대, 그러한 군대야말로 전쟁정신으로 충만한 군대다. 무덕이라는 싹은 끊임없는 활동과 훈련이라는 땅 위에서만 자라며, 승리라는 햇빛이 있어야 자란다.'고 역설했다. 고공강하에서 집단강하는 절대적으로 단체정신이 필요하다.

■ 고공강하

고공강하(Parachuting), 스카이다이빙은 1919년 4월 28일 미국 레스리엘 어빙이 오하이오 멕콕 들판 1,500피트 고도에서 점프한 것이 시초이다. 지금은 3,500피트 상공에서 자유 강하해 낙하산을 펴고 내려온다. 이는 강인한 체력과 담력·정신력이 요구된다. 이 외에도 특수 고안된 낙하산을 멘 사람을 긴 줄로 자동차나 모터보트에 연결한 para-sailing도 있다. 1950년대 프랑스 공수부대 훈련용으로 개발되었다.

스포츠로서 고공강하는 정밀착지·스타일·집단강하 등으로 나뉘는데, 정밀착지(精密着地·Accuracy)는 4,000피트(1,200m) 상공에서 낙하해 미리 정해 놓은 착륙지점인 지름 3cm 표적(500원 동전 크기)에 얼마나 정확하게 착지하는가를 평가한다. 1개 팀 5명으로 1명당 8회를 낙하하는데, 개인전과 단체전이 있다.

스타일(Style)은 횡면 360°회전(Turn)과 종면 360°회전(Loop)을 정해진 순서에 따라 시행하는데 소요된 시간으로 측정한다. 개인별 3회 낙하 후 성적에 따라 결승까지 진출한다.

집단강하(Formation Skydive)는 1만 피트(3,300m) 상공에서 4명이 한 팀을 이뤄 자유낙하(free fall)하면서 만드는 다양한 공중대형의 안정성과 팀워크를 평가한다. 자유낙하는 항공기에서 뛰어내려 약 30~40초 동안 2km를 낙하산을 개방하지 않고 맨몸으로 시속 200~300km의 속도로 내려오다 지상 3,000~4,000피트에서 낙하산을 개방 후 강하한다.

상호활동(performance)은 다이아몬드 등의 공중대형을 펼쳐 함께 낙하한 카메라맨이 촬영한 것으로 평가한다. 높은 고도에서 동전 크기의 지상 목표를 향해 낙하할 때는 그릿(grit)이 필요하다.

■ 그릿과 성실

그릿(grit)의 사전적 의의는 자갈과 모래인데 용기와 기개(氣槪)를 뜻한다. 어려움이 있더라도 자신이 세운 목표를 향해 오랫동안 꾸준히 노력하는 것이다. 미국에서 1984년부터 시작된 '테드(Technology·Entertainment·Design, 퍼뜨릴 만한 가치가 있는 생각)'라는 지식 콘퍼런스를 본떠 만든 '강연 100℃'가 있다. 인생의 끓는점까지 치열하게 살아온 사람들의 진솔한 이야기를 듣다 보면 어느 순간 자신을 둘러싼 어려움은 별것 아니라는 생각을 들게 한다.

또 기업체에서 실시하는 대중강연 중 '열정서-Outreach'가 있다. 2011년부터 시작한 토크 콘서트로 사회 각 분야의 음지에서 묵묵히 자신의 역량을 다져 최고의 반열에 오른 사람들의 이야기다. 소개된 사례의 공통된 특징은 좋은 지능·외모·육체적 조건이 아니다. 자신이 세운 목표를 향해 꾸준히 노력할 수 있는 능력, 마음 근력이다. 자기가 하고자 마음먹은 일을 즐겁게, 끝까지 밀어붙이는 힘이다(心推力).

이것은 스스로 원해서 할 때 즐거우며 즐겁게 할 때 잘하게 된다. 결과에 따라 울고 웃는 게 아니라(一喜一悲), 목표를 향해 꾸준히 노력하는(百折不屈) 열정과 끈기이다. 공부든 훈련이든 혼자하기에 벅찰 때 서로 'grit'을 외쳐 보자. "성실함을 뛰어넘는 것은 없다."

19. 오리엔터링과 대담성 및 끈기

성년들이여 넓은 시야와 집념으로 더 많은 꿈을 품어라

5월 성년 주간에는 다채로운 행사가 열린다. 인생 여정에서 들판을 가로지르고, 숲 속을 헤치고, 언덕을 오르는 그들에게 주어진 것은 두 가지 지혜. 지도와 나침반이다.

■ 대담성과 끈기

제6장과 제7장은 정신적 요소 중 대담성(boldness)과 끈기(perseverance)를 말한다. 클라우제비츠는 대담성이란 "말단 병사로부터 최고 리더에 이르기까지 모두에게 요구되는 가장 고귀한 어질고 너그러운 품성이며, 무기에 날카로움과 찬란한 빛을 더해 주는 강철과 같다."고 하였다.

이것은 강한 군대만이 승리를 이끌어내는 것임을 말한다. 여기에서 지나친 감정에 치우친 무모함을 경계하고 이성적인 대담성이 필요하다. 왜냐하면 대담성은 리더 자신뿐만 아니라 많은 병사와 군대 전체의 생존에 직결되기 때문이다.

그리고 "영웅은 천재적인 판단 리듬으로 번개처럼 빠르게 계산해 거의 무의식적으로 상황을 파악한다. 대담성이 정신과 통찰력을 자극하면 할수록, 정신과 통찰력은 대담성의 날개를 달고 그만큼 멀리 날아가고 넓은 시야를 갖게 된다."고 했다. 즉 영웅은 뛰어난 정신과 이성, 통찰력과 대담성을 갖춘 사람을 말한다.

그리고 끈기는 쉽게 단념하지 않고 끈질기게 버티어 나가는 기운이다. 클라우제비츠는 전쟁 상황이 처음 예측했던 것과는 전혀 다른 모습으로 나타날 때 침착함을 강조하였다. "이 많은 현상들을 재빠르게 판단할 수 있는 침착성을 가지려면 오랜 전쟁 경험과 끊임없이 부딪쳐 오는 파도에 맞서는 바위처럼 뛰어난 용기와 굳센 마음이 필요하다." 이러한 대담성과 끈기는 오리엔터링에서도 필요한 정신적 요소이다.

■ 오리엔터링

오리엔터링(Orienteering)은 19세기 중엽 북유럽 제국에서 장교 훈련 과목으로 척후(斥候) 훈련이 실시된 것에서 유래되었다. 방향을 정하고 지형을 확인한 후 목적지에 갔다가 본부로 되돌아왔다. 이 독도법이 민간 스포츠 단체에서 차츰 스포츠로서 기틀을 다지기 시작하였다. 1918년경 스웨덴의 엔스트 킬란드가 청소년의 체력 향상을 위해 삼림 지역을 무대로 지도와 나침반을 주고 목표 지점을 찾아오게 해 스포츠로 정착시켰다. 이후 북구 일부 지역에서 성행하다가 1964년 국제오리엔터링연맹이 설립되면서 전 세계로 확산되었다.

경기 방법은 세 가지가 있다. 포인트 오리엔터링은 가장 널리 실시되는 전통적인 형식이다. 지정된 포스트를 정해진 순서대로 통과해 되도록 빨리 도착점에 돌아오는 것으로 크로스컨트리 오리엔터링이라고도 한다. 스코어 오리엔터링은 주최자가 정한 제한시간 내(통상 90분)에 임의로 포스트를 찾아가 되도록 많은 점수를 모아서 돌아오는 형식을 말한다. 난이도에 따라 각각 10개씩 목표물이 주어진다. 비교적 쉬운 인공 특징물이나 바위벽 등은 10점, 중간 수준인 건물이나 구덩이 등은 20점, 높은 수준인 골짜기와 봉우리 정상 등은 30점이 주어진다.

라인 오리엔터링은 주최자가 설정한 코스를 따라 지도에 선으로 표시된 코스에 설치된 포스트를 되도록 빨리 찾아서 돌아오는 형식이다. 릴레이 오리엔터링은 일정한 코스에 따라 팀을 정해 그 팀 구성원이 다른 코스를 주파하고 연속적으로 경기를 진행해 소요 시간으로 순위를 정한다. 코스는 1인당 3~5km이다.

■ 지도와 나침반

오리엔터링 길잡이는 지도와 나침반(針盤)이다. 현존하는 가장 오래된 지도는 4500년 전에 이라크 북부 지방을 그린 것으로 추정된다. 그리고 그리스 역사가 헤로도투스와 지리학자 스트라보에 따르면 바다와 하천이 다 그려진 지도를 처음 제작한 사람은 기원전 6세기경 아낙시만드로스라고 한다.

자기(磁氣)의 서로 끌어당기거나 밀어내는 힘인 자력(磁力)을 이용해 나침반을 처음 발명한 나라는 중국이다. 1세기경 남쪽을 가리키는 물고기 모양에서, 11세기에는 명주실을 바늘에 매단 나침반을 만들었다. 또한 자침을 가벼운 갈대나 나무 등에 붙여서 물에 띄워 주택 방향을 보는 데 사용하였다고 한다. 중국인들은 육지 여행에서 습식(濕式) 나침반을 만들었고, 이후 유럽에서 1269년 페리그리누스가 최초로 축침으로 자침을 지탱해 그것을 눈금판 위에 세우는 것을 고안함으로써 비로소 나침반이 되었다. 그 후 진동으로부터 자침을 빨리 정지시키기 위해 특수 기름을 봉입한 피벗으로 자침을 받치는 건식 나침반이 발명되었다. 오리엔터링에서 사용되는 나침반은 스웨덴어로 '숲'을 뜻하는 '실바'이다. 각도기와 자가 달려 있어서 방위각과 거리 측정이 편하고 겨울에도 얼지 않는 특수 액이 들어 있어 자침이 떨지 않고 고정되는 장점이 있다.

성년이 된 그들 앞에는 많은 어려움이 놓여 있다. 목표를 찾아가는 과정에서 어려움을 이겨내는 대담성과 끈기가 필요하다. 그들에게 한 개만 쥐어준다면 모든 환경들을 정해 놓고 있는 가이드인 지도보다, 방향만을 지시하는 나침반을 주어라. 끈기 있는 새우는 고래도 잡는다고 하였다.

20. 다트와 병력 우세

수적 열세의 승리 방정식 전술·전투력에 집중한다

해마다 6월에는 6·25전쟁과 관련 행사들이 곳곳에서 펼쳐진다. 당시 변변한 소총도, 탱크 한 대도 보유하고 있지 않았던 국군은 60만 대군으로 우뚝 섰다. 군사력 강화 핵심은 병력 증강이었다.

■ 일반적 원칙…반드시 이긴다는 보장 없어

제3편 8장부터 14장까지는 전략 요소 중 물리적 요소에 대해 가장 많은 부분을 할애하고 있다. 주요 내용은 수의 우세와 기습, 전투력의 시·공간적 집중, 병력의 절약 등이다. 제8장 수(數)의 우세는 '전술이나 전략에서 승리를 달성하기 위한 가장 일반적인 원칙'이지만, 반드시 승리로 귀결되는 것은 아니다.

프리드리히 대왕이 7년 전쟁 중 3만 명 열세한 병력으로 두 배가 넘는 8만 명 오스트리아군을 물리친 로이텐 전투(1757년)가 좋은 사례이다. 이어 로스바흐에서는 2만 5,000명으로 5만 명을 물리쳤다. 프리드리히는 예비 병력을 은폐시킨 후 오스트리아군 우측 날개를 먼저 공격하였다. 이어 왼쪽 날개의 병력을 빼내 전력을 보강한 후 취약한 오스트리아군

좌측을 집중 공격해 승리하였다. 이른바 사선대형(斜線大形)이다. 이로써 프로이센은 전략적 요충지인 슐레지엔을 확보하였다.

클라우제비츠는 승리 원인을 이렇게 추가하였다. '적에 대한 올바른 판단, 열세한 전투력으로 적과 맞서는 모험심, 정력적인 강행군, 과감한 기습, 위험한 순간에 더 많은 활동을 보이는 위대한 정신력'이다. 훗날 나폴레옹은 이 전투를 '신속한 기동의 걸작품'이라고 하였다. 여기에서 집중은 결정적인 지점에서 상대적인 병력의 우세를 달성하기 위해 전투력의 시간과 공간 집중이 필요하다고 하였다. 다트에서도 표적을 향해 집중해야 한다.

■ 다트

다트(dart)는 '작은 화살'이란 뜻이다. 15세기 영국 왕 헨리 6세의 왕위 계승 문제를 놓고 빨간장미 랭거스터 가문과 하얀장미 문장(紋章) 요크 가문이 싸운 장미전쟁(1455~1485·Wars of the Roses)이 있다. 이때 30년 동안 전쟁에 지친 군인들이 빈 술통 뚜껑을 마구 기둥이나 성벽에 달아 놓고 화살촉을 던져 맞히는 놀이에서 유래되었다. 오랜 전쟁으로 불안감과 향수를 달래기 위해 시작된 다트는 점차 스포츠로 발전하였다. 다트판은 고정식·회전식·전자식이 있다.

다트는 바깥쪽부터 안쪽으로 가면서 점수가 많아진다. 과녁 가장 바깥은 파이 조각 위에 있는 수에 2를, 중간의 비교적 넓은 곳은 숫자 그대로, 안쪽 좁은 곳은 3점을 곱한다. 가운데 원 부분은 50점, 링 모양 과녁은 25점이다. 플레이어 1명이 다트 촉을 세 번 던져 점수를 합한다. 가장 성행하는 게임은 501게임(Zero One)으로 모든 다트 공식 경기에서 가장 대중적이며 1:1, 2:1, 또는 팀:팀으로 한다. 1:1을 싱글스, 2:2를 더블스라 부른다. 게임은 서로 501점의 기본점수로 시작하며 교대로 다트를 3개씩(1 throw) 던져서 그 합계 득점을 기본점수로부터 감산한다.

이렇게 계속 진행해 최종적으로 0점을 먼저 만든 선수가 승자이다. 결국 대량 득점자가 승자이다. 상품 시장에서도 스포츠의 대량 득점처럼 대량판매 시장인 대형마트로 진화하였다. 수의 우세를 추구한 것이다.

■ 대형마트 등장

과학기술 발전은 대량생산 기계 출현을 가져왔고, 이에 필연적으로 대량판매(mass marketing)를 가능케 하였다. 많은 상품은 할인을 통해 수요자의 욕구를 자극하였다. 그 시초는 1962년 미국 아칸소 주에서 작은 잡화점으로 시작된 월마트이다. 지금은 미국 식료품 판매의 4분의 1을 장악하고 있다. 월마트는 한국에도 진출했으나 이마트에 매각되었다. 한국의 대량판매 시장은 그다지 오래되지 않았다. 1993년에 대형 할인 점포가 등장하였다.

한편, 대형 할인 마트는 몇 가지 마케팅 비밀이 숨어 있다. 매장으로 들어가는 입구는 왼쪽에 주로 있다. 고객 68% 정도가 오른쪽 길을 선택하기 때문이다. 창문과 시계가 없는 것은 마트 공간 안에서 쇼핑에만 집중하도록 한 것이다. 에스컬레이터가 중앙에 있는 것도 아래·위층으로 움직일 때 상품이 노출되어 구매 욕구를 자극한다. 주변에 가격이 저렴한 생활용품을 먼저 접하게 한 후 값비싼 물건에 대한 벽을 허무는 효과도 있다. 쇼핑 카트가 큰 것도 공간을 채우도록 무의식중에 자극한다. 이 외에도 잔잔한 음악은 머무는 시간을 늘리고, 향기는 쇼핑 욕구를 자극한다.

쇼핑을 마치고 나오는 길목의 계산대 옆 상품 진열대(point of sales)는 단위 면적 대비 매출액이 가장 많다. 껌과 초콜릿부터 화장품 등 고부가가치 상품이 진열되어 있다. 다트가 과녁을 향해 집중하는 스포츠처럼 대형 할인 마트도 소비심리를 자극하기 위한 '뇌, 욕망의 비밀을 풀다.'의 심리 전략이 담겨 있는 전쟁터이다.

21. 국궁과 기습

결단은 신중하게 급소는 신속하게…곧 승리의 지름길

5월 31일은 바다의 날이다. 평소 잔잔한 바다에 갑자기 예고 없는 쓰나미(tsunami)가 닥칠 수도 있다. 우세한 병력과 첨단장비를 갖추고도 기습당한 사례가 역사상 수없이 많다.

■ 기습

클라우제비츠는 제9장 기습(奇襲)에서 '수적 우세를 달성하기 위한 노력과 수단은 기습이다. 그리고 적에 대해 상대적 우세를 얻기 위한 노력으로 수의 우세와 함께 기습이 거의 모든 작전에 기초가 된다.'고 하였다. 그리고 '기습 성공은 심리적으로 적을 혼란에 빠뜨리고 용기를 상실하도록 하므로, 비밀 유지와 신속성이 요구된다. 신속성은 과감한 행동과 신속한 결단 및 강행군에 의해 보장된다.'고 하였다.

그 사례로 제1장에서 분석하였던 프리드리히 대왕의 7년 전쟁 중 리그니츠 전투(1760년)를 다시 제시하였다. 당시 프리드리히는 라우돈이 지휘하는 오스트리아군을 격파하기 위해 공격 전날 진지를 옮겨 오스트리아군의 측익에서 포병 사격으로 기선을 제압하여 승리를 거뒀다. 여기에서 클라우제비츠는 기습에서 주도권 장악의 중요성을 강조하였다. '적에게 자신 원칙을 강요하는 사람만이 기습을 할 수 있으며, 올바로 행동하는 사람만이 원칙을 적에게 강요할 수 있다. 잘못된 수단으로 적을 기습하면 좋은 결과를 얻기보다 적 반격을 감수해야 한다.' 이것은 기습 달성의 신중함과 신속성을 뜻하기도 한다. 따라서 기습은 '적의 급소를 찌름(hit the nail on the head)'으로써 심리적 효과를 달성할 것을 강조하였다. 왜냐하면 서로 기습 기회를 포착하려고 할 때 상대방의 가장 취약한 곳을 먼저 공격하는 것이 승패를 좌우하기 때문이다. 목표를 향한 기습은 국궁에서 화살이 표적을 향해 재빠르게 날아가는 것과 같다.

■ 국궁

화약이 발명되기 전까지 일본은 칼(刀), 중국은 창(槍)이 대표적인 무기라면 우리나라를 상징하는 무기는 활(弓)이었다.

고구려를 창건한 주몽(朱蒙)과 안시성에서 당태종의 눈을 맞힌 양만춘의 기상은 오늘날까지 이어지고 있다. 역사적으로 대표적인 활은 우리의 국궁, 일본의 죽궁(竹弓), 영국의 장궁(長弓), 몽골의 각궁(角弓), 북미 인디언의 목궁(木弓) 등이 있다. 이 중에서 길이 120~130cm의 작고 가벼운 국궁은 굽은 활(彎弓)로 탄력이 뛰어났다. 탄환에 해당하는 편전(片箭)도 24~36cm에 불과했으나, 초속 70m로 사거리 420m를 넘기기도 하였다.

활쏘기에는 8단계가 있다. 발 디딤, 몸가짐으로부터 만작(滿酌)과 발시(發矢) 후 잔신(殘身)까지이다. 만작은 활시위를 팽팽히 잡아당겨 에너지를 모아 가장 좋은 발시의 기회를 만드는 것이다. 잔신은 화살은 비록 몸을 떠났지만, 마음은 떠나면 안 된다는 것이다. 즉, 화살이 날아가는 궤적과 표적을 맞히는 순간까지 리모컨을 조정하듯 추적해야 한다. 또 화살을 멀리 보내기 위해서는 시위를 최대한 뒤로 당겨야 하고, 물러서야 앞으로 나갈 수 있는 힘이 생긴다.

이러한 과정은 클라우제비츠가 기습에 강조한 것과 일맥상통한다. 기습 달성을 위해서는 적의 상황과 배치 등 각종 정보를 수집해 철저히 정세 판단을 한 뒤, 마지막 기습 달성 단계에서는 신중하되 과감하게 결단해야 한다. 활은 오늘날 소총으로 진화하였다. 저격수의 기습사격은 때로는 수백 명을 심리적으로 압도한다.

■ 한국형 소총의 발전

활로 대륙을 겨누던 우리는 스스로 만든 총 한 자루 없이 6·25전쟁을 치른 설움이 20년 동안 계속되었다. 드디어 1974년부터 국내에서 M16 소총을 양산하기 시작하였다. '여하한 병기도 분해하면 부품이다.'라는 무모한 도전이 아니라 자주국방을 위한 의지의 표상이었다. 베트남전쟁에서 사용되던 발칸포·곡사포 등을 들여와 완전 분해하여 설계도를 만들었다. 무(無)에서 유(有)를 창조하는 시작이었다. M16 소총에 이어 1982년 처음으로 활이 다시 K1 기관단총으로 독자 개발되었다. 지금으로부터 30년 전 1984년에는 K2 소총이 M16 소총을 대체하기 시작하였다.

소총은 기관총을 넘어 곡사화기, 장거리 미사일에 이르기까지 한국형 무기개발의 원천(源泉)이 되었다. 기관총과 더불어 소총은 지난해 K-14 저격용 소총 개발에 이르렀다. 90여 미터 떨어진 500원짜리 동전 2.5cm를 명중시킬 수 있다. 수의 우세를 이기는 것은 저격수에 의한 정확한 사격이다. '신은 많은 병력의 편에 서는 것이 아니라 정확한 사수 편에

선다.'는 말이 있다. 베트남전쟁에서 적군 1명을 사살하는 데 사용된 실탄은 무려 2만 5,000발에 달하였다고 한다. 저격수는 많은 병력을 지휘하는 지휘관, 포병화력을 유도하는 포병관측장교, 대량사격 기관총 사수 등을 제압한다. 수의 우세를 단 한 발로 승부를 거는 것이다. 전투프로의 가장 우선 자격은 사격이다.

22. 럭비와 책략

정공법으로 맞서고 기만으로 승리한다

강렬한 태양 아래 장맛비에 젖은 진흙탕에서, 럭비공 하나를 두고 몸을 던지고 굴리면 눈동자만 반짝거린다. 강력한 스크럼을 통해 공을 잡고 득점을 위해서는 수시로 공격 방향을 기만하는 책략이 필요하다.

■ 책략과 기만

제3편 제10장은 책략(策略, Cunning), 즉 기만(欺瞞)을 말한다. 첫머리에 '책략을 쓰려면 의도를 숨겨야 한다.'고 되어 있다. 이것은 손자병법 '범전자(凡戰者)는 이정합(以正合), 이기승(以奇勝): 무릇 전쟁이란 정공법으로 맞서고 기만으로 승리한다.'와 일맥상통한다.

클라우제비츠가 말한 책략가는 '자기가 속이려는 사람이 스스로 이성의 잘못을 저지르도록 만들며, 상대방 눈앞에서 문제 본질을 갑자기 변화시킨다. 그래서 재치가 생각과 상상으로 하는 요술인 것처럼 책략은 행동으로 하는 요술이다. 그리고 말로 하는 행동은 많은 노력이 들지 않기 때문에 그런 행동을 주로 적을 속이는 데 쓴다.'고 하였다. 이것은 다양한 방법으로 상대방 주의력을 분산시켜 건전한 판단을 흐리게 하는 것을 말한다.

그리고 그는 기만의 다른 형태로 계획이나 명령을 거짓으로 전하거나 적에게 일부러 잘못된 정보를 흘리는 것을 제시하고 있다. 또한 '최고 지휘관은 책략보다 올바르고 정확한 통찰력이 더 필요하며 유용한 특성'임을 강조한 것은 기만에 속지 않도록 유념하라는 뜻이다. 또한 대담성과 책략은 서로를 강화해 하나의 불빛으로 만든다고 피력하였다.

전쟁에서 기만을 통해 승리를 쟁취하듯이 럭비에서도 강력한 스크럼을 통해 공이 빠져나오면 8번 선수가 한 번의 페인팅을 통해 상대편의 주의를 분산시킨다. 그리고 윙이나 센터의 빠른 발을 이용해 트라이에 성공하는 것과 같다.

■ 럭비와 럭비공

럭비가 영국에서 번창한 시기는 1066년 노르만의 영국 정복 이후부터이다. 당시는 게임 규칙이 없어 거의 목숨을 건 투쟁에 가까운 경기였다. 근대 럭비는 각 팀 15~30명의 경기자가 상대편 골대에 먼저 골을 가져가기 위해 싸우는 '헐링 앳 골(Hurling at Goal)'을 계승한 럭비 풋볼이다. 오늘날 럭비 풋볼 규칙은 1823년 만들어졌다. 영국의 한 럭비 구장에서 경기가 득점 없이 끝날 무렵, 윌리엄이란 소년이 상대가 킥한 볼을 잡고 골라인으로 달려들었다. 당시는 드리블 이외는 허용되지 않았다.

일제강점기에 소개되었던 럭비는 6·25전쟁 후 군 전력 증강책의 일환으로 각 군 사관학교와 육군에 보급되어 뿌리를 내리는 계기가 되었다. 지금은 디자인플라자가 들어선 옛 동대문운동장에서 각 군 사관생도 럭비 대표팀 경기가 열리는 날에는 함성으로 운동장이 가득 찼다.

한편 오늘날 쓰는 타원형 럭비공은 돼지 오줌보에서 유래되었다. 럭비가 처음 시작된 곳은 영국 워빅스의 럭비스쿨이었다. 1845년 럭비의 아버지 토머스 아널드가 통일된 규정을 만들었고, 1862년 돼지 오줌보 주위에 가죽 네 조각을 손으로 꿰맨 것이 첫 럭비공이었다. 처음에는 둥근 모양이었으나 경기를 할수록 찌그러지고 타원형으로 변해갔다.

공을 발로 차는 축구 등에 비해 럭비는 차는 시간보다 공을 손으로 잡고 던지는 시간이 많아 원형보다 타원형이 유리하였다. 기술이 발달하면서 1941년 이후부터 천연가죽 안에 바람을 넣었으나 물에 약한 것이 단점이었다. 젖은 공은 선수들을 더욱 지치게 하였다. 이에 1980년대부터 방수 기능을 갖췄으며, 손에 밀착되고 던지기 편하도록 공 표면에 오톨도톨한 돌기가 있는 최대 460g의 공이 제작되었다. 럭비는 단순한 스포츠를 넘어 인종 갈등을 해소하는 방편으로도 활용되었다.

재치는 생각·상상으로 하며
책략은 행동으로 하는 요술
올바르고 정확한 통찰력 필요

■ 스프링복스와 인빅터스

2013년 12월 타계한 넬슨 만델라는 흑백 인종갈등을 해소하고 이들을 하나로 묶기 위해 럭비를 활용하였다. 그는 인권과 자유와 민주주의를 위해 싸우다가 27년간 감옥에 갇혔으나 그 고난을 극복하고 남아프리카 공화국 최초 흑인 대통령으로 당선되었으며, 노벨평화상을 수상하는 불굴의 인간정신을 보여주었다. 일개 부족 추장의 아들로 극심한 인종차별이 횡행하는 나라에서 태어나 인권과 자유를 향한 머나먼 길을 걸었다.

넬슨 대통령은 거의 백인으로 이뤄진 자국 팀 스프링복스(springboks)와 영국 팀 간 경기에서 흑인들이 상대인 영국 팀을 응원하는 것을 목격하였다. 백인의 전유물이던 럭비가 흑인 마음을 움직이지 않았기 때문이다.

이에 그는 인종과 국경을 초월한 고도의 책략(策略)을 모색하였다. 흑인이 단 1명뿐이었던 스프링복스 멤버들이 TV에 출연해, 아파르트헤이트(인종분리)에 대한 저항의 노래 〈응코시 시키렐레〉를 불러 감동적인 모습을 연출하였다. 결국 1995년 럭비결승전에서 기적의 우승을 만들어냈다.

이 사건은 '굴하지 않는다.'란 뜻의 영화 〈인빅터스(Invictus, 2010)〉로 태어났다. 19세기 말 영국의 시인 헨리는 인생의 어려움을 굴하지 않는 용기(百折不屈)로 극복할 것을 노래하였다. "나는 내 인생의 주인공, 나는 내 영혼의 선장이다.(I am the master of my fate, I am the captain of my soul.)" 럭비 선수뿐만 아니라 우리 모두에게 꼭 필요한 말이다.

23. 컴파운드 양궁과 시간 및 공간집중

최선의 전략은 많은 병력을 결정적 순간에 집중

망종(芒種)에는 보리를 베고 논에 모를 심는다. 순국선열의 넋을 추모하는 현충일을 앞둔 날이기도 하다. 이때 모두 마음을 하나로 모아 불멸의 영웅들이 남긴 고귀한 희생과 충정을 기린다.

■ 시간과 공간집중

클라우제비츠는 물리적 요소를 수의 우세와 기습에 이어 전투력의 공간·시간적 집중을 말한다. 제11장 공간적 집중(Concentration of Fores in Space)은 불과 한 페이지 절반에 불과한데, '최선의 전략은 언제나 충분한 전투력을 갖추는 것이며, 결정적인 지점에 전투력을 집중시키는 것'이 핵심이다. 이어 제12장에서는 비교적 상세하게 전투력의 시간적 통합(Unification of Fores in Time)을 서술하였다. 여기에서 전술적·전략적 예비대 운용 개념을 구분하였다. 전술적 예비대 분산 운용으로 승리를 거두는 데 필요한 만큼 전투력을 사용하고, 나머지 병력은 총격전이나 백병전 등으로 손실이 발생하지 않도록 전투가 벌어지는 곳으로부터 이격시켜 놓아야 한다고 했다. 왜냐하면, 새로운 적과 전투력에 맞서기 위해 아군도 새로운 전투력이 필요하기 때문이다.

전략적 예비대 운용은 동시에 집중해서 사용해야 한다고 하였다. 전략에서 중요한 것은 병력을 나중에 사용하기 위해 남겨 두고 절약하는 것이 아니라, 가능한 한 많은 병력을 확보해 결정적인 순간에 집중하는 것이다. 즉, 전략적 목적을 달성하기 위해 준비된 모든 병력을 그 목적을 위해 동시에 사용해야 한다.

클라우제비츠는 나폴레옹이 1812년 모스크바를 점령하고도 승리하지 못한 요인으로 전투력을 집중해 러시아군 주력을 격멸하지 못한 것을 예로 들었다. 따라서 시간 통합과 공간 집중을 달성해야 승리할 수 있다. 전략적 승리는 부분적 전투 승리가 모여 이뤄진다. 통합과 집중은 컴파운드 양궁 과녁의 표적으로 모아진다.

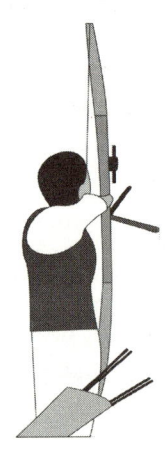

■ 컴파운드 양궁

컴파운드 양궁은 도르래를 이용한 개량 활이다. 양궁은 활 형태에 따라 리커브(recurve)와 컴파운드(compound)로 분류되는데, 일반적으로 양궁으로 불리는 올림픽 정식 종목은 리커브이다. 기존의 기계적 요소가 없는 양궁인 리커브에 비해 약 30~40% 정도 더 빠른 280km/h 스피드다. 이것은 활 윗부분 끝에 달린 도르래 장치인 캠(cam)이 활시위를 당길 때 필요한 힘을 줄여주기 때문이다. 그러나 활을 당길 때는 줄을 잡아당기는 것처럼 편하지만, 화살이 발사될 때는 다시 원상 복귀하려는 힘에 가속도까지 붙어 파괴력은 더해진다.

화살은 1m 내외로 날아가는 움직임도 리커브는 물고기가 헤엄치듯 좌우로 꿈틀대지만, 컴파운드는 발사기(releaser)를 이용하므로 시위의 떨림 현상이 없어 화살이 총알처럼 직선 궤도로 날아간다. 또한, 망원경(scope)이 있어 정확히 표적을 제압할 수 있지만, 손으로 발사기를 눌러 화살을 쏘므로 제어하기 어려워 실수가 잦다. 경기는 50m 거리에 15발씩 발사한다.

리커브	구분	컴파운드
70m	과녁까지 거리	50m
지름 122cm	과녁 크기	지름 80cm
시속 220km 내외	평균속도(남자기준)	시속 280km 내외
정식 종목	올림픽 종목 여부	정식 종목 아님
개인전은 세트제 단체전은 미정	아시아경기 운영방식	개인전, 단체전 모두 점수 누적제
손가락으로 활시위를 당겨 발사 물고기가 헤엄치는 것처럼 화살이 날아감	특징	활 양 끝에 도르래가 달려 있어 당기기 쉬움 격발 스위치를 눌러 발사 화살이 거의 직선으로 날아감

컴파운드 양궁은 1995년 자카르타 세계양궁선수권에서 처음 등장하였는데 아직 올림픽 종목은 아니다. 레저 문화가 발달한 미국과 유럽 등에서는 실전 사냥용으로 사용되면서 생활 스포츠로 자리 잡고 있지만, 우리나라는 아직 공간 제약과 위험 요소가 있어 대중화되지 않았다. 활을 쏠 때 무엇보다도 집중이 요구된다.

■ 강철박스와 전쟁

공간 집중으로 군수 양상을 바꾼 컨테이너의 첫 모습은 1956년 4월 26일, 유조선 아이디얼호에 실려 뉴어크 항을 떠나 휴스턴으로 옮겨졌던 알루미늄 박스다. 그로부터 10년 뒤 1966년 컨테이너 규격의 표준화가 이뤄졌다. 종류는 길이 40피트(12.192m), 폭 8피트(2.438m), 높이 8.6피트(2.62m) 등 4가지 종류이다. 엄청난 물량을 수송하는 데 강철 박스, 즉 컨테이너가 결정적 역할을 하였다. 바로 베트남전쟁을 통해서이다. 1968년 초 최대 60만 명에 달하는 미군의 장비와 보급품은 컨테이너를 통해 수송되었다.

한편, 우리나라에서 최초로 컨테이너 서비스를 시작한 곳은 한진그룹의 대진해운이다. 한진은 수도사단이 파병됐던 베트남 중부 퀴년항에서 미군 물자 수송 용역을 담당했다. 특히 인근 롱탄 탄약고에서 내륙인 플레이쿠까지 19번 도로를 따라 매일 수백 대씩 탄약을 수송하였다. 조국을 위해 희생한 순국선열을 추모하는 날이 현충일이다. 6·25전쟁과 베트남전쟁에서 전사한 선열뿐만 아니라 1963년부터 1977년까지 서독에 파견되었던 광부 7936명, 간호사 1만 1000여 명, 그리고 중동 열사의 땅에서 근로자로 일했던 수십만 명 산업 역군이 있었기에 오늘날 대한민국이 존재한다.

24. 국선도와 병력 절약

사람·물자 이동 수단 늘어
과도한 신체적 사용 절약 에너지를 줄이는 지혜 필요

점점 무더워지는 날씨에는 바깥 운동이 제한된다. 이때에는 실내에서 간단한 운동이 효과적이다. 스포츠에서 지나친 에너지 사용을 줄이는 지혜가 필요하듯 전쟁에서 병력 절약은 결정적 시기에 효과적으로 사용할 수 있다.

■ 예비병력 운용과 병력 절약

클라우제비츠는 제12장에서 언급하였던 전략적 목적을 달성하기 위한 예비대 운용을 13장 전략적 예비 병력에서 구체적으로 제시하고 있다. 여기에서는 3가지 관찰로 전술적 예비 및 전략적 예비의 운용 시기와 방법, 대결전(main decision) 시기를 언급하였다. 전술적 예비는 예상하지 못한 전투에 대비해 전투력을 순차적으로 이용하고 대결전은 나중에, 전략적 예비는 전투력을 동시에 사용하며 대결전은 처음에 시도하는 것이다.

예비대 운용 성공사례로 1813년 8월 말 쿨름전투를 제시하고 있다. 이 전투는 제6차 대프랑스 동맹전투 중 하나로 프랑스군 방담의 3만 2,000명이 프로이센-러시아-오스트리아 연합군 5만 4,000명 정면을 공격할 때 전술적 예비 병력으로 있던 프로이센 군단이 방담의 후방을 공격해 승리하였다.

제14장 병력 절약 핵심은 절약된 병력이 필요할 때 집중적으로 사용하는 것이다. 이를 위해서는 '지휘관은 가끔 순간 판단 감각에 자신을 맡겨야 할 때가 있다. 그 감각은 타고난 통찰력과 신중한 고민을 통해 거의 무의식적으로 핵심을 간파한다.'고 하였다. 여기에서 주의해야 할 것은 병력 배치와 부대 이동인데, 적군이 주력으로 활동하지 않는 곳에 아군 병력을 배치하거나 적의 공격 중에 병력 일부를 행군시켜 전투력 낭비를 초래하는 것이다. 병력 절약은 에너지 사용을 줄이는 것과 같다.

> 병력 절약 핵심은 지휘관의 타고난 통찰력과
> 신중한 고민을 요구, 과도한 신체적 사용 절약

■ 국선도

국선도(國仙道)는 몸을 강하게, 마음을 편하게 만든다. 국(國)은 한울타리 본 우주와 민족혼, 선(仙)은 사람과 자연이 하나라는 뜻이다. 오랫동안 우리 민족에게 말과 마음으로 전해 오던 심신 건강법이 청산 선사에 의해 1967년부터 대중에 전수되기 시작하였다. 수련은 숨과 몸, 마음 고르기 과정이 있으며, 기본 체력을 다지는 정각도(正覺道)·통기법(通氣法) 등 3가지로 나뉜다. 또다시 이 셋은 3단계씩의 단법으로 나뉘어 9단계까지 있다.

그 중에서 하늘 기운과 땅 기운이 만나는 호흡은 배꼽 아래 단전으로 하는 단전호흡이다. 부드럽고·고르고·깊고·완만하게 들이쉰다. 내쉬는 것은 유연하고·조용하게·천천히·길게 한다. 기본적 호흡은 코로 숨을 5

초 들이마시고 5초를 내쉰다. 걸을 때는 '3-3-3 호흡'이 좋다. 3걸음 가는 동안 들이쉬고, 3걸음 가는 동안 숨을 멈추고, 3걸음 가는 동안 내쉰다. 이런 수련을 통해 스트레스를 해소해 마음 평화를 가져오고, 몸 유연성과 근력·균형감을 길러준다.

한편, 오늘날 국선도와 더불어 널리 유행하는 것으로 요가(Yoga)는 힌두교의 종교적·영적수행 방법의 하나로 시작되었고, 필라테스(Pilates)는 제1차 세계대전 중 영국 포로수용소 병원에 근무하던 필라테스가 포로들의 운동과 재활치료·정신수련을 위해 고안한 근육강화 운동이다.

■ O-V-S Train

예전에 철도는 많은 사람과 물자를 동시에 옮기는 수단에 불과하였다. 좋은 곳을 가려면 온종일 버스를 타거나 도로 위 승용차에 갇혀 있었다. 이제는 철도와 버스·선박 등이 연계되어 시간과 비용을 줄이게 되었다. 2013년 4월부터 운행을 시작한 '중부내륙 순환열차'는 제천역에서 태백·영월을 거쳐 제천역으로 돌아오는 환상(環狀)선 루트 'O트레인'이다. 그리고 '백두대간 협곡열차'는 낙동강 최상류 협곡 구간을 왕복하는 'V트레인'이다. 이들 구간은 역에서 내려 동강 물줄기를 따라 돌아보거나 석탄(石炭)을 캐낸 후 방치되었던 폐광이 예술 공간으로 탈바꿈한 삼탄아트마인과 화암동굴, 정선 5일장 등을 돌아볼 수 있다. 'S트레인'은 남도 해양관광열차로 천혜의 자연경관과 풍성한 남도의 문화를 이어주는 테마 열차이다.

한편, 스티븐슨이 증기기관차를 처음 발명했을 때 연결기는 매우 조잡해 기차가 달리거나 멈출 때 객량이 진동과 충격이 많았다. 또한 기차 연결기 손상으로 인해 화물이 연착되거나 손상을 입는 것이 많았다. 미국의 엘라이 자니는 '너클(knuckle) 연결기'를 만들었다. 이후 문제는 대폭 줄었다.

25. e스포츠와 기하학적 요소

기하학 '각도·선'의 전략 … 승리를 가름하는 요소

2014년 6월 28일은 사라예보에서 총성 1발이 1,000만 명 이상의 인명 손실을 가져온 제1차 세계대전 발발 100주년이었다. 세르비아 청년 암살자가 오스트리아-헝가리 제국 황태자와 비(妃)를 죽인 것이 도화선이 된 것이다. 병력과 화력 위주의 절대전쟁은 고도의 첨단무기가 상충하는 기하학적 요소가 지배적 요인이 되고 있다.

■ 기하학적 요소와 포위

클라우제비츠는 제15장 기하학적 요소(The Geometrical Factor)에서 각도와 선 등은 전투를 결정하는 중요한 의미를 갖는다고 하였다. 여기에서 오늘날 공격 기동 형태의 하나로 발전한 포위의 효과로 '한 부대가 측면과 후방에서 적에게 포위되면 그 부대의 모든 퇴로가 차단되어 버린다. 그런 상황에서 전투를 계속하는 것은 절대 불가능하다. 따라서 전투력의 기하학적 배치는 적의 불안을 야기(惹起)하는 매우 중요한 요소다.'라고 하였다.

그는 이미 1799년 한 논문에서 포위에 관해 언급하였다. 성공적 포위의 기회를 보장할 수 있는 조건에는 세 가지가 있다. 그것은 적 병참선의 길이, 그 병참선이 자기 기지로부터 전방으로 뻗을 때 직선보다 사선 각도를 유지하는가의 여부, 그리고 지역 주민들의 태도 등이다. 적대적 지역을 통과하는 긴 병참선은 그 군대를 포위당하기 쉬운 상대로 만든다. 그리고 이러한 조건은 비록 포위가 공격의 뜻을 내포하더라도 결국 전략적 수세 쪽으로 기울어지게 만든다.

기하학적 전투력 배치는 적의 불안 야기
두 팀 간 다양한 모드로 전장에서 정면 대결
전장 상황을 실시간 영상 통해 현장 지휘

한편, 클라우제비츠는 포위가 군사력을 나눠서 공격해야 하므로 집중의 원칙을 선호하였다. 집중된 상태로 남아 있는 군사력은 그들 자신을 분산되어 있거나 나뉘어 있는 적군 사이로 밀어 넣을 수 있으며, 분리된 적군의 일부에 대해 수적 우세를 누릴 수 있게 되기 때문이다. 전쟁의 기하학적 요소는 e스포츠의 한 부분을 이룬다.

■ e스포츠

e스포츠는 컴퓨터와 인터넷 문명이 만들어 낸 스포츠이다. 축구와 야구 등 전통적 스포츠를 근력과 투지의 하드웨어적 스포츠라고 한다면, e스포츠는 젊은 세대 간 신속함과 즐거움의 소프트웨어적 스포츠이다. e스포츠는 전자운동 경기(Electronic Sports)의 준말로 컴퓨터 통신이나 인터넷 등을 통해 온라인상으로 이뤄지는 게임을 통틀어 말한다. 지난해 제4회 인천실내무도 아시아경기대회를 통해 널리 소개되기도 하였다.

e스포츠 종목은 한국에서 가장 많은 인기를 얻었던 스타크래프트 브루

드워와 스타크래프트 II 자유의 날개와 군단의 심장이 있다. 그리고 니드 포 스피드, 스페셜포스, 철권 태그 토너먼트 2가 있다. 또 카운트 스트라이크, 서든 어택 등 10여 종에 이른다.

특히 최근 가장 세계적으로 선풍적 인기를 얻고 있는 것은 롤(LoL: League of Legends)이다. 지난해 10월 롤드컵 결승전의 경우 전 세계 3,200만 명의 시청자가 경기를 지켜보았다. 이 경기는 끝없이 이어지는 실시간 전투와 협동을 통한 팀플레이, 실시간 전략게임(RTS)과 롤 플레잉게임(RPG)을 하나의 게임에서 동시에 즐길 수 있는 새로운 장르의 온라인 경기이다. 두 팀은 각기 독특한 특성과 플레이 스타일로 다양한 모드의 전장에서 정면 대결을 펼친다. 짧은 기간에 세계적 규모로 성장한 한국의 e스포츠는 새로운 문화·스포츠 콘텐츠로 확장하고 있다. e스포츠처럼 전장 상황을 실시간 영상을 통해 현장 작전 지휘가 가능했던 작전으로, 아덴만 여명의 작전과 코드명 제로니모가 있다.

■ 여명의 작전과 제로니모

2011년 1월 아덴만 여명의 작전 성공은 북한군의 천안함 피격사건과 연평도 포격도발로 사기가 떨어져 있던 우리에게 자부심과 용기를 주었다. 당시 소말리아 해적에 납치되었던 삼호주얼리호 선원 21명 구출작전 과정에서 최영함 현장 지휘관의 작전 지휘 상황은 수천 km 떨어진 한국에서 동시에 모니터가 가능하였다. 작전 과정 중 해적이 발사한 총탄에 복부 관통상을 입은 석해균 선장의 희생과 지략(智略)은 널리 귀감이 되고 있다.

이어 5월 미군 네이비실 팀의 작전명 제로니모(Code Name Geronimo) 또한 9·11 테러의 울분을 한꺼번에 씻어주었다. 빈 라덴을 제거하던 최후의 순간, 백악관 상황실에서 오바마 대통령은 작전을 지휘하던 특수전사령부 부사령관 마셜 웹 준장에게 상석을 내주고 간이의자에 앉아 작전을 지켜보던 모습은 권위보다 현실적 작전 효율성을 중시하는 미국의 힘이었다. 작전 성공의 또 다른 숨은 영웅은 영화 〈제로 다크 써티〉를 통해 알려진 여성 CIA 요원으로 열정적이면서 강렬하고 똑똑한 '마야'이다. 우리 곁에도 이런 역할을 준비하는 많은 사람이 있다.

전쟁의 여러 원인 중 하나가 오랜 평화로 전쟁에 대한 무감각이다. 평화로울 때 전쟁을 잊으면 반드시 위기가 찾아온다. 천하수안 망전필위(天下雖安 忘戰必危).

26. 트레킹과 긴장 및 휴식

결전의 효과 & 전쟁 속 휴식 … 전투력 창출 '자양분'

여름철 장마철에는 소낙비가 퍼붓다가 금방 햇볕이 쨍쨍 내리쬔다. 전쟁도 소나기처럼 격렬한 전투에 이어 휴전을 통해 잠시 소강상태에 접어든다. 긴장과 휴식의 반복이다.

■ 전쟁행위 중지 및 긴장과 휴식

제3편 16장은 전쟁행위 중지를 말한다. 클라우제비츠는 '전쟁행위는 태엽을 감아 놓은 시계처럼 끊임없이 움직여야 한다.'면서 시계 진행을

막는, 즉 전쟁을 지체시키는 요인으로 세 가지를 언급하였다. 인간 정신의 타고난 두려움과 망설임, 인간의 통찰력과 판단의 불안전함, 방어가 훨씬 더 유리하다는 사고가 빠르고 격렬한 전쟁을 막고 휴전을 생기게 하는 것이다.

제17장은 근대전쟁 성격에 관해 게릴라전 효용성과 총력전 양상을 간단히 언급하였다. '스페인 민중은 개인적으로 약하고 허점이 많지만, 국민무장과 민중봉기 수단으로 프랑스군을 끊임없이 괴롭혔다. 그리고 프로이센이 위기에 직면했을 때 민병대를 통해 병력의 증강을 도모할 수 있었다.' 여기에서 클라우제비츠는 스페인 게릴라들은 산악지대와 삼림지대에서 효과적이었으며, 그러한 지형적 조건은 개활지에서 싸우기를 좋아하는 프랑스 정규군이 분산되도록 강요했다고 분석하였다.

그리고 국민 마음과 신념이 국력과 전쟁 능력 및 전투력을 창출하는 중요한 요소임을 피력했다. 이것은 오늘날에도 여전히 필요한 것으로 그의 통찰력에 감탄을 자아내는 부분이다.

제18장 긴장과 휴식에서는 주로 긴장 상태에 대해서만 언급한 것으로 봐 전쟁론이 미완성임을 나타내는 아쉬운 여운을 남기고 있다. 그는 '긴장이 생기면 결전의 효과도 그만큼 커질 것이다. 긴장을 하게 되면 의지력과 상황의 긴박성이 더 많이 나타나기 때문이다. 긴장 상태에서 쓰는 모든 수단은 균형 상태에서 쓰는 모든 수단보다 더 중요하고 효과적일 것이며, 이러한 중요성은 가장 높은 긴장 단계에서 무한히 증가하게 된다.'고 했다. 전쟁의 연속된 긴장 중에도 휴식이 있듯이, 바쁜 일상생활의 긴장에서 벗어나 삶의 여적을 뒤돌아보기 위한 트레킹이 필요하다.

긴장 상태에서 쓰는 수단 더 효과적
걷기 운동은 장수의 지름길

■ 트레킹

트레킹(Trekking)은 원래 남아프리카의 네덜란드계 주민인 보어인의 언어로 '우마차를 타고 여행한다.'는 의미로 사용되다가 단순히 '여행하다, 이주하다, 출발하다.'는 의미로 사용되었다. 그리고 '서둘지 않고 느긋하게 소달구지를 타고 하는 여행'이란 뜻으로 유럽 사람들이 대자연을 찾아 아시아의 고원을 천천히 걸어 여행한 데서 생긴 말이다.

걷기 운동은 체력 증진뿐만 아니라 성인병을 예방할 수 있어 장수의 지름길로 꼽힌다. 걸으면서 발을 자극하면 스트레스로 인한 소화기나 내분비계 질병 예방 효과가 있고, 뇌 신경계의 활동이 원활하여 기억력이 좋아진다. 그런데 허리를 쭉 펴고 넓은 보폭으로 걷는 것이 좋다.

트레킹 신발도 짚신과 고무신에서 검정운동화를 거쳐 기능성 첨단 소재와 인체공학적 기능과 디자인의 결합을 통해 생명체처럼 진화하였다. 다양한 야외활동에 적합한 기능을 갖춘 아웃도어 워킹화는 계절 변화에 따른 신제품들이 있다.

요즈음 여름철에는 러닝화 같은 큐셔닝·경량화·배수와 건조 등 다기능을 갖춘 아쿠아 신발 등이 선보인다. 땔감으로 헐벗고 황폐해졌던 민둥산 산야는 이제 울창한 수목 속에서 삼림욕과 힐링을 통한 치유의 장으로 변모하였다.

세로토닌은 스트레스·감정을 조절

■ 삼림욕과 치유(healing) 캠프

숲길은 많은 것을 우리에게 준다. 그 중에서 으뜸은 '행복호르몬'이라 불리는 세로토닌 분비를 촉진한다. 숲 속 햇빛은 나뭇잎에 반사되는 간접 햇빛으로 따사롭고 감미롭다. 세로토닌은 사람에게 창조적 문제 해결

능력을 키우고 스트레스와 감정을 조절해 준다.

또 하나는 숲 속의 흙에 지오스민(geosmin) 성분은 발바닥 자율신경을 지속적으로 자극해 질병 치유 효과도 있다. 그리고 나무와 풀 등에서 뿜어져 나오는 피톤치드는 나무가 자라는 과정에서 상처 부위에 침입하는 각종 박테리아로부터 자신을 보호하기 위해 내뿜는 물질이다. 이것은 각종 유해 미생물을 살균시켜 주고 인체의 면역력을 길러 준다.

전국 130개 자연휴양림의 삼림욕 길 중 '계족산 맨발 황톳길' 14.5km는 맨발의 사람과 숲 속 황톳길 자연, 북 콘서트 문학과 공연, 전시 문화예술이 함께 어우러진다. 그리고 소양호 인근 산골마을 인제 수산리 마을엔 자작나무가 군락을 이루고 있다. 백색 자작나무 껍질을 불에 태우면 '자작자작' 소리가 난다고 해 이름을 붙였다.

또 제주시에서 서귀포로 향하는 왼쪽 오름길 절물 자연휴양림은 삼나무가 하늘을 뒤덮으며 피톤치드를 내뿜고 있다. 그 속에 아름다운 새소리를 들을 수 있는 생이소리길, 장생의 숲길도 있다. 벌거숭이 민둥산이 웰빙의 보금자리로 변하였다.

무더운 여름날, 지친 몸과 마음을 씻어내는 그린샤워를 위해 전쟁론의 단편 조각을 들고, 주변 둘레·오솔길에서 사유(思惟)의 걸음걸이도 더위를 식히는 방법이 아닐까.

제4편 전투*
The Engagement

27. 스쿠버다이빙과 전투

은밀한 적진 기습 침투, 승리 위한 수단과 목적

한여름 뜨거운 태양이 이글거린다. 산과 강, 바다에서 더위와 전투는 계속된다. 이때 바다 속을 드나들며 수중 세계를 만끽하는 스쿠버다이빙도 좋은 방법이다.

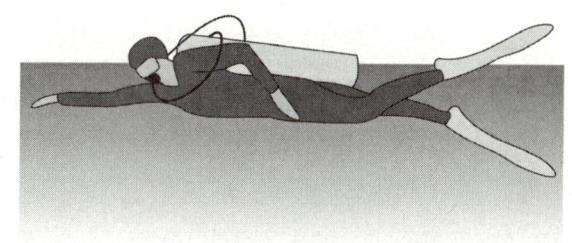

■ 전투

클라우제비츠는 그의 생애를 통틀어 전투를 전쟁의 본질에 대한 핵심으로 보았다. 따라서 전투를 다룬 제4편은 제1편·제8편과 더불어 전쟁론에서 중추적이며, 중간 위치를 차지한다는 상징적 중요성보다 더 큰 의미를 띠고 있다. 그리고 후기 나폴레옹 전쟁에서 클라우제비츠 자신의 체험을 직접 반영한 원칙들을 주장한다. 그것은 프랑스와 프로이센처럼

---

* 측후방 기습으로 적 전투력을 분산하라.

군대가 곧 국가를 구성하는 주요한 요소며, 군대의 패배나 승리가 그 국가 운명을 결정한다는 것이다.

제1장 개관에서 전투는 전술적 성격을 띠며 전투의 전체 모습을 파악하기 위해서는 일반적인 특성을 살펴봐야 한다고 하였다. 제2장 근대전투 성격에서는 전투를 두 개 힘이 서로 비슷한 적대적 사이의 소모적 싸움으로 묘사한다. 병력 일부만 산개시켜 몇 시간 동안 총격전을 펼치며 일진일퇴를 거듭하고, 다음날 새로운 병력을 투입하는 전투를 반복하는 형태이다.

제3장 전투 일반에서는 전투의 핵심적 개념인 수단과 목적을 기술한다. '전투는 싸움이며 싸움에서는 적을 무찌르거나 이기는 것이 목적이다. 개별 전투에서 적이란 아군에 맞서는 전투력을 말한다. 적을 이긴다는 것은 무엇인가? 적의 전투력을 파괴하는 것을 말한다.'

그는 적의 파괴를 모든 전투의 유일한 목적으로 보았다. 그리고 이러한 전투를 수행해 내는 정력이 모든 무덕 중에서 군인의 명예와 승리에 언제나 기여했다는 확신을 가졌다. 또한 적의 전투력 파괴를 전쟁 전체뿐만 아니라 개별 전투에서도 가장 중요한 원칙으로 간주하였다. 천안함 피격과 세월호 침몰사건을 겪으면서 스쿠버다이빙이 평소 재난대비와 유사시 전쟁에 필수하고 긴요한 전력임을 실감하였다.

■ 스쿠버다이빙

스쿠버다이빙은 수중자가호흡기(Self Contained Underwater Breathing Apparatus)의 머리글자를 따 SCUBA 장비를 이용한 수중탐험을 말한다. 기원은 1943년 프랑스 해군 장교 구스또가 마네 강에서 한 것을 처음으로 이어 엔지니어 가냥에 의해 설계된 요구식 레귤레이터가 선보였다. 구스또와 가냥은 압축공기 탱크에 이 레귤레이터를 결합시켜 다이빙을 하였다. 현대에 와서는 공기통과 수중호흡기, 부력조절기, 비상호흡기 등을 기본 장비로 사용하는 형태를 스쿠버다이빙이라 하고 있다.

일반적인 스포츠로서 스쿠버다이빙은 2개 형태가 있다. 스킨다이빙은 마스크와 오리발 등 간단한 장비를 이용해 잠시 숨을 참으며 10m 미만의 낮은 수심을 왕복하며 즐긴다. 스노클을 이용해 호흡하므로 스노클링이라고도 한다. 스쿠버다이빙은 수중에서 호흡할 수 있는 스쿠버 장비를 이용해 수십 분 동안 바닷속을 여행하는 활동이다.

스쿠버다이빙 장비와 기술이 우리나라에 처음 소개된 것은 1953년 우리나라에 주둔하고 있던 미 해군의 도움으로 한국 해군에 UDT와 해난구조대가 창설되면서부터이다. 1970년대부터는 스쿠버 장비들이 급속도로 현대화되고 안전하게 개량되었으며, 동호인 수도 급속히 늘어나 이제는 전 세계적으로 널리 보편화된 레저스포츠로 그 자리를 굳혔다.

UDT·해난구조대 창설이 계기
잠수는 재난대비 등 필수 전력
콜라, 남북전쟁 때 진통제 대체 약품

■ **콜라전쟁**(The Cola Wars)

고전적인 코카콜라의 방어와 젊음의 펩시콜라 공격 전쟁은 아직도 계속되고 있다. 코카콜라는 약제사이며 남군 장교였던 존 펨버튼이 1886년 개발하였다. 주로 페루와 볼리비아에서 생산되는 코카 잎 코카인과 사하라사막 남쪽해안 열대우림 지역에서 자생하는 콜라 열매 카페인에 약간의 알코올이 함유된 '프렌치 와인 코카'라는 의약품을 만들었다.

당시 남북전쟁이 끝난 직후여서 약품이 부족해 진통제 대체 약품으로 팔았다. 20세기 초 금주운동으로 알코올 성분을 빼고 탄산 음료수로 만들어 팔기 시작하였다. 제2차 세계대전에 미군이 참전하고 아이젠하워가

북아프리카 전선 미군의 사기진작 차원에서 코카콜라를 보급하면서 전 세계로 자연스럽게 퍼졌다.

펩시콜라는 1898년 노스캐롤라이나 브래드햄에 의해 첫선을 보였다. 이때부터 두 콜라 회사의 치열한 경쟁이 시작되었다. 처음엔 코카콜라가 기선을 제압하였고, 시간이 지나면서 펩시콜라가 선두를 차지하였다. 위기를 느낀 코카콜라는 처음의 머첸다이즈 세븐액스 성분 대신 세븐액스-100이라는 새로운 성분을 사용하였으나, 결국 1985년 원래 콜라를 다시 제조하였다. 1968년, 두 콜라전쟁 틈새를 세븐업이 파고들었다.

펩시와 세븐업의 다이어트와 노 카페인 공세에 코카콜라는 클래식·뉴·체리·다이어트코크 등 다양한 상품으로 맞섰다. 다이어트코크는 레귤러·노 카페인코크로 세분화되었다. 짜증이 난 소비자는 코카콜라도 펩시도 아닌 세븐업을 주문하였다. 아직도 콜라 삼국지 전쟁은 무더운 여름날 계속되고 있다.

28. 수상·제트스키와 정신력

물 위의 신속 이동수단…1980년대부터 대중 레포츠로 각광

무더위가 한창 일 때는 산과 바다, 그리고 강으로 시원함을 찾아 떠난다. 산하에 인파가 넘친다. 물 위에서 빠른 수상·제트스키를 즐길 때 정신력은 매우 중요하다.

■ 정신력과 전투

제4편 4장은 전투 목적과 더불어 정신력 중요성을 피력하고 있다. 클라우제비츠는 '전투 목적인 적 전투력 파괴는 적 손실이 아군 손실보다 상대적으로 더 크다는 것이다. 그런데 이러한 물리적 전투력 손실은 병력 손실을 의미하며, 정신적 전투력 손실이 결정적으로 중요하다. 정신적 손실 비율은 전투지역 상실과 적 예비병력 우세로 측정이 가능하다. 결국 모든 전투는 서로 피를 흘리고 파괴하면서 물리적·정신적 전투력을 측정하는 것이다.'라고 하였다. 그는 승리 척도인 포로나 대포 등 전리품과 더불어 승리의 정신력 효과는 전투력 크기에 비례해 산술급수적·기하급수적으로 증가한다고 하였다. 예나 지금이나 정신력을 강조하는 이유이다.

제5장 전투 의의에서는 전투 목적을 좀 더 구체적으로 제시하고 있다. 곧 '공격적 전투는 적 전투력 파괴·특정지역 점령·어느 대상 획득이며, 방어적 전투는 마찬가지로 적 전투력 파괴·특정지역 및 대상의 방어이다. 그리고 적이 잘못된 조치를 하도록 유인하거나 거짓 전투를 제공하는 것이다.'라고 하였다. 공격과 방어에서 상대 전투력을 파괴하기 위해 끊임없이 적을 기만하는 노력이 필요하다.

제6장 전투 기간에서는 '단기 속결전으로 신속한 승리는 승리의 효과를 더 크게 해 주며 패배하는 전투를 오래 끌면 손실은 줄어든다. 전투 기간은 전투력의 절대적 크기와 양쪽의 전투력과 무기 비율, 지형 특성과 관련된다.'라고 하였다. 물 위의 신속한 이동 수단으로 수상·제트스키가 있다.

■ 수상·제트스키

수상스키 기원은 뚜렷한 근거는 없으나 미국의 어린 소년 팔프에 의해 1922년 창안되었다고 한다. 이 소년은 스노우 스키를 좋아하였는데 여름에도 스키를 즐길 방법을 모색하였다. 그 결과, 물 위에서 서게 하는 것으로 비행정을 이용해 27m 길이 판자를 스키처럼 연습한 것이 오늘날 수상스키 형태로 이끌었다. 그 후 좀 더 속력을 내기 위해 쾌속정을 이용하기 시작하였다.

현대적 스포츠로서 수상스키는 노르웨이 스키점프 선수 페테르센에 의해 고안되었다. 수면 위에서 시속 60km로 달릴 때 물이 나무만큼 단단해진다. 스키처럼 생긴 장비를 신고 모터보트에 연결된 줄을 잡고 수면 위를 미끄러지듯이 달릴 때 조정력·예측력·균형감각을 익힐 수 있는 전신운동이다.

한편, 수상스키보다 더욱 기동력이 좋은 제트스키는 수심 30㎝ 이상이라면 어디든 갈 수 있으므로 기동력이 좋다. 조작법이 간단하고 안전하며 운반하기 쉬워서 누구나 쉽게 즐길 수 있다. 1972년 모터사이클 회사인 '가와사키'가 제트스키를 생산해 낸 이래 세계 각국에 보급돼 1980년대 초부터는 폭발적 인기를 누리며 대중 레포츠로 각광받고 있다. 우리나라에서도 1988년 서울올림픽 당시 강상제에서 선을 보인 후 저변이 확대되고 있다. 제트스키 추진력은 동체 바닥에서 물을 빨아들여 압축한 다음 세게 분출하는 방법으로 얻는다. 강물의 차가움은 맥주의 시원함, 하얀 물보라는 거품과 같다.

단기 속결전으로 이기면 승리 효과 더 커진다

■ 거품 문 맥주전쟁

맥주는 기원전 4,000년 중동지역(이라크)인 메소포타미아 지방 수메르 민족이 보리를 건조·분쇄한 후 빵을 구워 그 빵을 부수고 물을 첨가해 자연 발효시켜 제조되었다고 한다. 19세기 프랑스 루이 파스퇴르에 의해 열처리 살균법이 발명됨으로써 장기 보관이 가능하게 되었고, 덴마크의

한센은 효모의 순수배양법으로 맥주의 질을 한 차원 높여 대량 생산과 소비가 가능하게 되었다.

맥주의 고전적 전쟁은 밀러와 버드와이저로부터 시작되었다. 미군은 베트남전쟁 중 북베트남으로부터 남베트남에 이르는 호찌민 통로를 봉쇄하고자 하였다. 라오스에 200만 톤 폭탄과 함께 버드와이저 캔 맥주를 투하해 침투하는 북베트남군이 이를 마시고 취하도록 하였다. 한국 맥주 시장은 1980년대 경제성장과 더불어 양념통닭 등장으로 널리 보편화되기 시작하였다. 맥주시장 양강 구도는 하이트 진로와 오비 맥주였다. 여기에 최근 롯데칠성이 뛰어들어 '맥주 삼국지'가 펼쳐지고 있다. 전통적 맥주 라거(Lager)는 5~10도 저온에서 발효되었으나, 에일(Ale)은 10~20도 고온에서 발효되었다. 에일은 보리로 만든 발효 음료인 'alu'에서 유래되었다. 최신 상품인 Kloud는 Korea와 Cloud의 합성어로 구름처럼 풍부한 거품을 가진 맥주의 의미로 틈새시장을 적극 공략하고 있다.

클라우제비츠가 제4편 4장 전쟁에서 승리와 패배는 때로는 '전사자와 부상자, 포로와 무기 손실 등 아주 근소한 차이'로 결정된다고 말한 바 있다. 맥주 전쟁도 소비자 입맛에 따른 미세한 차이로 계속되고 있다. 여기에 요즈음은 수제 맥주가 가세하고 있다.

29. 경보와 주력전투

대전투 중심 … 전쟁 승패를 결정짓는다

해마다 여름철에는 뜨거운 태양 아래 전사적지를 답사하며 호국의 얼을 되새기는 국토 순례 대행진 등 다양한 행사가 펼쳐지고 있다. 최종 목적지까지 도달하기 위해 중간 목표를 여러 번 거쳐야 하듯 전투도 마찬가지이다.

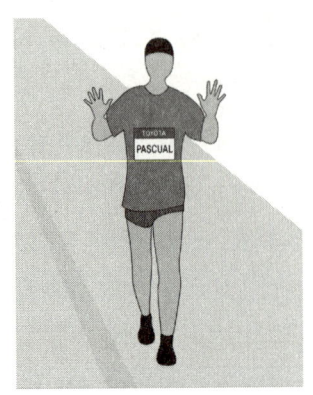

■ 주력전투

　제4편 7장과 8장에서는 측·후방 기습과 포위를 언급하고 있다. 제7장 전투 승패에서는 스포츠에서도 적용되는 함축적 말이 있다. '모든 전투는 하나의 전체이며, 부분 전투는 전체 결과로 통합된다. 전투의 승패는 이 전체 결과에 달려 있다.' 여기에서 측·후방 기습의 심리적 효과를 여러 전투 사례를 들어 분석하고 있다. 제8장 전투에 대한 양쪽 합의의 핵심은 적에게 전투를 강요하기 위해, 적에게 후퇴를 불가능하게 하거나 어렵게 만들어서 적이 전투를 받아들이도록 포위하거나 기습하는 것이다.

　제9장부터 제11장은 제4편에서 가장 많은 분량인 주력전투로 하나의 장으로 이해하는 것이 좋겠다. 제9장 전투 승패에서는 먼저 주력전투는 전쟁 승패를 결정하는 가장 중요하고 장기적인 것으로, 대형을 파괴하고 핵심 진지를 파괴하는 것이라고 하였다. 그리고 최고 지휘관이 전투라는 배가 나아가야 할 방향을 인식하기 위해 나침반으로 쓰이는 세 가지 요소로 지휘관 정신력과 적의 병력 감소 및 지역 상실을 그 징후로 승리를 예측할 수 있다고 하였다.

　제10장 승리 효과에서 주력전투는 운명의 주사위로 국가의 모든 역량을 집중해 승리할 것을 피력하였다. 제11장 전투 사용에서는 주력전투

개념을 다시 한 번 설명하면서 중심(重心)에 대한 정의를 내린다. '주력전투는 집중적 전쟁이며, 모든 전쟁이나 대전투의 중심이다. 햇빛이 오목거울 초점에 모일 때 완전한 모습을 띠고 가장 높은 열을 내는 것처럼, 전투력과 전쟁 상황도 주력전투에 모일 때 가장 높은 집중 효과를 낸다.'고 하였다. 주력전투를 위해 적과 접촉을 위한 행군에서 결전을 앞두고 빠른 속도로 이동하듯, 경보는 걷기보다 빠르며 달리기보다 느리다.

■ 경보와 파워 워킹

경보는 쉽게 말해 누가 빨리 걷는가이다. 한 발은 항상 땅에 닿은 상태에서 다른 발을 내디뎌야 하며, 땅에 닿은 발은 꼿꼿이 세운 채 몸 중심이 발 닿은 지점을 넘어야 다음 발을 내디딜 수 있다. 두 발이 동시에 공중에 떠 있으면 경고를 받는다. 뛰지 않고 빠르게 가려다 보니 부자연스럽고, 보폭을 크게 하려면 허리와 엉덩이를 무리하게 회전시켜야 하므로 많은 에너지가 든다. 경보는 5km, 20km, 50km 등 다양한 종류가 있었으나 현재 정식 종목은 남녀 20km와 남자 50km뿐이다. 세계적 규모 대회는 1866년 영국에서 처음 열렸고, 1908년 런던올림픽 때는 3.5km이었다.

경보의 단조로움과 자외선 노출은 다른 형태의 걸음으로 변화되었다. 빠르게 걷기로 파워 워킹은 건강 걷기(health walking), 체력 걷기(fitness walking)라고도 한다.

이 운동은 일반 걷기와 달리기의 단점을 보완해 만든 운동이다. 일반 워킹이 체지방 소모율이 높은 반면 운동 강도가 약해 체력이나 근력 강화에 부족하다면, 시속 6~8km로 걷는 파워 워킹은 심폐지구력을 유지하고 달리기처럼 많은 양의 칼로리를 소모하는 데 목적이 있다.

걸을 때 팔꿈치는 L자 또는 V자로 굽혀 90도를 유지하고, 복부를 끌어당겨 배에 힘을 준다. 무릎은 곧게 편다는 느낌으로 걸으며, 보폭은 자신의 키에서 100을 뺀 거리가 적당하다. 걷기 코스는 올레길과 둘레길 등 여러 길이 있다.

■ 올레길과 둘레길, 외도

올레길은 제주도 방언으로 '집으로 통하는 아주 좁은 골목길'이다. 2007년 9월 서귀포 시흥리 1코스가 열린 후 5년 만에 제주도를 한 바퀴 도는 350km 코스가 생겼다. 이 길은 스페인 이베리아 반도 산티아고 순례길을 다녀온 작가에 의해 시작되었다. 그 길은 프랑스 남부 생장피에르포르에서 피레네와 칸타브리아 산맥을 지나는 800km이다. 중세시대 순례자들이 치유와 축복을 위해 걸었다.

요즈음 각 지방의 높은 산, 긴 강, 역사 유적지 등을 따라 둘레길이 조성돼 있다. 더구나 바다를 두고 섬과 섬을 연결하는 바다 백리길도 있는데, 통영 앞바다 여섯 개 섬을 연결한 42.1km, 백리길이다. 미륵도 정상에서의 해넘이 절경(絶景), 맞은 편 한산도 역사길, 다랭이 논의 소박한 시골길인 연대도가 있다. 그리고 동백나무 군락이 길 양 옆을 에워싼 아름다운 섬 비진도, 그 아래 매물도, 소매물도는 하루 두 차례 바다가 갈라지면서 하나로 이어지는 등대섬을 안고 있다. 두 섬을 잇는 열목개는 억겁의 세월 동안 파도에 휩쓸리고 동그랗게 깎인 몽돌이 깔려 있다.

그리고 인근 거제 끝자락 외도(外島)는 아무도 거들떠보지 않던 섬을 이창호 씨 부부의 30년간 노력으로 아름다운 섬으로 탄생되었다. 1시간 30분 동안 총총걸음으로 언덕길을 걸으며 천연 동백 숲속의 700여 종 아열대 식물을 보지 않고 아름다움을 논한다는 것은 어리석다.

30. 허들과 장애물 극복

피 흘리지 않고 이기는 지휘관만이 월계관을 얻는다

아직도 이웃 나라 일본의 역사인식은 뒤로 뛰는 듯하다. 미래를 향한 동반자로서 함께 뛰려면 많은 장애물을 넘어야 한다.

■ 주력전투와 야간전투

클라우제비츠는 제11장 주력전투 끝 무렵에 손자병법의 부전승(不戰勝) 개념을 간단히 피력하고 있다. '피를 흘리지 않고 전쟁을 지휘하는 법을 이해하는 최고 지휘관만이 월계관을 얻는다는 것이다.' 그리고 '훌륭한 사례는 가장 좋은 스승인데, 이론적 편견의 구름이 그 사이에 놓여 있으면 좋지 않다.'고 하였다. 이것은 군사이론에만 의존해서는 안 되며 전사를 깊이 연구해야 한다는 뜻이다.

제12장 승리를 이용하는 전략적 수단에서 추격(追擊)의 중요성을 1812년 보르디노 전투 사례를 들고 있다. 모스크바 서쪽 약 90km 떨어진 이곳에서 나폴레옹이 전력을 기울였으면 러시아군을 전멸시킬 수 있었다고 분석하고 있다. 아울러 추격을 순수 기병, 모든 병과로 구성된 강력한 전위부대, 승리한 군대가 힘이 미치는 데까지 전진하는 단계로 구분하였다.

제13장 전투에서 패배한 뒤의 후퇴에서는 패배를 당했을 경우, 병력을

집결해 질서와 용기·신뢰를 되찾는 것을 강조하였다. 클라우제비츠는 제 14장 야간전투 성격을 강력한 기습에 지나지 않는다고 하면서 4가지 조건을 제시하고 있다. 적이 지극히 경솔하거나 무모한 경우, 적이 공포감에 휩싸여 공황상태이며 아군 사기가 월등하게 우세한 경우, 아군이 적 포위를 뚫어야 하는 경우, 아군이 위험한 상황에 처한 경우다. 당시에는 야간 어둠은 커다란 장애물이었다. 허들은 야간전투처럼 야음 조건을 극복하듯 10개의 장애물을 극복해야 한다.

■ 허들

허들은 지정된 거리 내에 10개의 허들을 설치하고 이를 뛰어넘는 단거리 달리기이다. 허들 높이는 남자 1.067m(3.5피트), 여자 84cm(2.9피트)다. 선수의 신체 일부가 닿으면 바로 넘어지도록 설치돼 있고, 넘어진 허들에 대한 벌칙은 없다. 남자 허들 110m 위치는 첫 번째가 13.72m, 10번째는 골인 라인에서 14.02m, 나머지 8개는 9.14m 간격으로 배치된다. 허들은 처음 T자형 목재에서 L자형으로 바뀌면서, 앞으로 넘어져 선수들 부상을 크게 줄였다. 여자는 100m, 남녀 공히 400m 허들이 있다. 허들 간 전력질주와 도움닫기, 도약을 번갈아 시행해야 하므로 체력 소모가 크다. 특히 곡선 주로가 있는 400m 허들 경기에서는 원심력을 잘 조절할 수 있는 능력도 갖춰야 한다.

한편 한국 육상은 오랜 시간 많은 장애물을 극복해 왔다. 일제 치하에서 조선체육회 주관 첫 육상대회는 1920년 5월 16일, 현 전쟁기념관 자리인 서울 용산연병장에서 열렸다. 팔도에서 좀 뛴다는 사람들이 모였다. 단거리 종목은 체계적으로 훈련한 일본인들이 우승하였다. 그러나 마라톤 10마일(16.09km)과 25마일(40.23km)은 인력거꾼, 신문배달원, 북청물장수 등이 상위권을 휩쓸었다.

제5편 전투력*
Military Forces

31. 높이뛰기와 전투력 비율

적절한 힘과 나눔은 병력·병과 비율에 필요

처서(處暑)에는 더위가 그치고 가을로 접어든다. 가을 운동회에 자주 등장하는 높이뛰기를 개화기에는 '큰 물고기가 높이 뛰어오른다'는 뜻으로 '대어발호(大魚跋扈)'라 하였다. 높이뛰기를 할 때는 한걸음에 내닫는 것보다 적당한 보폭으로 도움닫기를 한 후 바를 넘어야 한다. 적절한 힘 나눔은 병력과 병과 비율에도 필요하다.

■ 병력·병과 비율

전쟁론에서 가장 많은 분량으로 제5편 전투력과 제6편 방어를 담고 있다. 제5편은 18개 장으로 구성돼 있으며 전투력 구성 요소와 병력 및 부

---

* 적보다 먼저 보고 병참선을 차단하라.

대 이동, 숙영지 편성과 전투근무지원 등을 서술하고 있다.

제1장과 제2장은 전투력 전개 순서와 전쟁터·군대·대전투의 일반적 개념을 설명한다. 제3장은 병력 비율이다. 결정적인 전투에 병력을 집중해 수적인 우세함을 달성하는 일반적인 원칙을 피력하고 있다. 제4장 병과 비율에서는 보병·포병·기갑 병과 적정 규모를 설명하고 있다. '전투는 화력과 백병전, 각개전투로 적을 파괴하거나 무찌르는 것이다. 전쟁 수행 방식은 각 병과 우세 정도와 병력 규모에 따라 변할 수 있다.

그리고 전쟁 성격은 병과 비율에 영향을 받는다. 게릴라전에서는 민병대와 의용대에 의존하며, 전투력이 열세인 약소국은 강대국과 균형을 맞추기 위해 포병을 늘려야 한다. 기병은 제일 건장한 병력으로 구성된 강력한 병과로 기동력을 발휘해 큰 결전에 적합하다.'고 하였다.

제5장 군대 전투대형에서는 이러한 병과들을 군대의 각 부대에 적절하게 편성하는 것, 즉 분할과 병과 결합 및 배치를 다뤘다. '분할에서는 적정 규모 편성을 통해 지휘권 확립과 전투력 발휘가 용이하도록 해야 한다. 병과 결합에서는 사단과 군단 제대에서 적정 규모 병과를 결합하는 장단점과 예비 병력 규모를 판단해야 한다.

배치는 곧 전투대형으로 전투를 하는 데 적합한 집단이 되도록 군대를 분할하고 배치하는 것'이라고 하였다. 높이뛰기에서도 도움닫기부터 착지에 이르기까지 적정 비율로 힘의 안배가 요구된다.

■ 높이뛰기와 장대높이뛰기

높이뛰기(saut en hauteur)는 도움닫기와 도약의 힘을 이용해 수평으로 설치된 바를 뛰어넘고 그 높이를 경쟁하는 종목이다. 뛰어넘는 기술은 발전을 거듭하였다. 1912년 미국의 조지 허라인은 엉덩이를 틀어 넘는 방식으로 2m를 돌파하였다. 1968년 멕시코올림픽에서는 딕 포스버리가 누운 자세로 등 뒤로 바를 넘는 혁신적인 배면뛰기 기술을 선보였다.

장대높이뛰기(saut a la perche)는 육상의 종합예술이다. 단거리 선수 스피드(도움닫기)와 높이뛰기·멀리뛰기 선수의 균형감(공중자세), 던지기 선수의 마무리 자세(낙하)가 요구되기 때문이다. 보다 빨리(Citius), 보다 높이(Altius), 보다 힘차게(Fortius)!' 모두가 해당된다. 크레타인들과 에스파냐인들로부터 시작된 장대높이뛰기는 1866년 영국에 처음 소개되었다. 장대는 처음에는 물푸레나무를 썼으나 대나무, 알루미늄과 가벼운 합금 등 금속장대, 유리섬유 장대로 진화하였다.

한편 한국 근대육상은 1896년 5월 2일 영어학교 운동회(화류회)가 시초였다. 서울 동소문(혜화문) 밖 삼선교 부근(삼선평) 공터에서 300보 달리기, 공 던지기, 높이뛰기 등의 경기가 열렸다. 상투에 갓을 썼던 당시로써는 뛴다는 것은 웃기는 것이었다.

단거리 경주는 '어린 제비가 나는 것을 배운다.'라는 뜻의 '연자학비(燕子學飛)'로 불렸다. 어학을 발판 삼아 신분상승과 입신출세의 높이뛰기를 한 사례도 많다.

32. 멀리뛰기와 전위부대 운용

敵 움직임 파악 위해 더 멀리 봐라

멀리뛰기에서는 목표지점을 멀리 바라보는 것이 중요하다. 전장 관찰을 위해 전위와 전초 운용도 마찬가지이다.

■ 전위·전초 운용

제5편 제6장 군대의 일반적인 배치에서는 먼저 슐레지엔 전쟁 이후 전투 양상 변화를 언급하였다. '전투와 전투 이외의 상태는 강철로 된 칼날과 아교로 붙인 손잡이는 칼날과 칼등이 잘 용접된 금속으로 변화되었다.' 여기에서 전투 이외의 상태는 사영·행군·야영을 말한다. 그리고 집결지 편성 원칙 7개 요소는 식량 조달과 숙영을 쉽게 하기 위해 경작지나 대도시 등을 선정하며, 후방 안전을 위해 병력은 퇴로 방향 수직으로 배치하는 것이다. 또한 전위부대 운용과 측익 엄호부대 운용의 중요성을 역설하였다.

제7장 전위(Advance Guard)와 전초(Outposts)에서 전초는 군대의 눈이며, 적 모습이 아군 눈에 띄기 전에 적의 접근을 알아내기 위해 전위부대를 운용한다고 하였다. 그리고 나폴레옹 전위부대 운용 사례를 제시하면서 중앙 전위부대의 효용성으로 적의 주력 진출을 지연시키고, 추격 시 유용성, 후퇴 시 후위부대 운용 등을 제시하였다. 전초부대 운용은 적과 아군 배치 상태와 지형 특성을 고려해 운용할 것을 강조하였다.

제8장 선발부대 효과에서는 선발부대의 적 진출 지연 효과를 산술적 통계로 제시해 클라우제비츠의 과학적 사고 진면목을 나타냈다. '선발부대는 실제로 힘을 쏟는 것보다 배치 그 자체로 실제 전투보다는 전투 가능성이 더 큰 효과를 내며, 적의 움직임을 예측하게 한다.'고 하였다. 곧 적의 공격 지연, 주력부대 고착, 공격기도 파악 등을 말한 것이다. 멀리 뛰기에서도 좀 더 먼 곳을 바라보고 도약해야 한다.

전초는 '군대의 눈' … 배치·지형 고려
적의 접근 알아내기 위해 전위 부대 운용
적의 주력 진출 지연·추격 때 유용성 갖춰

■ 멀리뛰기와 세단뛰기

　멀리뛰기는 선수들이 속도·무게·민첩성을 배합해 출발점으로부터 가능한 한 멀리 도약하는 경기이다. 여기에서 가장 중요한 것은 빠른 도움닫기와 발 구름이다. 도움닫기 스피드가 대단히 빠르기 때문에 발 구름 시 수평 방향 속도보다 수직 방향 속도 비율이 상당히 작아진다. 공중자세인 히치킥 스타일에서는 어깨와 허리를 지나는 팔과 다리 동작에 의해 신체 전방 회전이 순간적으로 바뀌게 된다.

　멀리뛰기에서 완벽한 착지는 다리가 신체 무게중심보다 훨씬 전방으로 나오면서도 모래판에 엉덩이가 닿지 않는 것이다. 이를 위해 양팔을 앞으로 내면서 될 수 있는 대로 뒤로 휘돌리거나, 착지 직전에 팔을 가능한 한 뒤로 유지하며, 양다리가 모래판에 닿자마자 양팔을 앞으로 내는 것이 중요하다.

　세단뛰기는 약 35～40m 거리를 경쾌한 리듬을 탄 주법으로 힘차게 달린다. 그리고 3가지 서로 다른 뜀뛰기 동작을 연속적으로 펼쳐 그 거리를 겨룬다. 첫 번째 홉(hop)에서는 한 발로 뛰어올라 그 발로 착지한다. 두 번째 스텝(step)에서는 홉 동작에서 착지한 발로 뛰어올라 다른 발로 착지한다. 세 번째 점프(jump)에서는 어떤 식으로 착지해도 좋지만, 대개는 두발을 모아서 착지한다. 최고 거리는 멀리뛰기 2배 정도인 18m이다.

33. 캠핑과 숙영 및 행군

　　　　　장기간 전쟁에서 야영, 비전투 손실 막는다

　처서가 지나면 낮과 밤 온도 차이가 벌어지면서 나뭇잎도 가을맞이 채비를 서두른다. 도심을 벗어나 강과 계곡에서 별빛과 도란도란 속삭이는 캠핑 계절이기도 하다. 장기간 지속되는 전쟁에서 야영과 사영 등은 전투의 중요요소이다.

■ 야영·행군·사영

제5편 9장부터 13장은 야영(Camps), 행군(Marches), 사영(Billets)에 관한 내용이다. 병력 주둔은 주둔지 한곳에 머무르는 병영(兵營)과 병영을 떠나 다른 곳에 머무르는 숙영(宿營)으로 구분되며, 숙영은 이동 중 천막이나 야지에서 일시적으로 머무르는 야영(野營)과 임시 막사나 민가 등에 머무르는 사영(舍營)이 있다. 클라우제비츠는 전쟁 단계에 따라 일시적 주둔인 야영과 행군, 사영에 대해 워털루 전투와 러시아 침공 사례 등을 제시하였다.

제9장 야영에서는 프랑스 혁명전쟁 이래 부대의 신속한 기동을 위해 천막을 없애버린 폐해를 언급하였다. 오히려 질병 발생 등으로 더 많은 병력 손실, 즉 비전투 손실을 초래했기 때문이다.

제10장부터 제12장까지는 행군에 관해서인데 제10장은 행군 형태, 제11장은 행군 장경과 소요 시간, 제12장은 행군이 전투력에 미치는 치명적 영향을 서술하였다. 행군 시에는 병력 손실을 최소화하면서 목표지점에 정확하게 도달할 것을 강조하였다.

행군이 전투력에 미치는 영향은 나폴레옹의 러시아 원정에서 보르디노 전투와 모스크바에 이르기까지 질병과 낙오병 등으로 인한 비전투 손실의 참상을 구체적 숫자로 분석하고 있다. 1812년 6월 24일 네멘강을 건널 때 30만 1,000명의 병력이 82일 동안 120마일을 행군하면서 입은 손실은 무려 19만 8,000명이었다. 13장 사영에서는 워털루 전투에서 프로이센군과 프랑스군 사례를 들고 있다. 무모한 지휘관 판단이 역사의 흐름을 바꾼 것이다. 평소 업무성과에 집착하는 강박관념에서 벗어나 캠핑을 통해 휴식이 필요한 것도 이러한 까닭이다.

■ 캠핑과 오토캠핑

캠핑은 텐트나 임시로 지은 초막 등에서 일시적 야외생활을 하는 여가활동이다. 급속한 도시화는 자연으로 돌아가 마음을 치유하고 휴식하고 싶은 욕구를 증가시켰다. 고대 인류가 동굴과 같은 자연적 은신처에서 벗어나 점차 사냥한 동물 가죽을 이용해 텐트를 짓게 되었다. 동서양을 잇는 실크로드에서 상인들은 캠핑을 발전시켰다. 숱한 밤을 사막과 산과 평야에서 지새웠다.

전쟁 또한 캠핑과 불가분 관계를 유지해 왔다. 아우구스투스가 유럽을 정복하던 로마제국 시절이나 칭기즈칸이 세계를 제패하던 중세를 망라해 장병들은 야지 텐트에서 생활하였다. 전쟁을 치르기 위해 군사를 주둔시키는 곳을 캠프라 부르는 이유도 여기에 있다.

제2차 세계대전이 끝나면서 탱크나 군수물자를 생산하던 공장들은 재빨리 자동차를 생산하는 공장으로 탈바꿈하였다. 자동차 문화 확산은 캠핑장까지 바로 접근이 가능한 오토캠핑으로 발전하였다. 캠핑카는 대형 트레일러나 버스에 화장실과 욕실을 갖춘 것부터 소형 트럭에 캠퍼 셸(camper shell)을 얹어놓은 것까지 여러 형태가 있다. 오토캠핑은 접근이 용이한 도심 속 공원이나 강 주변, 경치가 수려한 산속이나 바닷가 등에서 자유롭게 즐길 수 있다. 캠핑 문화는 아웃도어 발전과 함께하였다.

■ 아웃도어의 진화

아웃도어는 야외(野外)나 옥외(屋外)에서 등산을 중심으로 하는 레포츠 의류와 용품을 지칭한다. 소득 증대와 더불어 주5일 근무제가 급속히 확산되었다. 자연히 늘어난 주말을 여가 활동으로 보내려는 사람들이 늘었다. 등산을 비롯한 다양한 레포츠를 즐기는 아웃도어 인구가 급증하면서 그 시장도 급부상하였다. 종래 등산에 치우쳤던 아웃도어용품 종류는 조깅·휘트니스·트래킹·하이킹 등 다양한 분야로 확대되었다. 아웃도어룩은 주로 나들이할 때 하는 옷차림이다. 활동에 필요한 의류도 종목별 기능에 맞는 여러 브랜드들이 패션계의 극심한 경기침체 속에서도 호황을 누렸다.

한편, 제2차 세계대전은 인류에게 재앙이었으나 캠핑 장비는 비약적 발전을 가져왔다. 지금 사용하는 텐트·랜턴·스토브·침낭 등은 대부분 장병들이 사용하기 편리하도록 가벼운 성능으로 개선되었다.

텐트는 전쟁을 통해 태어난 A형 텐트에서, 1975년 최초로 돔형 텐트가 탄생하였다. 이 텐트는 폴이라는 프레임을 교차해 텐트에 가해지는 압력을 분산시켜 만든 것이다. 랜턴은 1783년 스위스 화학자 아르강이 만든 오일 램프가 시초이다. 이 램프는 둥근 유리 등피를 이용해 바람과 같은 외부 영향을 받지 않고 일정하게 불꽃의 크기를 유지하였다.

스토브는 야외에서 음식을 해 먹을 때 반드시 준비해야 하는 필수품이다. 여러 종류 중 사용이 편리하고 안정적 화력을 제공하는 가스스토브를 많이 쓴다. 캠핑을 통해 전쟁과 재난에 대비하는 프리퍼(Prepper, 재난 대비자) 자세도 필요한 시점이다.

34. 줄넘기와 병참선

험준한 전장의 지형 … 강인한 체력으로 넘어야

한가위 가을 햇살에 곡식과 과일이 더욱 여물어 간다. 그해 수확된 식량은 저장기술 발전으로 몇 해 동안 공급이 가능해졌다. 전쟁에서 식량 조달은 필수적 요소로 병참선 확보가 중요하다.

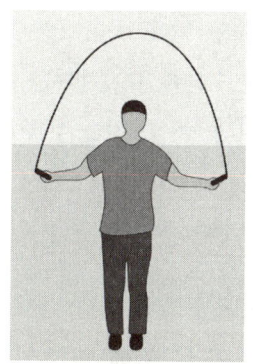

■ 전투근무지원과 지형 극복

제5편 14장부터 18장까지는 식량 조달·병참선·지형 등을 언급하면서 전투근무지원 중요성과 방법을 말하고 있다. 제14장 식량 조달에서는 4가지 방법으로 그 지역 민가에서 식량 조달, 징발과 식량 창고 등을 제시하였다. 특히 나폴레옹의 러시아 원정 패배 요인 중 하나로 식량 조달 실패를 꼽고 있다.

제15장 작전기지에서는 군대 생존과 유지에 필요조건을 달성하기 위해 특별한 비축시설 설치와 보충병력 수송에 필요한 준비를 갖출 것을 말하고 있다. 오늘날 군수지원사령부와 보충대 개념이다. 특히 식량과 병력·무기·탄약 등 보충물자의 지속적인 보급을 위한 노력이 필요하다.

제16장 병참선은 병력에 끊임없이 식량을 보급하는 병참선임과 동시에 철수의 역할을 갖고 있으며, 적의 병참선 교란은 정규군보다 게릴라에 의한 위협이 더 큰 효과를 발휘할 수 있다고 하였다.

제17장 지형에서는 적의 접근을 막는 장애물, 관측 제한, 포병 공격에 맞서는 엄호수단으로서 특성을 언급하고 있다. 그리고 여러 지형 형태인 경작지·늪·산악지형 등에서 전투력 운용제한 사항과 극복 대책을 말하고 있다. 제18장 고지에서는 고지점령이 곧 전투에서 승리한 것으로 생각하는 행위를 '다나이덴의 밑 빠진 독에 물을 붓는 헛수고'에 비유하면서, 고지는 단순히 전투에 필요한 수단에 불과하다는 것에 유의해 달라고 언급하였다. 그리고 전략적 수세와 공세, 전술적 공격과 방어 사이의 관계를 탐구하면서 제6편 방어로 연계시켰다. 전장에서 병력들은 험준한 지형을 극복하기 위한 체력이 요구된다. 체력단련을 위해서는 제한된 공간에서 줄넘기가 효과적이다.

식량·무기 등 조달 위해 병참선 확보 중요
고지 점령이 전투의 승리라 믿는 건 위험
제한된 공간에서의 체력단련은 줄넘기가 최고

■ 줄넘기와 널뛰기

줄넘기는 언제 어느 때라도 손쉽게 할 수 있는 널뛰기와 함께 민속 고유 스포츠이다. 조선 말 성행된 줄 뛰어넘어가기는 약 5~6m 길이로 두텁게 꼬아 만든 새끼줄 양쪽 끝을 한 사람씩 두 명이 잡고 돌린다. 그 줄을 여러 명이 차례로 이쪽에서 저쪽으로 뛰어넘어가는 놀이로 협동심과 즐거움을 함께할 수 있다. 그리고 8자 돌리기, 이중 뛰기 등 다양한 형태가 있다.

줄넘기는 시간당 670cal 열량을 태울 수 있어 조깅이나 자전거 타기보다 운동 효과가 더 크다. 지난해 은퇴한 축구선수 이영표는 1999년부터

2010년 남아공월드컵 때까지 10년 넘게 대표팀 왼쪽을 지켰다. 그의 빠른 헛다리 짚기 비결은 고1 때부터 시작한 줄넘기였다. 줄넘기 줄이 닳아 끊어진 적도 있을 정도로 그의 노력은 대단하였다.

널뛰기는 설날이나 단오 때 부녀자들이 하는 대표적인 민속놀이다. 길이 약 212㎝, 너비 54.5㎝인 기다란 널빤지 중앙 아래쪽에 가마 또는 짚 묶음을 뭉쳐 괴고 널빤지 양 끝에 한 사람씩 올라서서 마주 보고 구르면서 뛰어오르는 놀이다. 옛날 부녀자들은 주로 울타리 안에서 갇혀 살았기 때문에 널뛰기로 공중 높이 뛰어올라 담장 밖의 세상을 살펴봤다고 한다. 줄넘기·널뛰기 등을 하면 운동 시너지가 형성되듯 교육 형태도 딱딱한 강의실을 벗어나 새로운 형태가 나타났다.

■ 이-러닝·사이버 교육 진화

이-러닝은 웹 기술과 인터넷을 이용해 학습을 전달하고 수행하는 것이다. 사이버 학습, 원격교육 등으로 불린다. 원격교육은 1800년대로 거슬러 올라간다. 1840년 미국 이삭 피트만이 편지로 강의를 시도하였고, 케임브리지대학 제임스 스튜어트가 대학 캠퍼스가 아닌 곳에서 강의를 제공하였다. 이후 뉴욕에서 '통신대학'이라는 가정학습 개념이 생겨나 괄목할 만한 교육의 사회적 변화를 가져왔다. 학교에서 멀리 떨어져 있거나 낮에 일해야 하는 사람들을 위한 교육이 가능해졌다.

1900년대 초반에는 라디오, 중반에는 텔레비전, 후반에는 컴퓨터를 통한 원격교육이 확산되었다. 이제는 강사와 학습자가 상호 토론이 가능하고, 시간과 공간 개념을 뛰어넘은 지 오래이다. 우리나라는 방송통신대학, 교육방송, 학원 강의 등이 널리 진행되고 있다. 그 특징은 비용을 절감하며 대다수가 반복해서 학습할 수 있다는 점이다.

한편, 이-러닝은 군사교육훈련 컴퓨터 기반학습(Computer-Based Training)

에도 적용되었다. 제2차 세계대전 당시 미군은 수많은 시골 청년에게 군사훈련을 시켜야 했는데, 복잡하고 난해한 무기 다루는 방법을 이들에게 가르치기는 쉽지 않았다. 훈련 담당자들은 강의실에서 책으로 하는 딱딱한 강의보다는 오디오와 시각 효과를 겸한 교육 교재를 개발하였다. 이른바 '오디오비주얼 교육'으로 불렸다. 사격술 예비훈련부터 대부대 전술훈련에 이르기까지 다양한 형태로 발전하였다.

제6편 방어*
Defense

35. 육군 5종과 공세적 방어

> 적을 무너뜨리는 공세적 기동방어를 수행하라

2015년 세계군인 육군 5종 선수권대회를 향한 선수들의 땀방울은 더욱 더 굵어 간다. 사격과 크로스컨트리 등은 공세적 기동방어와 게릴라전 전투수행에 필요한 전투기술 연마에 적합하다.

■ 방어 성공 요소는

제6편 방어는 전쟁론에서 가장 많은 분량으로 전체의 4분의 1을 차지한다. 많은 내용이 반복되며 공격에 관한 내용도 포함되어 있다. 클라우제비츠 자신이 제6편에 이어 제7편 초고만을 생산하고 제8편 집필에 착

---

* 공세적 방어로 적 중심을 흔들어라.

수하기를 몹시 열망했기 때문에 다듬지 못하였다. 제7편 공격과 비교하면서 이해하는 노력이 요구된다. 클라우제비츠는 제1장부터 제5장까지 일반적 방어개념을 서술하였다. 방어는 소극적 목적을 지닌 좀 더 강한 전쟁 유형이며, 공격은 적극적 목적을 지닌 좀 약한 전쟁 유형이다. 전투는 방어로 시작하지만, 성공적인 마감을 위해 공격을 해야 한다. 그러므로 적의 군사력 파괴를 노리는 전략적 공세는 전쟁 목표를 직접 추구한다고 하였다.

제4장에서는 병력 집중과 분산 효과 및 집중과 분산이 공격·방어와 갖는 관계 고찰을 통해, 방어가 공격에 비해 유리한 점을 언급하고 있다. 제5장에서는 제대로 된 방어는 '모든 수단에 대해 최선을 다하는 준비, 충분히 전쟁대비 훈련을 실시한 군대, 우유부단함으로 초조하게 적을 기다리는 것이 아니라 침착하고 신중한 선택에 따라 적을 기다리는 최고 지휘관, 포위공격에 견고한 요새, 적을 두려워하지 않고 적이 두려워하는 용감한 국민' 등을 통해 수행돼야 한다고 강조하였다. 방어전투 기술은 사격과 장애물·화력 운용 등인데 육군 5종 일부 종목에 반영돼 있다.

사격·장애물 달리기·크로스컨트리 등
실전적 전투기술 연마하는 육군 5종 경기
게릴라전 훈련 과목 접목되어 전투력에 기여

■ 육군 5종은 근접전투와 게릴라전 전투기술 연마

육군 5종은 소총사격부터 크로스컨트리까지 매일 한 종목씩 경기를 치른다. 개인 전투 행위를 묘사한 근대 5종 경기 종목(펜싱 에페·수영·장애물 비월 승마·육상·사격)과 유사하지만, 육군 5종이 더 실전감이 있다. 먼저 대구경 경기용 소총으로 200m 원거리 적을 제압한다. 그리고 은밀하게 접근해 오는 적을 엎드려쏴 자세로 10분 이내에 10발을 사격한다. 빠르게 우회하는 적은 1분에 10발을 쏴 제압한다.

한편 방어는 공격으로도 전환된다. 방어진지 앞에는 여러 장애물이 구축돼 있다. 500m 장애물 달리기는 최소 10m 간격으로 20개 장애물(여자는 16개)이 있다. 줄사다리 넘기, 지그재그 외다리 통과 등 다양한 장애물을 신속하게 통과해야 한다. 다음 하천선에 자연과 인공 장애물이 가로막고 있다. 50m 레이스에 약 10m 간격으로 4개 수중 장애물이 있다. 먼저 2개 원통형 막대 중 첫 번째는 위로, 두 번째는 아래로 통과한다. 그리고 물 위에 떠 있는 3m 뗏목의 지지대나 부표 위 고정단을 넘어간 후 원통형 막대 아래로 통과하면 된다. 이 거리를 호흡 몇 번으로 빠르게 통과하는 것이 관건이다.

다시 방어이다. 코앞으로 접근해 오는 적을 1분 30초 안에 세 번 투척해 제압한다. 그리고 30m 이내 4개 표적에 투사물 16개를 표적당 4개씩 던진다. 이때 우회 공격부대 격멸을 위해 신속한 진지 변환이 필요하다. 마지막 종목 크로스컨트리는 야지나 산악지형 8km(여자 4km)를 달려 저지진지를 점령한다. 사격과 투척은 보병부대, 장애물 극복과 크로스컨트리 종목들은 육군특수전부대 요원들의 게릴라전 훈련 과목에 접목돼 전투력 발휘에 기여했다.

■ 지상 특수전부대 진화는

오늘날 육군특수전사령부 역사관에는 베트남전쟁 시 특수전부대 파병을 1970년 3월 8일로 기록하고 있다. 그런데 필자 연구에 의하면 1965년 10월, 수도사단(맹호) 파병 시부터 사단 수색중대에 특전 4개 팀이 배속돼 맹호 5호 작전에 참전하였다. 이듬해 9월, 제9사단(백마) 파병 시 제1공수특전단에서 선발된 58명 요원들이 사단 공수특전대(지구대로 명칭 변경)에서 불도저 5호작전부터 참전하였다. 이들은 적지종심 침투와 첩보수집, 예상도주로 차단작전 등에서 많은 전과를 획득하였다.

특수전부대는 1968년 1·21사태를 겪으면서 양적·질적으로 성장하였다. 1969년 1월 18일 제1유격여단(현 제3공수특전여단), 2월 17일 제2유격여단(현 제5공수특전여단)이 창설되었다. 1970년 3월 8일부터는 지역대별 6개월 단위로 파병해 수도사단과 제9사단 공수지구대에서 작전을 수행하였다. 이들은 울진·삼척지구 무장공비 침투 격멸작전을 비롯한 대침투작전에서 전투력을 유감없이 발휘하였다. 오늘날 특수전 요원들은 특수전 뿐만 아니라 소말리아에서 남수단에 이르기까지 세계평화 수호자로서 그 위상을 드높이고 있다.

36. 해군 5종과 종심 방어

공격·방어전투 … 궁극적인 목적은 '점령'

2015 경북 문경 세계군인체육대회(2015. 10. 2~11)를 앞두고 제61회 세계군인 육군 5종 선수권대회(2014. 10. 8~16)가 9일간 열전을 펼쳤다. 해군 5종 종목도 해상전투 상황에 필요한 전투기술 연마를 상정하였다. 전쟁론이 지상전투 위주 서술로 아쉽지만, 입체적 동시전장 개념 이해를 위해 종심방어 내용을 살펴보자.

■ 종심방어전투 목적은

　제6편 6장부터 9장까지는 방어수단 범위로부터 종류와 방어전투에 관해 서술하고 있다. 제6장은 민병대·요새·지역 주민·우호적 인접 동맹국 요소를 통해 폴란드 분할 사례를 들고 있다. 제7장 공격과 방어 상호작용에서는 '궁극적 공격과 방어 목적은 점령이다. 군사력은 순전히 영토와의 관계에 따라 고려되었다. 군사력은 영토를 방호하며 영토는 군사력을 부양한다. 그 결과 만약 전쟁 목적이 적 군사력 파괴가 아니라 영토 점령이 된다면 전투는 더 이상 필수적이지 않을 것이고, 전쟁도 덜 결정적이 될 것이다.'라고 하였다. 여기에서 한 회전(會戰)을 영토 방어 또는 영토 상실 차원에서 묘사하였고, 이것은 제7편 공격으로 연결되었다.

　제8장 방어 종류에서는 토레스베드라스 전투 사례 등을 들고 있다. 웰링턴은 자신이 선택한 시간과 장소에서 결전을 위해 1년 동안 와신상담(臥薪嘗膽) 준비하였다. 수만 명 포르투갈 인부들을 동원해 3중 방어 진지를 구축하였다. 1810년 9월 영국군 2만 5,000명과 포르투갈군 2만 5,000명, 총 5만 명 연합군은 프랑스 마세나군 6만 5,000명을 상대로 부사코에서 1차 전투를 치른 후 토레스베드라스로 프랑스군을 유인하였다. 10월 14일부터 시작된 전투는 다음 해 1811년 3월 초까지 4개월 반 동안 지속되었는데, 각종 장애물과 요새로 구축된 토레스 방어선은 끝내 함락되지 않았다.

　1810년부터 1811년 겨울은 유례없는 강추위와 눈보라를 동반하였고, 프랑스군 점령지역 주변은 초토화돼 식량과 물자를 조달할 수 없었다. 더구나 게릴라 20여만 명이 보급로를 계속 기습해 더욱 곤경에 빠졌다. 결국 프랑스군은 이베리아 반도에서 하루 평균 100명, 모두 합쳐 24만여 명의 사상자가 발생하였다. 지상전투처럼 해상전투 양상도 유사하다. 해상 개인전투기술을 스포츠에 접목한 것이 해군 5종이다.

■ 해군 5종 경기 진행

해군 5종은 지상과 해상전투를 상정해 장애물·인명구조수영·다목적수영 등이다. 장애물 경주는 500m 구간에 설치한 장애물 10개를 통과하면서 달리는 경기이다. 인명구조수영은 25m 구간을 3번 왕복한다. 50m 지점 수영장 바닥에 있는 모형 인형을 한 손으로 집어 나머지 25m를 수영으로 완주한다. 다목적수영은 전투수영으로 총 250m 구간이다. 25m 지점에서 모형 소총을 집어 50m 지점에 놓고, 그물을 통과해 100m 지점의 매듭을 풀은 후 125m 지점까지 수영한다. 여자는 소총 이동을 제외하고는 남자와 동일하며 100m 구간이다.

함상기술 경주는 3단계이다. 먼저 돛대에 부착된 구멍 5개가 뚫린 철판에 쐐기를 꽂고 내려온다. 그리고 한쪽 끝만 지상에 고정된 10m 계류색(繫留索·선박 고정줄)을 끌어올려 기준선 너머로 던진다. 끝으로 노를 저어 보트를 지그재그 형태로 항해해 목표 지점을 돌아오는 경기이다.

수륙 크로스컨트리 경주는 총 2,500m 구간이다. 700m까지 달린 후 50m 소총사격, 1.5km 정도 달린 후 고무보트를 타고 100m를 노를 저어 이동한다. 그리고 300여 m 달린 후 25m 거리에서 지름 2m 원 안에 수류탄을 투척하고 결승점까지 달린다. 남베트남 패망 직전 뛰어난 함상기술로 사이공 강을 헤치고 교민과 피란민을 철수시킨 십자성작전이 있다.

해군 5종, 지상·해상전투 상정 경기
베트남전쟁 '십자성작전 본받을 만해

■ 뛰어난 함상기술로 사이공 강 수로를 극복

베트남에 파병되었던 한국군이 모두 철수한 지 1년 13개월이 지난 1975년 4월 초, 남베트남은 북베트남군 총공세로 바람 앞 등불이었다. 이때 대사관 직원과 교민을 철수시키기 위해 상륙수송함(LST) 2척이 해군

특수수송분대 269명을 태우고 비밀리에 부산항을 떠났다.

붕따우에서 사이공 항구로 향하는 수로 50마일은 오래전부터 민족해방 전선 해상유격대 1,000여 명이 장악하고 있었다. 이들은 정크선 등을 타고 기뢰나 로켓포로 함정과 상선을 공격하였다. 4월 26일, 공관원·교민 354명과 피란민 537명 등 2,054명을 태우고 푸꿕섬으로 향하였다. 이미 미군은 긴급 철수 작전인 'Frequent Wind(잦은 바람)' 작전이 시행되고 있는 긴박한 상황이었다.

4월 29일 항구를 출발한 함정은 5월 13일 부산항에 무사히 도착하였다. 비록 안전하게 작전을 수행하였지만, 목숨을 건 교민 구출작전이었다. 당시 현장의 모습은 안병찬의 '사이공 최후의 표정, 컬러로 찍어라'에 생생하게 기록돼 있다. 그리고 최근 발간한 '베트남전쟁과 한국 해군'과 '베트남전쟁과 한국군(사령부·직할부대 편)'에도 수록되었다. 한편, 끝까지 철수작전을 지원하던 이대용 공사 등 3명은 5년간 억류생활 끝에 석방된 정글의 영웅이었다.

37. 공군 5종과 방어 형태

전략적 방어와 신속한 대응이 하늘을 지배한다

상강(霜降)에는 늦가을 서리 맞아 단풍이 더 붉어진다. 이맘때면 여러 곳에서 블랙이글이 높푸른 하늘을 수놓는다. 다양한 방어 형태에 따라 전술적 폭격과 전략 폭격으로 나뉜다.

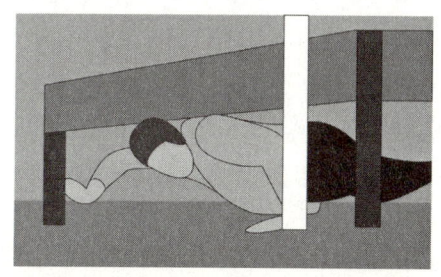

■ 방어형태별 병력 운용

　제6편 10장부터 19장까지는 요새·보루진지, 산악·하천방어를 서술하였다. 제10장~13장 요새·보루진지에서 '요새는 전술적 근거지나 숙영지 방호, 집결지 등 11개 목적으로 활용된다. 그 위치는 지리적 이점을 제공하는 곳이어야 한다. 또한 방어진지로 선정된 지형이 전투력에 미치는 영향을 고려해야 한다.'고 하였다. 제14장 효과적 측면진지 활용은 새끼손가락으로 긴 지렛대를 누르는 것과 같다고 하였다.

　제15장 산악방어에서 산악전투 본질로 '피·아 공방 부대는 산악이 제공하는 지형 유·불리한 점을 잘 활용해야 하며, 주요 요충지(a small post) 확보는 강력한 요소이다. 절대적 의미의 작은 진지는 그것보다 강하지 않은 적과 대치하고 있는 진지이다. 그러한 진지는 절대적 저항을 할 수 있으며, 이는 곧 결정적 승리를 가져오기에 충분할 만큼 강하다. 그러므로 방어부대는 지형의 모든 장애물을 잘 활용해야 한다.'고 강조하였다. 이어 제16장 전략적 산악전투 활용에서 약한 군사력을 위한 산악지역 가치를 지적하였으며, 절대적 결전을 추구할 수 없는 부수적 작전 수행을 비난하였다. 제17장에서는 지형 특성을 고려한 방어 형태와 전투력 운용에 대해 서술하였다.

　제18장 하천방어에서는 강의 너비와 도하 수단 등을 고려, 방어 소요 병력을 염출해내는 분석력을 보여주었다. 이어지는 제19장에서는 하천 위치와 형태가 피·아 공방에 끼치는 영향을 제시하면서, 프리드리히 대왕이 전투 시 오더강과 엘베강을 적절히 활용하였다고 하였다. 클라우제비츠는 '분명한 의식과 완전하며 확고한 의지를 갖고 하지 않으면 모두 실패한다.'고 하였다. 이러한 방어전략은 공군 5종에서도 요구된다.

공군 5종 스포츠·비행 경기 실시해
조종사들 다양한 상황 속 공중전 대비

■ 공군 5종은 스포츠·비행경기로

공군 5종 스포츠 경기 분야는 사격 등 5개 종목으로 조종사 개인 전투 기량을 겨룬다. 1948년 프랑스 공군 에드몬트 페팃(E. Petit)에 의해 만들어졌다. 그는 조종사들의 체력 테스트와 자기방어 능력을 향상시킬 수 있도록 신중하면서도 신속한 대응에 필요한 종목을 선정하였다. 10m 거리에서 4.5mm 구경 공기총 사격, 50m 수영, 펜싱이 있다.

이 중 펜싱은 정확성과 민첩성을 동시에 필요로 하는 운동으로, 파일럿이 초음속 상황에서 순간 판단력과 행동으로 옮길 수 있는 집중력까지 요구된다. 공중전을 그대로 지상에서 훈련하는 것이다. 그리고 볼 다루기는 농구 자유투를 여러 방식으로 시간과 정확도를 평가한다. 장애물 달리기는 육군 5종과 유사한 장애물 코스를 달린다. 조종사의 적 지역탈출 상황은 장애물 달리기와 독도법으로 구성된다.

비행경기는 복좌식 고정익 항공기이며, 조종사는 개최국에서 지원한다. 참가 선수 1명은 비행 중 항법사(Navigator) 임무를 수행한다. 항공기는 고도 600피트로 3각 항로를 따라 약 40분간 비행한다. 6·25전쟁 때 비행기에서 수류탄을 직접 던지던 공군은 이제 초음속 비행 강국으로 성장하였다. 그곳에 블랙이글이 있다.

■ 블랙이글, 세계를 날다

2013년 4월 1일 블랙이글 모기지 원주기지에서 블랙이글 전대(제53특수비행전대)가 창설되었다. 다양한 특수비행을 통해 조종사들의 조직적인 팀워크와 고도의 비행 기량을 선보이고 있는 공군 특수비행 팀이다. 베트남전쟁 참전 대가로 1967년 받은 F-5A 기종으로 블랙이글 팀이 만들어진 지 46년 만이다. 2012년 영국 와딩턴 국제 에어쇼에서는 24분 동안 팀워크와 조종 기량 등 디스플레이 부분에서 정확하고 수준 높은 기량으로 우승을 차지하기도 하였다.

　국산 고등훈련기 T-50은 우수한 기동 성능과 안전성, 최신 디지털 기술의 첨단장비를 갖추고 있다. 그리고 경항공 공격기 FA-50은 우수한 성능과 저렴한 가격으로 훈련기와 공격기 기능을 모두 갖춰 그 날개를 한껏 펼치고 있다. 전장에서 수집한 대량의 정보를 실시간 네트워킹으로 전파해 신속·정확하게 타격하는 데 공군력이 절대적이다. 하늘과 우주를 지배하는 자, 전장을 주도한다. 그 거대한 첫걸음에 블랙이글이 있다.

38. 줄다리기와 전략적 방어

　　상대편이 줄을 당기면 적절히 놓아주는 것도 전략적 방어

　가을 들녘에서 마을 사람 모두가 줄을 잡는다. 줄을 힘껏 당기다가 팽팽한 줄을 갑자기 놓는다. 상대방은 순식간에 균형을 잃고 혼란에 빠진다. 줄 당기기는 공격, 줄 놓기는 방어이다. 클라우제비츠는 줄다리기처럼 상황에 따라 전략적 방어형태를 분석하였다.

■ 요충지 방어와 지연전·전략적 방어는

제6편 20장부터 25장에서는 핵심 요충지, 병참선 차단과 지연전 등을 서술하고 있다. 제22장 초병선에서 중국 만리장성은 타타르족 침입을 막으려고 세워졌다고 언급하였다. 이것으로 볼 때 클라우제비츠는 전쟁론을 집필하면서 유럽 위주 전쟁 사례를 벗어나 동양 역사까지 사색 범위에 포함함으로써 그의 위대함을 알 수 있다. 그리고 유럽 하천과 산악 등 지형에 대한 세밀한 분석 또한 그의 혜안에 감탄하지 않을 수 없다.

제23장 나라 관문은 먼저 점령하면 결정적 이점을 제공하는 요충지로서, 그곳에서 강력한 전술적 방어가 가능하며 적 병참선을 효과적으로 위협이 가능하다. 제24장 측면작전은 오늘날 측·후방 교란작전 또는 공세적 방어작전에 해당한다. 여기에서 수행하는 병참선 차단작전은 '적 수송대와 후속부대, 전령과 적 보급소 등에 대한 공격만 목표로 삼는다. 적 전투력 유지에 필요한 전투지원 및 전투근무지원 요소에 대해서만 공격에 초점을 맞춘다. 이를 통해 적 전투력 저하와 철수를 강요하도록 만들어야 한다.'고 하였다. 이를 위해 현지 주민 마음을 얻어 첩보수집과 지원을 받는 민사심리전이 중요하다.

제25장 나라 안으로 후퇴는 지연전 또는 전략적 기동 방어로 나폴레옹의 모스크바 공격 시 러시아군 지연 전술을 세밀히 분석하고 있다. '장거리 공격 부대는 병참선 신장과 측면이 노출되므로 지연전을 펼치는 방어 부대는 소규모 습격대 등을 운용해야 한다. 될 수 있는 대로 천천히, 끊임없이 저항함으로써 적에게 지속적으로 전투 준비를 강요해야 한다.'고 하였다. 이러한 다양한 위협 대비는 줄다리기에서도 적용된다.

80개국 즐겨 … 한때 올림픽 종목
줄다리기 기술은 협상이나 위기관리에도 필요

■ 줄다리기

줄다리기는 줄을 당기는 전쟁 'Tug of War'다. 옛날부터 고을 간 대항전으로 모든 마을사람이 축제 분위기에서 줄다리기를 하였다. 이긴 마을에 풍년이 든다고 믿어 경기는 치열하였다. 동네 집집마다에서 모아온 볏짚으로 며칠씩이나 새끼를 꼰 다음, 다시 수십 가닥씩 엮어서 한 개 큰 줄을 만들었다. 줄 한쪽 끝에는 '도래'라는 고리를 만들어, 다른 마을에서 만든 줄에 서로 연결시켰다. 동쪽마을 줄은 숫줄, 서쪽마을 줄을 암줄이라 하였다.

원래 줄다리기는 올림픽 종목이었다. 1900년 제2회 프랑스 파리 올림픽부터 1920년 제7회 벨기에 앤트워프 대회까지 열렸으나 이후 빠졌다. 스포츠 줄다리기는 '체급 경기'이다. 개인 몸무게가 아닌 출전 선수 8명 체중을 합친 체급을 따진다. 3판 2승제로 남자 600kg, 여자 520kg급 경기가 일반적이다.

줄다리기에도 기술이 필요하다. 힘센 사람이 끌어당긴다고 이기지 않는다. 하체와 허리를 단련시켜 힘을 모은 뒤 순간적으로 폭발시켜야 한다. 두 팀 파워와 기술이 비슷하다면 지구력에서 승부가 난다. 8명 모두 힘을 동시에 쏟아 붓는 팀워크도 중요하다. 가장 뒤에 서는 '앵커(anchor)'가 팀 에이스이다. 줄 좌우 방향을 가늠하고 최후까지 버티는 역할을 맡는다. 힘도 좋고 경험이 많아야 한다. 앵커는 위기 시 핵심 리더로 삶과 죽음 경계선에서 빛을 발한다.

39. 게이트볼과 힘의 중심

적 전투력 중심을 노리면 전쟁에서 승리하리라

겨울 문턱 입동이 되면 쌀쌀해진 바깥 날씨로 몸이 움츠러든다. 아침저녁 쌀쌀함과 한낮 뜨거움, 세찬 비바람이 반복되는 날씨를 게릴라성 기상 이변이라고도 한다.

■ 새로운 형태 전쟁, 게릴라전

제6편 26장에서 30장까지는 전쟁터 방어에 관해 서술하고 있는데 게릴라전, 결정적 지점, 힘 중심에 대한 군사력 집중에 주목하고 있다. 먼저 제26장 국민 무장은 오늘날 게릴라 전쟁과 국가 총력전에 대한 예리한 통찰력을 보여주고 있다. 게릴라전쟁에 대해서는 첫 문장에 '인민전쟁은 문명화된 유럽에서 19세기 현상이다. 그런데 이러한 전쟁 형태는 정치적 또는 군사적 관점에서 반대하는 사람이 있다. 그 이유는 정치적으로는 게릴라전쟁을 혁명의 수단으로 보고 법으로 선포된 무정부 상태라고 보기 때문이며, 군사적으로는 그러한 전쟁에서 승리하더라도 승리를 위해 사용된 힘과 일치하지 않는다고 생각하기 때문이다.'라며 게릴라전을 새롭고 훨씬 큰 잠재력을 가진 전쟁이라고 철학적 표현을 통해 언급하였다

클라우제비츠의 이러한 관점은 19세기 초 나폴레옹 군대의 진흙탕 전쟁인 이베리아 반도 정복전쟁을 관조한 결과이다. 이 추악한 전쟁은 6년 4개월을 끌다가 1915년 워털루에서 종말을 고하게 된다. 프랑스군은 이베리아 반도의 지형과 현지인의 저항으로 이전과 전혀 다른 저항에 부딪히게 되었고, 결국 프랑스군 전체 병력 60여만 명의 절반에 해당하는 32만 5,000여 명이 이베리아 반도 곳곳의 요지에 전개될 수밖에 없었다.

스페인과 포르투갈 전 지역에서의 게릴라 습격에 대비해 병력은 곳곳에 분산 배치되었다. 더구나 해상이 봉쇄돼 지상 병참선에 의존해야 하였다. 시간이 지날수록 프랑스군은 불과 최대 6만여 명에 불과한 영국 연합군의 볼모가 되어 7년 동안이나 지속적으로 인적·물적 자원을 소진했다. 결국, 게릴라전은 적 전투력 중심을 지향하고 있다. 게이트볼도 타종(打鐘)할 때처럼 공 중심을 타격해야 한다.

■ 게이트볼, 적 중심 타격

고령에 적합한 단체운동으로 게이트볼이 있다. 한때 유럽에서 유행하였던 크로케에 창안해 고안되었고, 크로케 기원은 페일 메일(paille maille)이다. 페일 메일은 13세기 초 프랑스 농민들이 즐기던 놀이였다. 이 경기는 양치기들이 사용하는 끝이 굽은 막대(crook)로 공을 쳐서 수양버들 가지로 만든 문을 통과시키는 것이었다. 필드하키와 유사하다. 그 후 페일 메일이 발전해 크로케가 되었고, 17세기께 영국과 미국 전역으로 퍼졌다. 게이트볼은 일본인 스즈키가 크로케에서 힌트를 얻어 고안하였고, 우리나라에는 1980년대 초부터 소개되었다.

게이트볼은 한 팀이 5명씩으로 구성된 2팀이 교대로 공을 스틱으로 쳐서 3개 게이트를 정해진 순서대로 통과해 골폴을 맞춘다. 경기 시간은 30분이다. 경기장은 고정된 시설물 없이 주변 평지에서 쉽게 할 수 있다.

선수들은 자기편 공의 진행이나 게이트의 통과를 돕기도 하고, 상대방 볼의 진행을 방해하는 방법으로 게임을 진행한다. 코트 다른 쪽에 볼을 보내면 아웃, 다음 타순이 오면 코트 내에 쳐서 넣은 것으로 다시 게임에 복귀할 수 있다.

떡메 같은 모양 스틱으로 쉽게 공을 칠 수 있다. 자기 공을 쳐서 상대방 공을 맞히는 스파크 타격은 자기편 볼은 유리한 곳으로, 상대편 공은 불리한 곳으로 쳐 보낸다. 타순에 의해 게이트를 번호순으로 통과하고 골폴에 명중시키면 경기는 종료된다. 게이트볼에서 3개 게이트는 전쟁에서 전역, 공 타격은 중심 개념을 적용할 수 있다.

게이트볼도 공 중심을 타격해야 하듯
병력 분산되면 인적·물적 자원만 소모

■ 전역과 힘 중심이란

제27장에서는 전역(戰域) 개념을 구체화하였다. '전역은 한 회전(回戰) 과정에서 전략이 구사되는 독립적이고 자족적인 공간이다. 이것은 시간과 공간을 아울러 함축한다. 한 공격자가 그 시간과 공간을 가로지르는 데 시간이 걸리는 과정에서 방어자가 자신의 전략을 도울 요새나 지형처럼 움직일 수 없는 요소들을 동원할 수 있는 공간을 말한다. 여기에서 그 지역 농경 상태, 주민들 태도, 기후 등이 전역계획 수립에 반영된다.' 병력과 무기 등 전투력뿐만 아니라, 전역 안 모든 요소를 총체적으로 고려해야 함을 의미한다.

그리고 '힘 중심(enters of gravity)은 대부분 전투력이 모여 있는 곳으로, 그곳을 통해 제일 강한 충격을 줄 수 있다. 중심 구분과 군사력 활동 범위를 인식하는 것이 전략적으로 중요한 판단력이 된다.'고 하였다. 이러한 중심과 중심 충돌은 제28장 전쟁터의 주력전투 개념에서 언급하고 있다. 클라우제비츠는 전역에서 주요 전투를 다음과 같이 정의하였다. '두 힘 중심들 간 충돌이며, 우리가 우리의 힘 중심에 더 많은 군사력을 집중할수록 그 효과는 더 확실하고 더 거대해질 것이다.' 이러한 개념들은 오늘날 전쟁원칙으로 견고하게 자리 잡은 적 중심 격파, 집중 등에 많은 영향을 끼쳤다.

40. 스키에이트·모노스키와 국가총력전

포기하는 것은 영혼이 죽은 것이다

소설(小雪)은 본격적 겨울 시작이자 스키 시즌을 알린다. 은빛 설원에서 이색 스키를 즐기는 스키어들이 골인 지점을 향해 힘을 다해(총력) 질주(疾走)한다.

■ 국가총력전에서 게릴라전은

클라우제비츠는 제6편 26장에서 게릴라전과 함께 국가총력전에 대한 주장도 함께하고 있다. "게릴라 부대는 적의 주력부대에 대한 공격을 지양하고, 적의 핵심을 격파하려고 해서도 안 되며, 단지 적의 외곽과 주변만 갉아 먹어야 한다. 의용대나 무장한 게릴라부대는 적의 주력부대나 대규모 부대를 상대로 사용할 수 없고 투입해서는 안 된다." 그의 이 사상은 제1차 세계대전 때 아라비아 반도에서 게릴라전을 펼쳤던 로렌스의 '지혜의 일곱 기둥'에도 고스란히 녹아들었다.

"인민전쟁은 안개나 구름과 같아야 하며 어느 곳에서도 저항하는 몸과 같은 구체적인 형태를 지녀서는 안 된다. 안개는 어느 지점에서는 한번 번갯불이 번쩍일 수 있도록 위협적인 구름을 이루는 것이 필요하다." 또한 "미래에 있을 전쟁은 정치적으로 각성된 열정적인 국민들에 의해 수행될 것이며, 그들은 조국의 독립을 위해 싸울 것이고, 전장 결과를 받아들이지 않을 것이다."

그는 또한 국가 존망이 걸린 전쟁을 하는 정부는 그 운명이 단 한 번의 결전에 달려 있다고 생각해서는 안 된다고 결론을 맺었다. "죽기까지는 언제나 충분한 시간이 있다. 한 국가가 적과 비교해 아무리 작고 약하더라도 최후의 노력을 중지해서는 안 된다. 포기하는 것은 자기 영혼이 죽었다고 단정하는 것이다."

■ 이색 스키, 스키에이트와 모노스키

게릴라전을 설명하기 위한 스포츠로는 스키가 제격이다. 고전적 스키에 식상한 마니아들은 이색 스키로 눈을 돌리고 있다. 단조로운 일반 스키에서 벗어나 색다른 묘기와 스릴을 느끼려는 시도가 스키에이트와 모노스키다. 스키에이트(skiate)는 스키에 스케이트를 접목하였다. 보통 스키가 자신의 신장보다 긴 플레이트를 사용하는 데 비해 스키에이트는 부츠보다 약간 긴 45cm 정도의 플레이트를 사용한다. 따라서 눈과 마찰 면이 적어 움직임이 편하고 스피드를 즐길 수 있다. 또한 폴을 쓰지 않고 부츠를 고정하므로 부상 위험도 적어 초보자에게 적합하다. 더구나 바인딩이 자유로워 한 대로 온 가족이 사용할 수 있다.

모노스키(monoski)는 스키에 스노보드를 접목하였다. 한 개의 스노보드 위에 두 발을 세로로 나란히 고정시키고 폴을 사용해 타는 것으로 스키와 스노보드의 장점만 모아 놓았다. 전통적 스키 대신 플레이트 한 개로 안정된 라이딩을 할 수 있다. 더구나 폴을 사용해 방향 전환이 용이하다. 두 발을 따로 움직이는 스키와는 달리 두 발을 함께 움직여야 하므로 운동량이 제법 많아 역동적인 활강을 원하는 사람들에게 인기를 끈다. 따라서 스키 경력이 많은 스키어들에게 적절하다.

스포츠에서 스키에이트와 모노스키가 한 것처럼 주코프는 기존의 전쟁 관념을 깨뜨렸다. 그는 전쟁 경험이 풍부한 장군으로 1941년 12월 5일, 히틀러의 초기 모스크바 공략을 성공적으로 방어하였다.

> 국가의 존망이 걸린 전쟁할 때
> 단 한 번 결전으로 판단 일러,
> 어렵고 힘들더라도 굴복 안 돼

■ 모스크바 방어전

히틀러는 1939년 8월 스탈린과 맺은 불가침조약을 깨뜨리고 1941년 6월 22일 소련을 침공하였다. 독일군은 153개 사단 360만 명, 전차 3,600대, 전투기 2,500대였고 소련군(Red Army)은 158개 사단 290만 명, 전차 1만 5,000대, 전투기 8,000대였다. 스탈린은 벼랑 끝에 몰렸다. 더구나 일본이 이 기회를 이용해 극동(極東)에서 소련 배후(背後)를 치지 않을까 우려하였다.

1941년 9월 도쿄에서 활약하던 소련 간첩 리하르트 조르게의 결정적 첩보가 날아왔다. 인도네시아 등 남방 석유 자원 확보에 혈안이 된 일본군이 소련을 공격하지 않으리라는 것이었다. 스탈린은 40만 명의 극동군을 빼내 모스크바 방어전에 투입함으로써 독일군으로부터 모스크바를 구할 수 있었다.

주코프는 가을비로 땅이 진흙탕으로 변하고 겨울이 시작돼 독일군 공격이 주춤하는 틈을 타 신병들을 훈련시켰다. 시베리아에서 막 도착한 전략 예비군을 동원해 반격을 가하였다. 독일군 동부전선 중앙에 큰 틈이 생겨 주코프는 전장 주도권을 장악하였다. 다음 해인 1942년 8월 주코프는 붉은 군대 최고사령관 대리로 레닌그라드 포위를 풀고 스탈린그라드에서 독일 제6군을 궤멸시켰다.

1961년 모스크바에서 블라디보스토크까지 전 구간 9,288km의 시베리아 횡단 철도가 현대사 물줄기를 바꾸었다. 히틀러가 초보 스키에이트를 타고 공격했고, 스탈린은 숙련된 모노스키로 방어하였다고 하면 지나친 비약일까.

제7편 공격*
The Attack

41. 택견·태극권·국술과 우회기동

정면 공격보다 우회 공격이 더 효과적

2014년 인천 아시아경기대회 열기는 뜨거웠다. 이웃나라 전통 스포츠 뿐만 아니라 우리 고유 스포츠에 대한 관심도 요구되었다. 정면 공격 힘 겨루기보다 우회기동과 추격을 통해 더 많은 전과를 거둘 수 있었다.

■ 우회기동과 추격 효과는

전쟁론 제3권은 제7편 공격과 제8편 전쟁계획으로 출간되었다. 그런데 제7편은 전쟁론 가운데 가장 덜 다듬어지고 개략적인 서술에 그쳐 제6편 방어와 대비되는 것에 지나지 않는다. 초안 상태로 마무리하지 못했음을

---

* 견제 공격으로 적 전투력을 소진시켜라.

뜻한다. 7편은 크게 세 부분으로 이해하는 것이 좋겠다. 제1장부터 제6장까지는 일반적 공격 개념, 제7장부터 제14장까지는 공격작전 형태, 제15장부터 제21장까지는 견제와 침략, 승리 정점 등에 관한 내용이다.

클라우제비츠는 '전략적 공격 성격은 끊임없는 공격·방어의 반복과 결합이다. 그 대상은 나라 전체이거나 지극히 부분적인 곳을 점령하는 것이다. 적의 전투력을 파괴하는 직접 전투와 적 요새나 영토 일부를 점령하는 간접 전투가 있다.'고 하였다.

이를 통해 1827년께 그는 완전한 적 격멸을 목적으로 하는 절대전쟁과 적 국경지역 일부를 점령하는 현실전쟁 성격을 구분하기 위한 노력이 필요함을 인식하게 되었다. 그리고 1800년 초기 마렝고 전투와 아우스터리츠·예나 전투 등에서 나폴레옹 군이 보여준 측면 우회기동과 추격작전 사례를 들고 있다.

'포위보다는 측면 공격이 더 큰 효과를 낸다. 방어전투에서는 최고 지휘관이 결전을 회피하면서 시간을 지연시키고 공격전투에서는 결전을 서둘러야 한다. 단 적 상황을 잘 모르고 공격을 서두르면 전투력을 낭비하는 곤경에 처할 수도 있다. 그리고 병력은 집결해 포위보다는 우회해야 하며, 추격을 통해 승리의 주된 열매를 얻을 수 있다.'고 했다. 여기에서는 방어보다 공격 우위 사고를 엿볼 수 있다. 우리 민족 고유 전통무예 택견도 방어 후 공격으로 이어진다.

■ 택견과 태극권 특징은

국내에 보급돼 있는 무술 종목은 약 68개 정도이며, 택견은 중요무형문화재로 문화재보호법에 지정돼 있다. 유네스코 인류 무형문화유산으로 등재돼 있기도 하다. 택견은 고조선시대 부족공동체 제천의식에서부터 한민족 고유 무예로 자리매김해 왔다. 고구려 고분벽화에 있는 택견 동작, 고려 때 무과 시험에 택견 겨루기, 임진왜란 때는 백병전을 대비한 군사무술로 훈련시켰다.

택견은 품밟기와 활갯짓·발질 등의 동작으로 손발과 몸동작이 유연하다. 또한 멋과 가락 등 음악적 신체 리듬이 가미된 즐기는 스포츠이다. 택견이라는 소리가 태권(跆拳)이란 한자어로 널리 퍼진 것은 주지의 사실이다. 태권도를 시작하기 전 택견에 대한 기초 소양이 필요하다.

태극권은 주로 중국인들이 즐기는 스포츠로 양(陽)인 동(動)과 음(陰)인 정(靜)이 어우러져 신체 건강과 마음수련(명상)을 얻을 수 있다. 온몸의 긴장을 풀고 부드럽게 천천히 움직이는 가운데, 마음과 호흡을 동작에 맞춰 하나로 모으는 수련을 가장 중시한다. 겉으로는 부드럽고 고요하며, 안으로는 강해지는 외유내강(外柔內剛)형이다. 한편, 국술은 우리나라 고대 무술인 궁중무술·불교무술·사도무술이 1958년 '국술'로 통합되었다.

전략적 공격 성격은 끊임없는 공격·방어의 반복과 결합

42. 공수도·우슈와 공격

반격위주 무술 공수도, 상황별 공격작전도 달라

인천아시아경기대회 '평화의 숨결, 아시아의 미래'가 2014년 9월 17일부터 10월 4일까지 열렸다. 45개국 선수 1만여 명이 36개 종목에서 금메달 439개를 놓고 실력을 겨뤘다. 올림픽 종목 28개에 아시아 특성을 살려 공수도·우슈·세팍타크로 등 8개 종목이 다양하게 추가되었다.

■ 지형에 따른 공격작전 형태는

제7편 8장부터 19장까지는 도하 공격부터 숙영지 공격 등 다양한 공격작전 형태를 서술하고 있다. '하천선 공격과 방어는 신중하게 결정해야 하며, 방어진지 공격은 진지 측면을 공격하는 것이 효율적이다. 보루 진지는 적이 견고하게 방어하고 있으므로 사전 준비를 철저히 해야 한다. 산악 지역은 측·후방 우회 공격보다 적 퇴로 차단을 실질적 목표로 삼아야 한다. 초병선은 적 주력이 배치되지 않으므로 작은 성과에 집착해 전투력을 낭비할 필요가 없다.' 그리고 기동작전은 오늘날 소규모 정찰대, 우회 습격조에 대한 내용으로 이해하면 된다. '늪·침수지에 대한 공격은 동계 기간이 적절하며, 숲에 대한 공격은 기동로를 확보해 유리한 지역에 도달하는 노력이 필요하다.'고 하였다.

클라우제비츠는 이어 결전을 치르거나 치르지 않은 전쟁터에 대한 공격을 언급한 후 계속해서 기타 공격작전 형태를 서술하고 있다. '요새 공격 효과는 제한된 목표에 대한 소규모 점령으로 많은 병력이 필요하지 않으며, 요새 손실은 적 방어력을 약하게 만든다. 수송대에 대한 공격은 성공 확률에 대해 신중하게 판단해야 한다.'는 것이다.

또한 사영하는 적군에 대한 공격에서는 공격 방법과 효과를 언급하고 있다. '분산해 있는 적에 대한 광범위한 공격으로 큰 손실을 입히는 것이다. 우회 공격을 통해 적을 분리하고 퇴로를 차단해야 큰 성과를 낼 수 있다. 한 지점으로 전투력을 집중해 단호하고 대담하게 공격해야 한다.' 이처럼 다양한 상황에서 공격작전 형태가 발전하였듯이 아시아인의 스포츠도 태권도와 함께 공수도·우슈 등 여러 형태로 변화되었다.

■ 공수도와 우슈는 어떻게 변화되었는가

공수도(空手道) 또는 가라테는 아주 부드러운 힘을 겹쳐 신체 각 부위를 활용해 상대방과 겨루는 일본의 무술이다. 17세기 일본 사쓰마번의 침략에 의해 무기를 소유할 수 없게 된 지금의 오키나와인 류쿠 무인들이 당시 당나라 무술인 당수(唐手)를 수련하게 된 것이 시작이다.

가라테가 일본 무술로 정착되면서 '당' 자가 중국 당나라를 연상시킨다고 해 '空手(공수)'로 변하였다. 여기에서 '가라(から)'는 '비어 있다(空)', '데(て)'는 '손'으로, 곧 맨손 무술을 의미한다. 또 색즉시공(色卽是空)의 공(空)은 빈 것은 차 있고, 차 있는 것은 비어 있다는 뜻이기도 하다. 공수도는 선제공격보다는 반격 위주의 무술이다. 방어는 곧 공격을 위한 준비이기도 하다.

우슈는 중국의 전통무술로 무술(武術)의 중국 발음이다. 인도 스님인 달마선사는 서기 520년께 중국에 건너와 소림사에서 9년 동안 참선하였다. 이때 고대 인도무술을 응용해 승려들의 신체 단련을 목적으로 쿵후를 발전시켰다. 그 후 이것을 현대적으로 표현하는 경기가 우슈다. 장권과 도술·곤술, 창·검, 남권 등 세부 종목에서 개인 자세를 평가하는 품새와 대련으로 나뉜다.

43. 삼보와 견제

적절한 견제로 상대 공격을 사전에 차단하라

2013년 11월 중순 한국을 방문한 블라디미르 푸틴 러시아 대통령이 정상회담에 늦게 도착하였는데, 당시 대한삼보연맹 관계자와 삼보 도복을 입은 초등학생들과 이야기를 나누느라 늦었다 해명하였다.

■ 견제와 침략, 승리 정점은

제7편 공격의 나머지 부분은 견제와 침략, 승리 정점 등이다. 제15장 결전을 치르는 전쟁터에 대한 공격은 적 배후에 대한 공격, 제16장 결전

을 치르지 않는 전쟁터에 대한 공격은 병참선 차단으로 작전지속 능력을 저하시키는 방법을 서술하였다. 제20장 견제는 양동작전으로 적 전투력 분산을, 제21장 침략은 공격 목표를 영토의 부분적 점령이나 요충지 점령 등으로 짧게 언급하였다.

제21장 다음의 승리 정점에 관해서는 제4장 공격력 감소와 제5장 공격 정점과 함께 이해하는 것이 좋겠다. 이 관점에 대해 저술할 무렵 전쟁 목표는 평화협상에서 상대적 우위를 달성하기에 충분할 정도의 군사적 상황을 창출하는 것이었다. 적 군사력 파괴나 적 영토 점령은 전쟁 목적이 아니라, 전쟁 종결로 가는 문을 열기 위한 수단이었다. 승리 정점 앞부분은 공격 간 병력 증감과 전투력 감소 원인, 끝 부분은 적 상황에 대한 주도면밀한 분석을 서술하였다.

클라우제비츠는 '적 전쟁지속 능력이 고갈되고 병참선이 차단되면 적 전투력 저하와 마비가 어느 정도 저하되는지 추정해야 한다. 적이 공격을 받고 심리적 충격을 받았는지, 전투력을 복원하기 위한 어떠한 노력을 하며, 주변 국가들과의 외교 관계를 주시해야 한다. 일시적 성과에 만족해 목표를 지나치게 높게 설정하는 것을 유의해야 한다.'고 하였다. 삼보에서도 적절한 견제를 통해 상대 공격을 예방해야 한다.

'무기를 사용치 않는 자기방어'
러시아 종합 격투기 삼보처럼
적의 전쟁지속 감소시켜 승리

■ 삼보는 러시아 종합격투기

삼보(Sambo)는 러시아 국기(國技)인 전투 스포츠로 러시아어로 '무기를 사용하지 않는 자기방어'라는 뜻이다. 체계적 경기로 만든 사람은 1917년 하를람피에프이다. 예로부터 전해 내려오던 고유한 여러 개 민족 격기에 메치기·굳히기·관절꺾기 등 다양한 기술을 종합하였다. 삼보는 유도복과 비슷한 윗도리와 짧고 타이트한 팬츠 차림으로 한다. 복싱·태권도·유도·레슬링 등과 공통된 기술이 많은데 서서 하는 기술(立技)이 대부분이고, 눕거나 관절 기술은 서서 할 수 없으며 한 판 승부이다.

스포츠 삼보는 호신술과 체력단련에 중점을 두고 있어 누구나 쉽게 배울 수 있다. 이 종목은 유도·레슬링·합기도의 모든 기술인 굳히기·메치기 등 공격과 방어 행위를 허용한다. 개인전은 체급별, 단체전은 씨름과 유사하게 두 팀이 대항전 형식을 취한다.

격투(combat) 삼보는 헤드기어와 글러브를 착용하며 최근 유행하는 이종격투기와 비슷하다. 타격기술·혼합기술·머리 뒷부분을 제외한 무릎공격까지 가능하다. 따라서 옛 소련 특수부대였던 스페츠나츠 격투 교과 과정 중 하나였다. 푸틴 대통령은 대학 시절 삼보대학생선수권에서 우승하였고, 태권도와 유도·가라테 명예단증을 갖고 있다.

제8편 전쟁계획*
War Plans

44. 알파인 스키와 전쟁 및 정치

오직 승리를 위해 … 전쟁은 정치의 수단이다

대설(大雪)에는 누런 콩을 쑤어 메주를 만들기 시작한다. 이때 기온이 영하로 내려가면 대기 중에 있는 수증기가 차가워진 나뭇가지에 붙는 일명 나무서리, 서리꽃 상고대가 장관이다. 그런데 정치의 나무에 전쟁의 수증기가 붙으면 참혹한 지옥 꽃이 된다.

■ 전쟁은 다른 수단에 의한 정치의 연속

1792년 봄, 약관 12세 클라우제비츠는 페르디난트 왕자가 지휘하던 프로이센군 제34보병연대 기수로 입대하여, 1818년 베를린 전쟁학교 교장으로 부임하기까지 무려 26년 동안 전쟁터를 누빈다. 1806년 예나전투에서 프랑스군 포로가 되고, 1812년에는 러시아군 대령으로 복무하기도 하였다.

---

* 차가운 혀가 뜨거운 총을 이긴다.

그는 수많은 전례 분석과 전쟁 경험을 통해 오늘날 가장 유명한 명제인 '전쟁은 정치의 수단'이라고 하였다. '전쟁은 단순히 정치적인 행위뿐만 아니라 진정한 정치적 수단이다. 그리고 정치적 접촉의 연속이며 정치적 접촉을 다른 수단으로 실행하는 것이다. 정치적 의도가 목적이고 전쟁은 수단이므로, 수단은 목적을 떠나서는 결코 생각할 수 없다.

또한 모든 전쟁사를 제대로 이해하려면 전쟁이 정치의 수단이라고 이해해야 한다. 이러한 이유로 정치가이자 최고 지휘관이 맨 처음으로 내려야 하는 가장 중요하고 결정적인 판단은 자신이 수행하는 전쟁을 이런 관점에서 올바르게 인식하는 것이다.' 곧 전쟁을 폭력을 사용한 정치행위로 규정하였다. 알파인 스키에서도 속도와 기술은 목적인 결승점에 이르는 수단이다.

■ 알파인 스키의 속도와 기술

알파인 스키(Alpine Skiing)는 명칭 그대로 알프스 지역을 중심으로 생겨난 스포츠이다. 알파인 스키는 활강과 회전으로 구분된다. 활강은 가파른 경사를 누가 더 빨리 내려오는가를, 회전(Slalom)은 정해진 기문(旗門)을 누가 더 기술적으로 통과해 빨리 들어오느냐에 중점을 두는 5개 종목이 있다. 슬라롬은 스키뿐만 아니라 지그재그로 달리는 자동차 경주나 격류(激流)에서 하는 카누 경기에도 사용되는 용어이다. 기문은 군영(軍營)의 입구를 뜻한다.

활강(Down Hill)은 평균 시속 90~110km 이상 빠른 속도로 길이 3~3.5km를 활주해 기술과 용기, 지구력을 테스트한다. 회전은 평균 시속 55km 속도로, 길이 500~700m에서 60~70개 기문을 통과해야 한다. 이때 수없이 자세를 바꿔야 하므로 고난도의 유연성과 순발력이 요구된다.

대회전(Giant Slalom)은 길이 1.2km에서 40~50개 기문을 빠르면서도 자연스럽게 내려오기 위해 활강과 회전 능력이 고루 필요하다. 슈퍼 대회전(Super Giant Slalom)은 길이 2~2.4km로 대회전보다 슬로프 경사가 가파르고 기문 수가 적다. 알파인 복합(Alpine Combined)은 활강과 회전·대회전 등 두 종목 성적을 합산해 순위를 가린다. 이러한 복합적인 요소가 결합되듯 전쟁은 정치의 연속이다.

■ 날카로운 칼과 장식용 대검

전쟁의 정치적 특성에 대한 클라우제비츠의 분석은 그가 남긴 가장 중요하고도 큰 결실을 거둔 학문적 업적이다. 전쟁의 본질을 분석함에 있어 정치라는 개념을 중앙에 위치시키고 정치와 조직적 폭력의 다른 요소와 상호작용에 대한 체계적 연구를 가능하게 한 것은 그가 처음이었다.

나폴레옹 북소리가 유럽 전역을 휩쓸 때 각 나라는 자국의 정치적 이해관계에 따라 이합집산(離合集散)하였다. 이러한 현상에서 각 나라의 국가이익을 발전적으로 추구하며, 그들의 힘을 증대시키는 과정에서 전쟁이라는 수단을 이용하였던 것이다.

그는 정치적 목적을 달성하기 위한 군사적 수단으로 선예선비(先豫先備)를 강조한다. 제2장 전쟁의 목적과 수단에서 '적을 늘 살펴서 적이 날카로운 칼(sharp sword)을 집어 들 때 적에게 장식용 대검(ornamental rapier)으로 맞서지 않도록 해야 한다.' 이러한 인식은 전쟁이라는 위험한 영역을 카드놀이, 즉 도박(gamble)에 비유하기도 하였다.

북한 위협은 늘 밀물과 썰물처럼 다가온다. 모든 전쟁을 정치적 행위로 보는 관점은 제1장 28항 '이론을 위한 결론'에서 '삼위일체(三位一體·trinity)로 이어진다.

45. 스피드 스케이팅과 절대 및 현실전쟁

강한 힘으로 적군을 타도 〈절대전쟁〉하고
유연성으로 영토를 점령 〈현실전쟁〉하라

러시아 소치 동계올림픽 개막식은 2014년 2월 8일 저녁 8시 14분(현지시간)에 열렸다. 빙상 '여제(女帝)' 이상화의 질주와 '여왕(女王)' 김연아의 귀환이 기대되었다. 그동안 스피드 스케이팅은 체력 조건이 우수한 서양 선수의 벽을 넘을 수 없다는 인식이 있었다. 강인한 체력은 힘으로 직선에서의 절대전쟁, 유연성은 코너링에서 현실전쟁과 같다.

■ 절대전쟁과 현실전쟁

전쟁론 이해는 제1편에 이어 제8편 전쟁계획으로 이어져야 현실전쟁에 대한 이해를 쉽게 할 수 있다. 절대전쟁(absolute war)이란 적군 타도와 격멸을 목표로 하고, 현실전쟁(real war)은 적국의 국경 부근 영토를 조금 점령하는 것이 목표이다. 절대전쟁을 다루는 부분은 제1편 1장을 제외한 부분과 제2편부터 제6편까지이다. 현실전쟁은 제1편 1장과 초안으로 남아있는 제7편과 제8편이다.

절대전쟁은 클라우제비츠가 대위(26) 때 1806년 프랑스군 포로가 되어, 나폴레옹의 전쟁수행 방식을 연구한 결과이다. 그 이전의 유럽은 용병(傭

兵)에 의존하였으나, 전 국민의 총력전 형태로 변하였기 때문이다. 그러나 나폴레옹 몰락과 더불어 40대 후반에 이르러 제한된 전쟁 목표와 수단의 현실전쟁으로 관점이 바뀌게 되었다. 그는 제3장에서 전쟁 역사를 개관하면서 '전쟁술에 있어서 경험은 많은 개념적 진리보다 더 중요하다.'고 하였다. 그리고 '전쟁의 내적 연관성' 끝에 '최초의 일보(the first step)를 내디딜 때 최후의 일보(the last)를 먼저 고려할 것'을 강조하였다. 이는 보복이 보복을 낳는 전쟁 악순환을 경고한 것이다. 그러므로 주변 국가와의 우호관계를 통해 이점(利點)을 얻도록 하였다. 절대전쟁과 현실전쟁의 양면성은 스피드 스케이팅에서 힘과 유연성으로 대변된다.

■ 스피드 스케이팅

스피드 스케이팅은 롱 트랙 스케이팅을 말한다. 스케이트 시작은 대서양 연안 네덜란드와 독일 사이에 위치한 물과 역사 도시 프리슬란드라고 한다. 이곳에서 2천 년 전 뼈로 만든 스케이트가 발굴되었다. 스케이트는 중세시대 네덜란드의 가장 보편적인 운송 수단이었다. 이때는 뼈 대신 나무나 철을 이용해 스케이트를 만들었다. 현대적 스케이트장은 1862년 뉴욕 센트럴파크에서 개장되었다.

경기는 500m, 1,000m, 1,500m, 5,000m, 10km와 팀 추월이 있다. 빙상의 꽃 500m 승부는 스타트 때 첫 세 발에서 결정된다. 그리고 첫 번째 코너를 벗어나 직선주로로 빠져 들어가는 단계이다. 마지막은 두 번째 코너를 돌아 결승선을 향해 달릴 때이다. 팀 추월은 팀당 3명씩 두 팀이 400m 링크 반대편에서 동시에 출발, 남자 8바퀴(3,200m), 여자 6바퀴(2,400m)를 돌며 서로 상대방 뒤를 쫓는다. 상대 팀의 맨 뒤 선수를 추월하면 승리한다. 레이스가 끝날 때까지 따라잡지 못하면 각 팀 세 번째 순위 선수들의 기록을 비교해 승패를 가린다.

이번 소치에서 이상화는 많은 준비를 하였다. 그녀의 경기복은 사전에 본인의 팔 동작과 버릇을 일일이 체크해 제작된 맞춤복으로, 이것은 선수 체격에 맞춰 장점은 극대화하고 단점을 보완해 경기력 향상에 도움을 줄 것이다. 그리고 세 번이나 세계신기록을 갈아 치울 수 있었던 것은 폭발적인 스타트였다. 이를 위해 체지방을 5kg 줄이고 하체 근력을 강화하였다. 고대 로마가 외교력으로 강력한 로마동맹을 건설한 연유도 여기에 있다.

■ 외교력과 로마동맹

클라우제비츠는 전쟁 영웅으로 알렉산더를 꼽고 있다. 제3장 전쟁의 목적과 노력 수준에서 '새로운 알렉산더는 좋은 칼(sharp sword)과 좋은 펜(pen)도 갖춰야 한다.'고 하였다. 이는 군사력뿐만 아닌 외교력(soft power)의 중요성을 강조하는 것이다. 그리고 전쟁의 정치적 목적으로 '적군과 아군 힘과 상황을 살펴보고, 적국 정부와 국민 성격과 능력을 아군의 측면과 함께 살펴보아야 하며, 적과 다른 나라들 사이의 정치적 관계와 전쟁이 이러한 관계에 미칠 수 있는 영향도 고려해야 한다.'고 하였다.

그는 외교 중요성으로 로마동맹 사례를 들고 있다. 고대 로마는 작은 규모였다. 테베레 강 주변 일곱 개 언덕의 중심 포로 로마노(foro romano)에서 시작된 그들은 이웃 민족에 대한 실질적인 정복보다는 그 나라들과 동맹을 맺어 영토를 확장시키면서 전체로 융합해 나갔다.

남부 이탈리아를 확장한 후 비로소 실질적인 점령 전쟁을 시작하였다. 카르타고를 멸망시키고 스페인과 갈리아 지방을 점령하였다. 갈리아는 오늘날 프랑스, 북부 이탈리아, 벨기에, 스위스 서쪽, 네덜란드, 라인 강 서쪽 독일 지역을 아우르는 광대한 지역이다. 그리고 아피아 가도(via appia antica)에서 시작된 '모든 길은 로마로 통한다.'는 그리스와 이집트로 영역을 넓혀 대로마 제국을 건설하였다. 절대전쟁보다 현실전쟁을 고려한 것이다.

46. 컬링과 중심

상대를 쓰러뜨리려면 敵중심을 집중 공략하라

한국 여자 컬링은 소치 동계올림픽에서 9번 경기를 통해 평창을 향한 희망의 불꽃을 태웠다. '빙판 위의 체스'로 불리는 컬링은 강인한 체력과 두뇌 싸움의 전략이 필요하다. 스톤 중심을 가장 신속하게 목표 지역에 보내는 것이다.

■ 중심 격파

전쟁론에서 제8편 1장부터 3장은 절대전쟁에 관한 내용이다. 제4장부터는 현실전쟁 이론이다. 클라우제비츠는 여기에서 전쟁 목표를 바꾼다. '전쟁을 하는 양쪽 나라의 지배적인 정치 상황을 주의 깊게 살펴보는 것이 중요하다. 그러한 상황에서 힘과 운동의 중심인(the hub of all power and movement) 명확한 중심점이 만들어지며 모든 것은 그 중심에 달려 있다. 또한 모든 전투력의 공격도 적 중심점에 집중되어야 한다.' 전쟁 목표인

적을 쓰러뜨리려고 지역 전체를 점령할 필요가 없고, 중심(the center of gravity)에 집중해야 하는 것이다. 그리고 부분적인 지역 점령으로 목표 달성에 만족하지 말고 늘 적 병력의 핵심을 찾고 전체를 얻을 생각으로 전체에 중점을 두어야 한다. 또한 눈앞의 목표(a nearby object)보다 먼 목표를 향해 큰 도약(a long jump)을 해야 한다.

제5장은 이러한 목표달성 조건이 충족되지 않을 때 제한적인 목표를 제시한다. 적 나라에 있는 작은 지역 점령이나 더 좋은 때를 대비해 기다리는 것이다. 구체적인 방법은 7장과 8장의 제한적인 목표인 공격전쟁과 방어로 이어진다. 전쟁론의 중심(重心)이론은 현대에 이르러 전략적(strategic) 중심과 전술적(tactical) 중심이론으로 발전하였다. 곧 정치적 행위와 군사작전으로 구분되는데 일반적으로 전략적 중심은 한 국가의 힘의 원천, 전술적 중심은 군사작전의 목표로 받아들여진다. 이러한 중심이동을 이용한 스포츠로 컬링이 있다.

■ 컬링과 팀워크

컬링(curling)은 1541년 스코틀랜드에서 돌을 얼음판에서 미끄러뜨려 하는 놀이를 한 것에서 유래되었다. 이후 캐나다와 북미로 전파되고, 19세기에는 스위스와 스웨덴에 소개되었다. 경기는 둥글고 납작한 20kg가량 되는 스톤을 빙판 위에서 밀어 반경 1.83m 원 안(house) 표적에 어느 팀이 더 가깝게 보내느냐에 따라 승부가 갈린다. 한 팀은 4명으로 주장인 스킵(skip), 부주장 서드, 2번 주자 세컨더, 스톤을 던지는 리더(leader)로 이뤄진다.

한 게임은 10엔드(end)로 구성되는데 한 팀당 8개의 스톤을 상대팀과 한 개씩 번갈아 투구한다. 한 엔드에서 각 선수가 두 번씩 던지는 것이다. 양 팀이 16개의 스톤을 모두 투구하면 한 엔드가 끝난다. 단순히 표적에 가깝게 보내는 것이 아니라 상대의 다음 투구를 미리 예측하고 상대 스톤을 밀어내는 머리싸움이 치열하게 펼쳐진다.

한국에는 1994년 뒤늦게 소개돼 변방이었으나 최근 급속도로 경기력이 향상되었다. 경기는 총 2시간 40분. 선수들은 5분간의 하프타임을 제외하고 경기 중 계속 서 있어야 한다. 특히 스톤(돌)이 가는 길을 브러시로 닦는 스위핑(sweeping)은 체력 소모가 극심하다. 총 10엔드 경기에서 1엔드당 8개의 스톤을 던진다. 팀원들은 스톤을 던질 때마다 30m 정도를 쉬지 않고 스위핑해야 한다. 한 번 스위핑에 100m를 전력질주하는 만큼 체력이 소모된다. 따라서 여름철 체력 단련을 위해 마라톤 거리의 10배인 420km를 달린다. 그리고 컬링에서는 팀워크가 중요하다. 눈빛만 봐도 알 수 있는 평소 호흡이 필요하다.

47. 아이스댄싱과 외교전

> 스피드와 美의 조화가 중요한 아이스댄싱처럼…
> 전쟁과 정치는 불가분 관계

아이스댄싱은 얼음 위에서 음악과 율동을 가미해 즐거움을 더한다. 이처럼 전쟁론의 꽃을 하얀 눈꽃에 비유하여 '전쟁론' 제8편 6장에서 '전쟁은 정치의 연속이다.'라고 표현하였다.

■ 전쟁과 정치 관계는

제8편 전쟁계획 백미(白眉)는 제6장이다. 백미는 중국 촉한(蜀漢·BC 221 ~263) 때 마량(馬良)의 다섯 형제 모두 재주가 있었다. 그중에서도 마량이 가장 뛰어났는데, 눈썹 속에 흰 털이 있었다는 고사에서 유래되었다. 클라우제비츠는 제8편에 이르러 전쟁 계획이 전쟁의 정치적 목표에 대한 인식 없이는 논의될 수 없음을 알아차렸다.

먼저, 전쟁 목표에 미치는 정치적 목적의 영향에서는, 전쟁 목표는 단순히 적을 위협하고 협상을 유리하게 전개하기 위한 수단으로 활용된다는 것이다. 곧 세 치 혀로 싸우는 설전(舌戰)이요, 전쟁터는 테이블이다. 이것은 총과 칼이 부딪치는 절대전쟁이 아닌 전쟁과 협상을 병행하는 절반의 전쟁으로 정치적 목적을 달성한다고 하였다.

다음으로 '전쟁은 정치의 수단'에서 전쟁은 온 힘을 다해 찌르는 전투용 칼(the battle-sword)이며, 정치는 이 칼을 보통 가벼운 칼(a light-handy rapier)로 만들어버리는 속성을 지닌다고 했다. 정치가 전쟁 성격을 변화시키는 표현이다. 이어 '전쟁을 낳은 것은 정치이다. 그러므로 정치적인 관점이 군사적인 관점에 종속되는 것은 불합리할 것이다.

정치는 이성이고 전쟁은 단순한 도구이며, 그 반대는 아니다. 따라서 군사적인 관점이 정치적인 관점에 종속될 수밖에 없다.'고 강조하고 있다. 끝에서 전쟁은 반드시 정치적 성격을 지녀야 하며 정치의 척도로 바라봐야 한다면서 전쟁은 정치 수단이라는 불후의 명언을 남겼다. 전쟁과 정치 관계처럼 빙상의 스피드에 아름다움과 율동을 가미한 아이스댄싱과 밀접한 관계이다.

전쟁을 낳은 것은 정치요, 전쟁은 정치의 수단이다
말로 하는 전쟁이 외교 … 총보다 혀가 더 강할 수도

■ 아이스댄싱과 피겨스케이팅은

아이스댄싱은 페어와 유사하지만, 남자선수가 여자선수를 어깨높이 이상 들어 올릴 수 없고 연기하는 동안 남녀선수가 양팔 길이 이상 떨어지면 감점이 되는 등 차이가 있다. 소치에서는 팀 경기가 처음으로 열렸다. 남녀 싱글·페어·아이스댄싱의 4팀 6명의 선수가 참가해 프리스케이팅 점수로 경쟁하였다.

피겨스케이팅은 싱글스케이팅과 아이스댄싱 등 4개 종목이다. 피겨스케이팅은 강철 칼날이 만들어지면서 탄생하였다. 미국인 잭슨 헤인즈가 이 아이디어를 냈으나, 당시 남북전쟁이 한창이라 주목받지 못하고 1864년 스웨덴 스톡홀롬에 정착하였다. 그 후 베엔나 왈츠를 추던 여인들에 의해 확산되었고, 1896년 처음 피겨선수권대회가 개최되었다. 스케이팅 주요기술은 점프와 스핀·스파이럴 등이다. 피겨스케이팅은 이러한 기술의 연속이다.

페어스케이팅은 한 쌍을 이룬 남녀가 똑같은 동작을 취한다. 남자선수가 여자선수를 머리 위로 들어 올리는 리프트, 남자선수가 여자선수 허리를 잡거나 손을 잡고 던져서 점프 동작을 돕는 스로 점프, 남자선수 손을 잡은 여자선수가 얼음판과 수평을 이루도록 누워서 회전하는 데스 스파이럴 동작 등이 있다. 스피드스케이팅이 힘과 기술에 의한 속도와의 전쟁이라면 아이스댄싱과 피겨스케이팅은 음악과 기술의 조화로운 말로 하는 전쟁인 외교와 유사하다.

■ 전쟁은 총으로 하는 외교, 외교는 말로 하는 전쟁

전쟁론에서 '전쟁은 정치의 수단이다'와 함께 '전쟁은 총으로 하는 외교, 외교는 말로 하는 전쟁' 또한 주목할 만하다. 즉, '전쟁술은 최고 관점에서 보면 정치이다. 외교문서를 작성하는 대신에 전투로 하는 정치이다(at the highest level the art of war turns into policy, but a policy conducted by fighting battles rather than by sending diplomatic notes).'

지금부터 60년 전, 북베트남과 프랑스는 디엔비엔푸 전투 후 제네바평화협정을 잉태(孕胎)하였다. 당시 공격을 주도했던 보응우옌잡 장군은 4월 말에 미·소·영·프랑스 등 4대 강국이 인도차이나를 포함한 전후 냉전 문제를 토의하기 위해 제네바에서 모이기로 합의한 것을 알고 있었다. 따라서 군사적인 승리를 통해 베트민이 우위를 점할 수 있는 기간은 10주밖에 없어 3월 13일부터 공격을 개시하였고, 55일 만에 승리하였다. 그로부터 북위 17도선을 연한 남북 베트남은 미군 개입으로 다시 전쟁의 불길에 휩싸였다.

1968년 5월부터 시작된 평화협상은 테이블 전쟁으로 시작되었다. 북베트남은 남베트남 민족해방전선을 포함한 모든 대표가 평등한 자격으로 원형 테이블을 이용하자고 주장하였고, 남베트남은 직사각형 테이블을 주장하였다. 9개월 후 북과 남은 원형, 기타 대표는 원형 주변 사각형 테이블에서 협상을 진행하였다. 협상 주도권 다툼은 6년 동안 폭격과 협상의 반복 끝에 파리평화협정으로 막을 내렸다. 차가운 혀가 뜨거운 총을 이겼다.

48. 아이스하키와 제한 공격 및 방어

공세적 방어로 적을 피로하게 하라

소치 올림픽의 여운은 겨울패럴림픽의 꽃 아이스슬레지하키로 이어졌다. 그리고 얼음 위 축구 '아이스하키'는 제한된 공간 내에서 불과 몇 초 이내에 상대 골문까지 도달한다. 스틱으로 퍽을 놓고 격렬하게 다투는 것은 연속적인 공방과 같다.

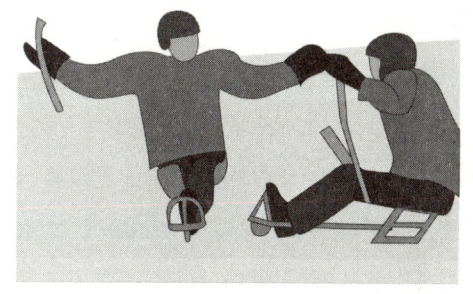

■ 제한적 공격과 방어

제8편 4장의 중심을 격파하는 목표달성 조건이 충족되지 않을 때, 제한적 목표는 제6장을 건너뛰어 제7장과 제8장으로 이어진다. 클라우제비츠가 제1편 1장을 제외하고 완성되지 않았다고 한 이유도 이를 통해 알 수 있다. 제7장 '제한적인 목표에 대한 공격전쟁'은 적의 영토 일부를 침략하거나 중심을 공격하는 것을 말하고 있다.

그런데 적 영토 일부를 공격하는 것은 시간과 공간의 제한으로 병력의 집중이 곤란함에 따라 전쟁 범위와 마찰과 우연이 확대된다고 하였다. 그리고 프로이센 동부 오더 강이 흐르는 비옥한 슐레지엔 지리적인 위치에 대한 오스트리아군과의 공격 유·불리를 비교하였다.

제8장은 '제한적인 목표인 방어'로 방어전쟁 목표는 적을 피로하게 만드는 데 있으며, 프리드리히 대왕의 7년 전쟁(1756~1963) 중 1757년과 1758년의 여러 전투사례를 들면서 방어의 이점을 제시하였다. 요충지에 병력의 집중 배치, 위협이 예상되는 지점에 병력의 신속한 기동이 가능한 병참선 확보, 기회 포착 시 공세 전환을 준비하는 것 등이었다. 그리고 크고 작은 승리는 단지 기다리는 것이 아니라 결전을 목표로 삼는 적극적인 수단으로만 얻게 된다고 하면서 공세적 방어를 역설하였다. 제한된 공간에서 공격과 방어전을 펼치는 것이 아이스하키이다.

■ 아이스하키

아이스하키는 영국과 네덜란드에서 필드하키를 얼음 위에서 하던 '밴디(bandy)'라는 경기에서 유래되었다. 처음 시작은 1853년 캐나다 킹스턴과 핼리팩스에 주둔하고 있던 영국군 또는 몬트리올 매길 대학생들이었으며, 아이스하키 규칙을 만든 사람은 몬트리올에 살던 R.F. 스미스였다. 1924년 제1회 동계올림픽 정식 종목 채택 이후 인조 링크가 만들어지면서 유럽과 아시아 지역으로 확산되었다.

경기는 20분 3피리어드로, 격렬한 체력 소모 때문에 경기 도중 끊임없이 선수 교체가 이뤄져 한 경기에 총 20명 정도가 빙판에 선다. 공격에서는 주장의 게임 리딩과 빠른 스케이팅이 필요하다. 방어에서는 적 공격을 견제하는 저돌적인 '보디 체킹(body checking)'을 한다. 이것은 남자경기에서만 허용되는데 퍽(puck)을 가지고 있는 상대 선수에 대해 몸으로 막아내는 전술이다.

골키퍼 약자인 '골리(goalie)'는 축구와 하키에서도 같은 뜻으로 사용되는데 팀 전력의 반 이상을 차지할 정도로 주요 포지션이다. 시속 150km 이상 날아오는 퍽을 팔과 다리로 쳐내야 한다. 따라서 큰 체격을 바탕으로 한 몸싸움과 투지, 골문 근처에서의 위치 선정 능력이 필요하다.

한편, 장애인들이 썰매를 타고 하는 아이스 슬레지 하키(ice sledge hockey)는 하반신 장애를 지닌 선수들이 스케이트 대신 썰매를 타고 펼친다. 이 경기는 1960년대 초 스웨덴의 스톡홀롬 근처 호수에서 골키퍼가 없는 상태로 자전거 핸들을 이용한 막대가 스틱으로 사용되었다.

■ 나폴레옹의 러시아 침공

1812년 6월 24일, 나폴레옹은 전 유럽 12개국에서 끌어 모은 65만 명 병력으로 "1개월 이내에 모스크바에 들어갈 수 있을 것"이라며 러시아 침공을 단행하였다. 나폴레옹 보병은 다른 나라 병사들이 1분에 70보를 걸을 때 120보를 걸을 정도로 진군이 빨랐다. 나폴레옹은 '러시아인들은 우매하기 때문에 모스크바만 점령하면 항복을 받아낼 수 있다.'고 믿었다. 그러나 쿠투조프가 지휘하는 러시아군은 퇴각을 거듭할 뿐 거의 싸움을 하지 않았다. 알렉산드르 1세 러시아 황제는 "설사 캄차카까지 물러난다고 해도 항복은 하지 않는다. 나폴레옹이 자신의 계획이 어리석었다는 사실을 깨달을 때까지 퇴각한다."고 말했다.

나폴레옹군은 더위와 식량난, 퇴각하는 러시아군과의 끊임없는 작은 전투 등으로 지쳐갔다. 9월 15일 악전고투 끝에 모스크바에 도착했을 때 나폴레옹군은 불과 11만 명, 텅 빈 모스크바는 러시아군이 파괴하고 떠나버려 보급품을 현지에서 조달하겠다는 계획도 물거품이 되었다. 곧이어 무시무시한 영하 10~30℃ 동장군이 찾아왔다. 여름에 파리에서 출발한 나폴레옹군에게 변변한 방한물자가 있을 턱이 없었다. 결국 10월 19일 나폴레옹은 퇴각 명령을 내렸다.

그러나 이때 퇴각만 하던 러시아군이 돌연 방향을 틀어 공격해오기 시작하였고, 코사크병력들도 시도 때도 없이 끈질기게 앞길을 막았다. 12월, 마침내 파리에 귀환한 나폴레옹군은 굶주리고 누더기를 걸친 수만 명의 거지군대로 변해 있었다. 클라우제비츠가 '역사에서 교훈을 배워야 한다면 실제로 일어난 일이 장래에도 일어날 수 있다고 생각해야 한다.'라고 한 것을 되새겨 볼 러시아 침공 교훈이다.

49. 인라인스케이트와 기동

한 발 앞선 전투력 전개, 두 발 앞서 승리

겨울잠 자던 개구리가 기지개를 켜는 경칩(驚蟄)날. 남쪽에서 전해 오는 완연(宛然)한 봄소식 속에 남녀노소 모두가 야외에서 쉽게 즐길 수 있는 인라인스케이트는 신속한 이동이 가능하다.

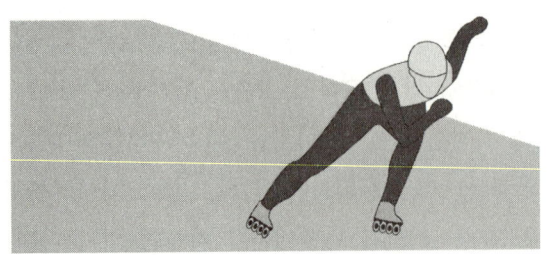

■ 기동

제8편 9장은 병력 집중과 분산에 이어 기동(機動)에 대해 말한다. 클라우제비츠는 '될 수 있는 대로 재빠르게 행동하고 충분한 이유 없이 멈추거나 우회하지 않는다. 쓸데없이 시간을 소비하고 우회하는 것은 전부 전투력의 낭비이다. 목표를 향해 제일 짧은 길을 선택해야 한다. 나폴레옹은 군대에서 군대로 또는 수도로 통하는 제일 짧은 주요 도로는 늘 그가 제일 좋아하는 길이었다.'라고 하였다. 여기에서 신속한 기동 목적은 적의 전투력을 파괴해 큰 승리를 얻는 것이었다. 그의 기동 개념은 오늘날 전쟁원칙 중 '적보다 상대적으로 빠른 속도로 적의 약점에 아군 전투력을 집중하는 것'으로 발전되었다.

한편, 여기에서 그는 나폴레옹의 러시아 침공 실패 원인을 다시 한 번 언급하고 있다. '전쟁이 늦게 시작되었고, 병력의 손실이 너무 많았으며, 식량을 조달하고 후퇴로를 마련하는데 주도면밀하지 못한 것, 모스크바에서 철수 지연'이다. 최초 네멘 강을 건넌 60만 명의 프랑스군 중에 이 강을 다시 건너 돌아온 병력은 5만 명에 지나지 않았다. 그는 또한 전쟁계획의 목표는 전쟁에서 무엇을 하려고 하는지? 수단과 방법은 무엇을 해야 하는지에 대한 분명한 의식을 강조하였다. 인라인스케이트는 장거리의 신속한 기동을 통해 운동 효과를 극대화하였다.

■ 인라인과 롤러스케이트

　인라인스케이트(inline skate)는 바퀴가 일렬로 달렸다. 따라서 계절과 장소에 관계없이 인라인 전용도로나 포장도로 등에서 즐길 수 있다. 이 스포츠는 최초 1700년대 초 네덜란드 사람들이 여름에도 빙상 스케이팅을 즐기고 싶어, 나뭇조각에 실패를 박아 만든 것에서 유래되었다. 이후 1863년 아이스 스케이트를 모델로 바퀴가 직렬된 디자인을 버리고 두 쌍의 바퀴를 나란히 장착한 롤러스케이트(roller skates)로 진화하였다. 스케이터들이 발을 여러 번 들어 올려서 조금씩 이동하는 대신 한쪽으로 몸을 기울이기만 하면 방향을 바꿀 수 있었다. 처음에는 귀족들의 오락으로 시작되었으나 이제는 모든 사람들에게 인기가 있는 스포츠가 되었다.

　인라인스케이트는 일반적인 길거리 타기인 피트니스(fitness)용과 레일을 타거나 점프 묘기를 펼치는 어그레시브(aggressive)용으로 구분된다. 레일을 타는 것은 그라인드(grind), 점프 묘기는 에어(air)라고 한다. 도심에서 레저를 겸해 즐길 수 있으며 달리기에 비해 무릎 충격이 작고 시속 평균 20~50km의 속도감을 즐길 수 있다. 인라인스케이트를 타고 먼 거리를 달리는 것을 로드스케이팅이라고도 한다. 따라서 머리를 보호하기 위한 헬멧, 팔꿈치와 손목, 무릎과 엉덩이 등을 보호할 수 있는 보호대의 착용이 필요하다.

　인라인스케이팅을 잘 타기 위해서는 지상훈련부터 시작한다. 오늘날 막강한 전투력을 보유한 기계화보병부대도 인라인스케이트에서 기본기를 숙달하듯 원조 받은 장갑차로 발전을 거듭하였다.

■ 기계화보병사단 탄생

　오늘날 북한강과 남한강 등을 연해 최강의 기계화보병부대들이 있다. 그런데 기계화보병부대 탄생에는 숨은 현자(賢者)가 있었으니, 바로 '태산을 넘어'의 주인공 (예)양창식 장군이다. 그는 6·25 당일 생도 신분으로 포천 전선에 투입된 이래, 생과 사의 파도를 넘어 베트남전쟁에 참전해 백마 9호 작전(1968. 10. 11~11. 4) 등에서 혁혁한 전공을 세웠다.

그는 베트남전쟁에서 용맹을 떨친 수도사단(맹호부대)을 수도기계화보병사단으로 창설시킨 산파역(産婆役)을 하였다. 당시까지만 해도 전차 운용은 사단별 중대단위 분산운용 개념이었다. 그는 미 군사원조로 인수돼 치장(置裝)돼 있던 전차 200여 대를 활용해 많은 반대를 무릅쓰고 창설을 주도하였다. 당시만 해도 6·25전쟁 때 북한군 전차 공격 3일 만에 서울을 유린당하고도 전차 운용에 대한 개념 부족과 장비 소모와 운영유지비 증가 우려가 존재하였다. 그러나 오히려 단순 치장으로 인해 야기되는 장비의 마모가 장비를 활용했을 때 마모보다 손실이 더 크다는 것을 알고 있었다.

그는 제2차 세계대전 중 주요 전차전에 대한 전사를 밤새워 탐독해 그의 논리를 설득하였다. 이렇게 편성된 3개 기계화보병여단은 독립작전이 가능해 오늘날 효율적인 기계화보병부대 운용 기틀이 마련되었다. 한국군 지상전투부대의 획기적 전력증강 계기가 되었다. 올바른 길이라면 9명의 반대가 있더라도 인라인스케이트처럼 목표를 향해 활주(滑走)해야 한다.

50. 쇼트트랙과 집중 및 기습

골인 지점 '날 들이밀기'처럼…
적 중심에 힘을 집중해 기습적으로 뚫어라

쇼트트랙은 좁은 공간에서 기량을 겨룬다. 한국 쇼트트랙은 힘의 스피드스케이팅보다 힘 집중과 날 들이밀기 기습으로 최강자 자리를 지키고 있다.

■ 병력 집중과 기습은

　제8편 9장은 전쟁론 대미(大尾)를 장식한다. 이른바 전역(戰域)계획이기도 하다. '적을 쓰러뜨리는 것이 목표일 때의 전쟁계획'이다. 병력 집중과 분산, 기동, 최고지휘부 운용사례를 제시하고 있다. 클라우제비츠는 '적 군사력을 될 수 있는 대로 소수 중심으로, 할 수 있다면 중심으로 이끄는 것이다. 즉, 집중적으로 행동하는 것이다.

　따라서 전쟁계획을 수립할 때는 적 군사력의 여러 중심을 알아내고 그것을 될 수 있는 대로 한 점으로 모으도록 하는 것이다. 그리고 이 중심에 투입해야 하는 병력들이 하나의 중요한 행동으로 통합되도록 하는 것이다.'라고 하였다. 그가 강조한 중심은 4장 '전쟁목표는 적을 쓰러뜨리는 것'에서 '모든 전투력 발휘에서 공격은 적 중심점에 집중돼야 한다'고 다시 언급하였다.

　이어 전투력 집중은 목표를 향한 가장 짧은 길로 신속한 기동, 즉 기습이 요구된다고 하였다. 그는 '부분 전투 승리는 완전한 승리로 직결된다. 어제 성공은 오늘 성공을 좌우하며 승리의 불은 다른 불에 옮겨 붙는다. 그러므로 적을 향해 끊임없이 신속히 공격해야 한다. 그렇지 않으면 적은 전투력을 회복하거나 지원 병력을 얻게 되는 시간을 주게 된다.'고 하였다. 따라서 적을 쓰러뜨리기 위해서는 적 중심에 대한 집중과 신속한 기동이 요구되는 것이다. 한국 쇼트트랙은 골인지점 직전까지 상대 스퍼트 방지에 집중하다가 기습적인 날 들이밀기로 세계를 깜짝 놀라게 하였다. 전쟁론의 제8편 9장의 이야기와 딱 들어맞는 경기이다.

■ 쇼트트랙과 날 들이밀기

쇼트트랙은 'short track speed skating'의 약칭으로 111.12m 아이스링크 트랙에서 펼치는 경기이다. 넓은 경기장이 필요한 스피드스케이팅에 비해 60×30m 공간이면 충분하다. 캐나다와 미국에서 시작되었고, 영국과 오스트리아에서는 오래전부터 성행하였다. 피겨는 음악, 컬링은 팀워크, 아이스하키는 골을 넣는 얼음 위 스포츠라면 쇼트트랙은 짧은 거리를 좁은 공간에서 속도와 기술로 경쟁하는 흥미로운 경기이다.

서구 선수들의 힘에 의한 우월함에 비해 한국은 실력뿐만 아니라 '깜짝 전술'로 세계 최강 자리를 지켜왔다. 1992년 알베르빌에서 외발타기, 1998년 나가노올림픽에서는 '날 들이밀기', 2002년 솔트레이크시티 올림픽에서는 계주 막판 주자가 바통 터치를 하지 않고 한 바퀴 더 도는 전략으로 금메달을 일궜다. 체력과 기술연마를 위한 끊임없는 노력과 시간의 투자였다. 월드컵 예선전 대회는 4번 열린다. 그런데 1·2차 대회에서는 메달보다 상대 전력을 분석하는 데 치중한다. 진짜 실력 경쟁은 올림픽 출전권이 걸린 3·4차 대회 때 본격적으로 이뤄진다.

직선과 곡선 비율이 비슷해 선두 자리 잡기가 중요하다. 순간적으로 인코스로 비집고 들어가거나, 비축된 힘을 바탕으로 아웃코스로 추월하는 방법이 있다. 개인 종목에서도 상대 선수 견제를 위해 동료 선수와 호흡도 중요하다. 쇼트트랙에서 일관된 선두 유지는 어렵다. 레이스 과정에서 힘과 스피드 집중과 분산을 통해 결승점에 이르는 전술이 요구된다. 클라우제비츠는 제9장에서 프리드리히 전투 사례를 통해 병력 집중과 분산을 역설하였다.

■ 프리드리히 대왕과 사선대형

프리드리히 대왕(Friedrich II·1712~1786)은 전쟁론에서 계속 언급된다. 클라우제비츠가 프로이센 영광을 되찾기 위해 의도적으로 반복하였는지 모른다. 당시까지만 해도 양적으로 우세한 병력을 횡대 대형으로 펼쳐 전투를 벌였다. 그는 우수한 자신의 군대를 활용해 파괴력 높은 새 전술, 사선대형을 개발하였다. 작전이 개시되면 병사들 일부는 적 앞에서 견제하면서 주의를 끌었다. 나머지 주력은 종대를 이뤄 행군하되 뒤 열이 앞 열보다 뒤처지는 형태로 적군에게 비스듬한 각도로 접근하였다. 이들 대열이 적의 측익에 접근하면 나중에 도착한 열들이 앞 열 뒤를 이어 적 중심을 기습적으로 뚫었다.

그리고 당시에는 커다란 말들이 대포를 끌고 다녀 그 속도가 매우 느려 보병과 기병들이 포병 지원을 즉시적으로 받지 못하였다. 또 탄약을 넣고 포환을 발사하는 포병대원들은 걸어 다녔기 때문에 말 속도를 따라잡지 못하였다. 그는 가벼운 대포를 활용하는 기마 경포병대를 구성해 기동속도를 증가시켰다.

그리고 포병대원들을 모두 말에 태워 기병대와 함께 기동함으로써 보병을 신속하게 지원할 수 있었다. 그런데 프리드리히 영광은 사후 20년 만인 1806년 예나 전투에서 그가 생전에 이뤄 놓은 것을 모두 잃어버렸다. 이러한 뼈아픈 경험을 전쟁론을 통해 남긴 클라우제비츠의 유산 덕분에 독일은 오랫동안 유럽에서 최강 전력을 자랑할 수 있었다. 한 권의 책이 한 국가의 운명을 좌우하였다.

51. 스포츠·아이스 클라이밍과 연합사령부 운용
긴밀한 상호협력이 연합작전을 성공시킨다

요즈음 야외 암벽 오르기뿐만 아니라 실내나 고층 건물에서도 등반이 가능하다. 암벽을 잘 오르기 위해서는 클라이머와 이를 통제하는 베이스 캠프 협조가 절대적이다. 여러 나라 군대 연합작전에서도 긴밀한 상호협력이 요구된다.

■ 다국적 연합사령부 운용은

제8편 9장은 병력 집중과 분산 및 기동에 이어 최고 지휘부 운용에 대해 말하고 있다. 최고 지휘부는 오늘날 다국적군 연합사령부를 뜻한다. 클라우제비츠는 '최고 지휘부를 설치하는 문제는 이편 끝에 하나의 장을 두도록 하겠다.'고 하였다. 이것은 전쟁론이 미완성임을 다시 한 번 추정할 수 있다. 그는 프랑스에 대항하기 위한 주변 국가들의 연합군 병력 편성과 운용에 대한 예를 들었다. 프랑스 제국 중점을 파리와 프랑스 군사력으로 보았다. 프랑스 제국에 대항하기 위한 연합군 병력 규모를 75만 명으로 추정하고 실제 투입에 필요한 병력은 30만 명으로 판단하였다.

그는 동맹군 연합작전 계획 수립에 있어 작전계획 통일성과 병력 통합을 강조하였다. '프랑스 파리에서 멀리 떨어져 있는 론강에서 프랑스를 정복하려는 것은 총검 끝 부분을 잡고 소총을 들어 올리려는 것과 같다. 최고 지휘관은 주력 전투를 할 곳을 찾아야 하며, 결정적인 승리를 보장하는 병력 비율과 상황에서 그 전투를 치르도록 해야 한다.'고 하였다.

결국 제9장은 1870년과 1945년 사이 여러 나라 전쟁계획 수립의 선구자인 총참모부들이 수행하였던 것은, 1914년 강대국들이 희망과 열망을 담아 전쟁으로 진입할 때 그들에게 일종의 합리적 명분을 제공하였다. 지형과 연합작전에 대한 클라우제비츠의 안목은 암벽을 오르는 과정에서도 요구된다.

암벽을 잘 오르기 위해
클라이머·베이스캠프의 호흡처럼
작전계획 통일성·병력 통합이 필요

■ 스포츠·아이스 클라이밍과 스키등반은

평범한 산을 오르는 단순함을 벗어나 여러 장애물을 극복해 나가는 등반(climbing)이 있다. 우선 스포츠 클라이밍은 추운 날씨에도 실내·외에서 인공 암벽을 오르는 것이다. 리드는 오르기 어렵게 만든 인공 암벽을 누가 가장 빠르게 높이 오르는가 하는 종목이다.

인공이 아닌 자연 상태의 얼음 덮인 암벽을 오르는 것이 있다. 얼음 위에서 자유를 추구하는 아이스 클라이밍, 빙벽 등반(ice wall climbing)이다. 아이스 툴과 크램폰·로프 등 단순한 도구만으로 어떤 빙설벽도 오를 수 있다.

일부 등반가들은 스키를 신고 산을 오르기도 한다. 스키등반이다. 유럽에선 스키가 없는 겨울 등반은 생각하기 어렵다. 산악스키라고 부르는 투어링(touring)스키를 잘 다룰 수 있어야 하지만 그 스키 기술 본질은 알파인스키의 기술이 우선이다. 여러 형태의 바위·눈·얼음 또는 흙과 나무 등이 혼합된 곳을 오르는 혼합등반도 있다. 또한 등산가와 이를 지원하는 팀의 연합된 노력이 요구된다. 오늘날 지구촌 전쟁에 대비한 연합사령부 운용에도 필요한 요소이다.

■ 한미연합사령부 운영 성과는

클라우제비츠가 쓰지 못한 제8편 10장은 연합사령부 운용으로 추정해 본다. 오늘날 한반도 안보는 한미동맹에서 유래를 찾을 수 있다. 닉슨 독트린에 의한 주한미군 감축은 당시 한반도 안보정세와 베트남전쟁에 5만여 명을 파병하였던 한국군에는 위기이자 기회였다. 6·25전쟁 때 미군에 의존하였던 한국군은 베트남전쟁에서 독자적인 작전통제권을 행사해 신뢰를 쌓았다. 그 결과 한미 제1군단사령부가 1971년 7월 1일 경기도 의정부에서 창설되었다. 예하부대로 한국군 3개 사단과 미군 1개 사단 등이 편성돼 서부 축선에서의 미군 전력 공백을 보완하였다. 한미 제1군단사령부는 1980년 3월 14일, 한미연합야전군사령부로 개칭된 후 수도권 방어임무를 수행하다가 1992년 7월 1일 해체되었다. 한미 장병들은 공동목표 구현을 위한 작전 협조, 연합작전 수행교리·훈련·장비 체계를 숙달하였다. 그리고 안보에 대한 동반자 정신을 강화함으로써 깊은 신뢰를 형성하였다.

이것은 여러 클라이밍에서 경험이 있는 안내자 셰르파(sherpa)의 역할과도 같다. 전장에서 전투를 통해 군사교리 발전, 전투장비 성능과 물자 기능 개선을 도모하는 지혜는 우리가 직접 갖지 못하는 소중한 자산이다. 북한 군사력 위협과 동북아 안보정세는 여전히 불안하다. 조건에 의한 전시작전통제권 이양을 위해 한미연합 전력 유지는 아직도 긴요하다.

에필로그

전쟁과 스포츠 그리고 삶*
War and Sport & Life

1. 전쟁원칙과 스포츠

공세와 기습 작전으로 상대를 타격하라

고대 축국인 공놀이와 현대 축구가 발전해 족구(足球)로 진화하였다. 족구를 생활 스포츠로 확산시킨 것은 군대이다. 그리고 축구에서 진화된 풋살(futsal)은 남미에서 시작돼 전 세계로 확산하였다.

또한 많은 인원이 참가할 수 있는 집단축구, 하나의 골대만 사용하는 좁은 공간 축구가 있다. 이러한 각 종목 경기 특성과 환경을 고려해 전쟁원칙을 적용해 볼 수 있다.

* 전쟁·스포츠·삶에 전쟁원칙을 잘 적용하라.

■ 전쟁원칙

 손자병법 작전과 모공을 현대전쟁의 병법 측면에서 보면 전쟁원칙으로 귀결된다. 전쟁원칙이란 전쟁수행을 지배하는 기본적 원리로서, 군사작전을 성공적으로 수행하는 데 대단히 중요한 요소이다. 미 육군은 1921년 육군 훈련규정을 통해 최초로 일련의 전쟁원칙을 발표하였다.

 한국군도 육군에서 1963년 최초로 목표와 공세 등 9개 원칙을 채택한 이후 여러 번 분석과 실험 과정을 거쳤다. 2002년 발간한 '군사기본교리'에서 전쟁원칙은 군사작전원칙으로 바뀌었고, 2010년 '합동작전'에서는 목표, 공세, 집중과 절약, 기동, 기습, 지휘통일, 보안, 간명, 절제, 합법성을 제시하였다.

군사작전 성공 위해 중요한 전쟁원칙

■ 족구와 공세·기습

 족구는 좁은 공간에서 여러 명이 함께할 수 있는 스포츠이다. 족구 보급은 군이 큰 역할을 하였는데, 최초로 족구 룰을 만든 것은 1968년 공군이며, 국방부 산하 각 육군과 해군에 전파되었다. 특히 해군의 경우 배 위에서 오랜 시간을 보내는 해상 생활의 좁은 공간에서 여러 명이 할 수 있는 운동이었다.

 1974년 국방부 '체력관리'에 6인조 족구 경기 방식과 룰이 게재되어 스포츠 종목으로 모습을 갖추기 시작하였다. 1978년 4인제로 바뀌었고 9×18m 경기장과 1m 네트로 규정하였다. 족구는 군에서 전역한 예비역들이 대학에 복학하거나 회사에 취직하면서 생활 스포츠로 확산시켰다.

 군에서는 4인제 기본형과 더불어 분대 또는 소대단위로 4개 팀이 동시에 참가하는 4각 또는 원형 족구를 발전시켰다. 그리고 3개 팀이 동시에 실시하는 3단 족구, 6인제 배구를 참고한 로테이션 방식 족구를 통해 흥미와 체력단련을 동시에 숙달하도록 하였다. 족구 경기에서는 전쟁원칙 중 공세와 기습을 적용할 수 있다. 공세(攻勢)는 아군의 의지를 적에게 강요하는 능동적이며 적극적 작전활동이다. 따라서 전위에 의해 지속적인 공격(spike)으로 득점을 획득해야 한다.

기습(奇襲)은 예상하지 않은 시간과 장소·방법으로 적을 타격하는 것이다. 수비에서 갑자기 공격함으로써 득점이 가능하다. 족구에서 공격 포인트보다 상대방 실수로 득점하는 경우가 많은 것도 이 원칙을 잘 적용하기 때문이다.

軍, 장병·예비역 통해 족구 확산 기여

■ 집단축구와 지휘통일·집중과 절약

집단축구는 넓은 지역에서 분·소대 또는 중대 병력이 동시에 참가하는 경기이다. 부대원 순발력과 지구력을 배양하며 아울러 협동과 단결심을 배양시킨다. 좁은 공간 축구는 분대 또는 소대 인원이 골대 하나를 두고 각각의 방향에서 슛 방향을 정해 득점하는 경기이다.

집단축구는 많은 인원이 경기함에 따라 지휘통일과 집중·절약이 필수적이다. 지휘통일(指揮統一)에서 공동 목표 달성을 위해 부대 상호 간에 협조와 조정 노력의 통일이 필요하다.

집중(集中)은 지휘관이 원하는 시간과 장소에 전투력의 상대적 우세를 달성하는 것이다. 집단축구에서 일부 선수만 공격을 전담하는 것이 체력 소모를 방지하면서 이길 수 있는 전략이다.

절약은 임무 수행에 꼭 필요한 만큼의 전투력을 운용하는 것으로, 축구와 같이 전원 공격 또는 전원 수비 등 공격 대형을 적용하기 어렵다.

따라서 공격과 중간, 수비에 적절한 규모의 전투력을 운용함으로써 작전 목적을 가장 효율적으로 달성할 수 있다.

최상의 전투력으로 작전 목적 달성
빠른 상황판단과 기동력으로 敵 제압

■ 풋살과 기동

풋살은 미니축구라고도 하는데 실내축구를 뜻하는 포르투갈어 futebol de salao 혹은 스페인어 futbol sala에서 유래하였다. 경기는 골키퍼를 포함해 5명으로 진행하는데, 정교한 패스와 빠른 상황 판단을 바탕으로 기동력이 절대적이다.

기동(機動)은 적보다 상대적으로 빠른 속도로 적의 약점에 아군 전투력을 집중하는 것이다. 장병들의 체력 증진과 단결심 배양을 위해 족구와 집단축구, 풋살은 적절한 운동이다. 이때 각 종목에 제시된 전쟁 원칙들을 모두 적용해 경기에 임한다면 더 많은 득점으로 완승(完勝)할 수 있는 승자병법 길잡이가 될 것이다.

2. 챔프, 손자와 클라우제비츠에게 길을 묻다

피나는 노력으로 강점 부각…
외부 기회·위협엔 서로 대응시켜야
'지피지기면 백전불태' …
남이 가지 않은 길을 가는 역발상의 기회

지금까지 여정은 챔프가 손자와 클라우제비츠에게 승리하는 길을 묻는 시간이었다. 명량의 여파는 아직도 남아 있다. 이순신 전략과 리더십 등 난중일기를 난중지략(亂中智略) 병법으로는 정리될 수 없을까?

챔프 물음에 孫子와 클라우제비츠가 각각 말한다.

■ 전략과 스포츠를 연계한 종목과 글 전개는?

孫武 : 제1편 '시계(始計)'로부터 제13편 '용간(用間)'에 언급된 종목은 철인 3종과 복싱 등 60개이다. 모두 6,109자인데 기만(欺瞞)·기습(奇襲)으로 피실이격허(避實而擊虛)·부전승(不戰勝) 등이 키워드이다. 충주 조정세계선수권대회 등 국내외 스포츠와 계절별 특성을 고려하였다.

클라우제비츠 : 제1편 전쟁 본질부터 제8편 전쟁 계획까지 크로스컨트리 스키와 세계군인체육대회 등 55개 종목이다. 모두 125장 1,255쪽으로 전쟁은 정치의 연속·삼위일체·중심 등이 키워드이다. 소치 동계올림픽 등을 연계하였다. 중장년층에게는 생소한 e스포츠와 스키에이트 등도 소개하였다.

■ 손자병법과 전쟁론을 잘 이해하는 선수를 든다면?

孫武 : 복싱선수 김주희이다. 그녀는 평소 훈련 때 군인들이 배웠던 작전요무령을 탐독하였다. 지금은 지상군 전법 등 명칭이 바뀌었으나, 집중과 공세 등 손자병법 내용이 전쟁원칙 등으로 반영되어 있다. 스포

츠에서 챔프가 되는 것과 전쟁에서 승자가 되는 비결은 같은 성격을 갖고 있다.

클라우제비츠 : 마라톤선수 야마다 모토이치가 있다. 전쟁론 제3편 제12장의 "부분적 전투 승리가 모여 하나의 독자적인 전체 전투로 나타나면 비로소 전략적 승리가 된다."를 적용하였다. 그는 "매번 시합 전에 차를 타고 마라톤 코스를 자세히 둘러본다. 첫째 목표는 은행 건물, 둘째는 커다란 가로수, 다음은 붉은 벽돌건물 등 중간목표를 순서대로 두고 목표가 변할 때마다 달리는 속도를 조절하였다."고 한다.

■ 각 개인에게 손자병법이나 전쟁론을 접목한 SWOT

SWOT(Strength·강점, Weakness·약점, Opportunity·기회, Threat·위협)분석이 필요 한 이유는?

孫武 : 내부 강약점을 분석해야 한다. 자신의 강점을 최선이 아니라 목숨을 걸어서라도 피나는 노력으로 남들이 따라올 수 없는 곳까지 이끌어 승리 전리품을 얻어야 한다. 약점을 고치려는 생각보다 강점을 더욱 부각해야 한다. 한국 쇼트트랙이 세계 최고가 된 것은 선수 각 개인의 장점을 융합한 것이다. 선수에 따라 스타트, 코너링, 막판 스퍼트가 좋은 기량을 서로 알려줘 최고 팀이 되었다.

클라우제비츠 : 외부 기회와 위협을 서로 대응시켜야 한다. 기회가 왔을 때 강점을 잘 활용해 그 기회를 내 것으로 만드는 전략이 필요하다. 위기는 곧 기회이다.

■ 글로벌 경쟁시대 기업 마케팅 전략에도 활용할 수 있는가?

孫武 : 제3편 모공(謀攻) '지피지기 백전불태(知彼知己 百戰不殆)'이다. 경쟁 기업 제품의 강약점을 분석해 끊임없는 상품 개발에 주력해야 한다.

디지털카메라의 등장으로 필름 수요가 격감할 것을 예측 못한 코닥의 사례가 있다.

클라우제비츠 : 여러 개 중 'Number one'보다 유일한 'Only one'. 남들이 가지 않은 길을 가는 역발상에 기회가 온다. 날개 없는 선풍기, 스마트 워치 등이다.

■ 손자병법과 전쟁론을 통한 동서양의 전략론 연구 방향은?

孫武 : 손자병법의 배경이 된 당시나 지금은 여전히 인간과 국가 상호 간 경쟁과 전쟁이다. 북한의 위협은 여전히 동북아와 세계안보 불안을 야기하는 으뜸 요소이다. 현대전쟁은 총력전으로 승자든 패자든 비극이다. 따라서 싸우지 않고 이기는 무혈전략이 더욱 절실하겠다.

클라우제비츠 : 전쟁론의 배경인 17~18세기에 유럽은 전쟁을 통해 근대국가의 틀을 만들어갔다. 당시는 지상전 위주였다. 그 후 과학기술의 급속한 발전으로 깊은 바다와 하늘로 전장 영역이 확대되었다. 따라서 국가안보전략 연구가 더욱 심화돼야 한다.

■ '손자와 클라우제비츠에게 길을 묻다' 활용은?

孫武 : 누구나 챔프를 꿈꾸며 많은 땀을 흘린다. 그러나 뛰면서 생각하는 것과 뛰기 전에 생각하는 결과는 많은 차이가 있다. 더구나 목숨을 건 전쟁에서는 평화 시에 전쟁사와 전략을 연구하는 것이 필요하다. 그럼에도 오늘날 현실은 오늘 성과에 급급하다. 군사교육 과정에서 점수 따기 경쟁이 아닌 평소의 사고 틀을 바꾸는 노력 보조수단으로 활용되길 바란다. 합동성 강화를 위해 육·해·공 장교들이 한자리에 모여 서로를 이해하는 노력이 더 절실하다.

클라우제비츠 : 전쟁론 자체가 철학적 사유(思惟)의 결과물로 난해한 부분

이 많다. 그래서 전쟁론 핵심→각 스포츠 특성→전쟁론을 적용한 사례 순으로 서술하였다. 군사학을 공부하는 학생이나 간부들은 먼저 스포츠에 대한 접근 후 전쟁론 핵심, 각종 전쟁사와 기업경영 사례를 이해하는 것이 좋겠다.

3. 전쟁과 스포츠 그리고 삶

전쟁과 스포츠, 삶 승리 비결은 같다

적과 참혹한 전쟁, 상대방과 땀 냄새 엉키는 스포츠는 이긴 자만 웃을 수 있다. 너와 나 삶은 곧 경쟁이다. 승리는 나 자신을 믿는 데 있다.

■ 국제분쟁 현장에서

1981년 1월 29일, 그때 모두들 꿈은 대통령 아니면 참모총장이 될 것 같았다. 1996년 소령 진급자 중 최고 엘리트를 뽑았다. 1년 동안 교육시켜 군의 대들보를 키우기 위한 육군대학 선발과정 1기에 입교하였다. 그러나 암기식 교육, 맹목적 토론에 실망하였다.
1999년 10월, 인도와 파키스탄 분쟁지역 카슈미르 고원에 유엔평화유지군 정전감시단요원으로 파병되었다. 군인으로서 전쟁을 체험하지 못할 바엔 분쟁지역에서 복무를 하고 싶었다. 인도 라쥬리 초소에서 서로 교전하는 기관총 소리, 바그다드 공항에서 박격포탄이 떨어지던 소리가 귓가에 쟁쟁하다. 2006년 이라크 자이툰사단 민사참모로 쿠르드 민족에게 꿈과 희망을 심어주었다. 2008년 레바논동명부대에서 세계평화유지군으로 마을 지도자와 학생들을 한국에 데려와 한강의 기적을 보여주었다. 그때 반기문 유엔 사무총장을 모시고 평화의 전당 제막식을 하였다. 지중해 바라보이는 연병장에 심었던 두 그루 야자수에는 열매가 주렁주렁

열리고 있다.

2014년 12월 31일, 군 복무를 마치면서 고 강재구 동상 앞에서 작별을 고하였다. 격동의 80년대 초, 화랑대 문을 두드렸던 기억이 엊그제 같았다. 6·25전쟁과 베트남전쟁을 겪지 않은 평화로운 시대이다. 배고픔과 전쟁을 모르는 세대가 점점 늘어가고 있다. 2014년 겨울에 상영된 영화 〈국제시장〉을 보며 자랑스러운 한국현대사를 느껴보자.

■ 끝까지 뛰는 마라토너

초등학교 때 아버지를 따라 이른 새벽에 마을 앞산을 뛰어오르면 멀리 남강 주변 마을 불빛들이 보였다. 아버지께서 나에게 주신 최고 선물은 튼튼한 두 다리이다. 운동을 좋아한 탓에 중고교 입시 공부 중에도 달밤에 축구를 하곤 하였다.

그렇지만 20대 초반 스스로 걸어 들어간 럭비를 다하지 않고 그만둔 것이 못내 아쉬웠다. 못 뛴다고 흉보던 친구들에게 10년이 지난 1996년 봄, 체력검정에서 당당히 1등을 하였다. 산악마라톤이 한창일 때 북한산과 용문산을 뛰어오르기도 했다. 2012년 12월 21일, 동짓날. 여느 때처럼 새벽 일찍 연구실에서 신문을 넘겼다. "삼국지·군사교본 탐독 … 조조 꿈꾸지만 유비 닮았죠." 여자복싱 8대 기구 통합 챔프 김주희 선수 기사였다. 그녀 스승인 정문호 관장으로부터 자초지종 얘기를 들었다. 틈틈이 책을 읽고 독후감을 쓰게 하였다고. 더구나 지상군 전술 기본교리였던 작전요무령도 읽었다고 한다. 챔프는 역시 다르다.

2013년 봄,
청계천변을 뛰다

2012년 우연히 마라톤 모임에 들어 춘천마라톤에 도전하였다. 아름다운 단풍을 즐기기보다 겨우 완주하였다. 이어 중앙마라톤과 동아마라톤에 참가해 잠실운동장을 밟았다. 시작은 가벼운 마음이었으나 오히려 결승점이 다가올수록 무거워졌다. 기록보다는 다 뛰었다는 보람이 남는다. 사람들은 인생을 마라톤에 비유한다. 뛰어 본 사람만이 음미할 수 있다. 오르막 내리막 가쁜 숨을 몰아쉴 때.

■ 행복은 남과 비교하지 않는 것, 삶은 1/N

2009년 3월 남산이 바라보이는 삼각지 전쟁기념관 4층 동쪽에 자리 잡았다. 그 후 거의 5년, 1년 365일 중 며칠 빼고 무조건 이른 새벽에 연구실에 나왔다. 우연히 《국방일보》 기획기사 아이디어 모집에 기회가 되어 「역사 속 군사력 해외파병」을 1년간 연재한 후 《지구촌에 남긴 평화의 발자국》 단행본을 출간했다. 처음으로 역대해외파병전도를 만들어 뿌듯하였다. 배달민족이 남긴 피스로드는 실크로드에 견줄 만하다.

《조선일보》 길 위의 인문학, 한강 섬 얘기 듣고, 길 위의 전쟁학으로 M-Kiss(장병자기계발) 강의를 하였다. 아들이 전쟁사 교육시간에 활용되었다고 해 기뻤다. 그러나 2013년 겨울 오랜 시간 준비해왔던 전쟁사연구관과 지방대 교수직 선발에 연이은 실패로 벼랑 끝으로 몰렸다. 위기는 기회였다. 115일 만에 비상대비업무담당자 선발 시험 합격은 두 번째 인생의 시작이었다.

아직 배울 것도 많고 모르는 것이 많지만, 누가 나에게 인생을 묻는다면 한마디로 1/N이라고 말한다. 남과 비교하지 않은 것, 삶의 행복은 누구나 고르게 갖고 있다. 단지 스스로 내가 가진 행복을 모르고 느끼지 못하는 어리석음 때문이다. 남이 가진 많은 돈도 나의 건강과 바꿀 수 없으며, 내게 없는 높은 지위는 남이 가지고 있다. 결국 생각하기 나름이다.

참혹한 전쟁에서 승리를 맛볼 수 있는 경험은 아주 드물다. 스포츠를 통해 서로 어울리고 건강한 삶을 보낸다. 준비하는 사람에게 기회는 온다. 세상을 탓하지 않고 나를 믿고 달려보자. 승리는 내가 꿈꾸는 만큼 다가온다.

끝으로 졸고를 출판의 기회를 주신 국방일보와 시간의물레 사장님 및 관계자분들께 감사를 드린다. 그리고 챔프의 물음에 지혜로운 해답을 준 많은 참고서를 일일이 수록하지 못함을 너그러이 이해해 주기 바란다.

■ 참고문헌

이종학, 「클라우제비츠 '전쟁론의 현대적 조명'」, 국제문제연구소, 1985.
허남성, 「클라우제비츠 '전쟁론의 3위 일체론' 소고」 군사 제57호, 국방부 군사편찬연구소, 2005.
Carl von Clausewitz, Edited and Translated by Michael Howard and Peter Paret, *On War*, U.K.: Princeton Univ., 1984, vol. Ⅰ~Ⅳ.
John Prados, *The Blood Road, The Ho Chi Minh Trail and the Vietnam War*, New York: John Wiley & Sons, Inc. 1998.
Al Ries and Jack Traut, 안진환 역, 『마케팅 전쟁』, 서울: 비즈니스북스, 2006.
Bevin Alexander, 김형배 역, 『위대한 장군들은 어떻게 승리하였는가』, 서울: 홍익출판사, 2000.
Carl von Clausewitz, 이종학 역, 『전쟁론』, 서울: 일조각, 1974.
Hew Strachan, 허남성 역, 『전쟁론 이펙트』, 서울: 세종서적, 2013.
John G. Stoessinger, 임윤갑 역, 『전쟁의 탄생』, 서울: 플래닛미디어, 2009.
Joseph Cummins, 송설희·김남주 역, 『라이벌의 역사』, 서울: 말글 빛냄, 2009.
Jeremy Bowen, 김혜성 역, 『6일 전쟁』, 서울: 플래닛미디어, 2010.
Pierre Germa, 김혜경 역, 『만물의 유래사』, 서울: 하늘연못, 2004.
노병천, 『마라톤에서 사막폭풍까지』, 서울: 가나문화사, 1993.
군사연구실, 『세계유격전사』(병서연구 제10집, 경계편, 팜플레트 70-17-10), 대전: 육군본부, 1979.
서상원 편저, 『싸움의 기술』, 서울: 스타북스, 2010.
오홍국 등, 『지구촌에 남긴 평화의 발자국』, 서울: 국방부 군사편찬연구소, 2011.
정갑수, 『겨울산행과 빙벽등반』, 서울: 열린세상, 2013.
그 외 전쟁론과 스포츠 관련 다수 논문, 저서, 신문기사 등 참조

손자와 클라우제비츠에게 길을 묻다

초판인쇄　2015년 2월 23일
초판발행　2015년 2월 28일
저　　자　오홍국
발 행 인　권호순
발 행 처　시간의물레
등　　록　2002년 12월 9일
등록번호　제1-3148호
주　　소　서울시 마포구 마포대로 4다길 3(1층)
전　　화　02-3273-3867, 070-8808-3867
팩　　스　02-3273-3868
전자우편　timeofr@naver.com
블 로 그　http://blog.naver.com/mulretime
홈페이지　http://www.mulretime.com
ＩＳＢＮ　978-89-6511-120-7 (13390)
정　　가　13,000원

* 이 책의 저작권은 저자에게 출판권은 시간의물레에 있습니다.
* 잘못된 책은 바꿔드립니다.